Sabías que **nuestra seguridad**
también depende de ti?

ANA MARÍA SALAZAR

SEGURIDAD
NACIONAL HOY

EL RETO DE LAS DEMOCRACIAS

El sexenio de Calderón
ante los nuevos problemas

punto de lectura

Seguridad nacional hoy.
El reto de las democracias,
tiene la intención de que cualquier
persona interesada en el tema sepa
todo lo que rodea a éste y tenga claros
sus límites, pero sobre todo, que el
lector se involucre de lleno en las
estrategias y decisiones que el Estado
toma en esta crucial materia.
Narcotráfico, inseguridad pública,
influencia de las guerras, terrorismo,
crisis ambiental, migración y crisis
institucional en la democracia, son
algunos de los temas que Ana María
Salazar analiza en esta obra, que
ahonda en las estrategias que el
actual gobierno de Felipe Calderón
está llevando a cabo.

El enemigo en casa

Drogas y narcomenudeo en México

Jorge Fernández Menéndez
Ana María Salazar Slack

El enemigo en casa

Drogas y narcomenudeo
en México

TAURUS

PENSAMIENTO

D. R. © Jorge Fernández Menéndez y Ana María Salazar Slack, 2008

D. R. © De esta edición:
   Santillana Ediciones Generales, S. A. de C. V., 2008
   Av. Universidad 767, Col. del Valle
   México, 03100, D. F.
   Teléfono 5420 7530
   www.editorialtaurus.com.mx
   www.editorialtaurus.com.mx/enemigoencasa

Primera edición: mayo de 2008

ISBN: 970-770-922-7
ISBN: 978-970-770-922-5

D. R. © Diseño de cubierta: La Máquina del Tiempo®

Impreso en México

*A todas las personas que de una forma
u otra trabajan en los Centros
de Integración Juvenil o los apoyan.
Mediante esta obra
quisiera expresar mi admiración
por su labor en bien de México.*
ANA MARÍA SALAZAR SLACK

*Para todos aquellos que han caído
en la trampa de las drogas y no han podido
escapar de ellas. Para los que por esa razón
son considerados delincuentes, y no hombres
y mujeres que sufren una enfermedad
tratable y prevenible. Para los adultos que
han decidido ejercer el derecho sobre
su cuerpo y su vida. Para los niños y niñas
que son introducidos en las drogas
sin permitirles practicar ese derecho.
Para quienes quiero, por encima
de todas estas historias...
o a causa de ellas.*
JORGE FERNÁNDEZ MENÉNDEZ

AGRADECIMIENTOS

Quiero dar las gracias a los que luchan de verdad, con enormes riesgos y esfuerzos, contra las adicciones, desde los cuerpos de seguridad hasta las instituciones de salud.

La dificultad de escribir este libro consistió en exponer de manera clara y sencilla un asunto complejo e incómodo. A pesar de todos los indicadores que señalan el aumento en México del narcomenudeo y las adiciones, poco se ha escrito que relacione estos dos fenómenos y su impacto en la juventud mexicana. Siendo el tema tan importante para el bienestar de las familias de este país, ambos aspectos se abordaron en múltiples ocasiones en mi programa de TV *Seguridad Total*, mediante entrevistas que se han visto reflejadas en esta obra. Por eso agradezco a Proyecto 40 y a los productores del programa Jorge Sandoval y Edgar Salgado; este último revisó además partes del manuscrito original. Gracias, Edgar. La lista de reconocimientos es larga, pero no quise dejar de mencionar a quienes tuvieron un papel decisivo en la culminación del trabajo que hoy tiene el lector en sus manos.

Quiero expresar mi profunda admiración y agradecimiento a las personas que han dedicado su vida profesional a los Centros de Integración Juvenil, especialmente a Kena Moreno, por su apoyo moral, y al doctor Ricardo Sánchez Huesca, por el tiempo dedicado a revisar textos, con señalamientos, recomendaciones y comentarios que mucho mejoraron varios capítulos del libro.

La concepción, redacción y, finalmente, la publicación de este libro llevó más de cuatro años. Inicialmente participó en la redacción Jorge Recio, cuya investigación le dio vida; después colaboró la muy talentosa Cíhuatl Zúñiga, quien dedicó tiempo, esfuerzo y creatividad a la organización y redacción de los capítulos dedicados a las adicciones. Mucho de su talento se ve reflejado aquí.

Es importante señalar la paciencia, en esta casa editorial, de Marisol Schulz y Marcela González Durán, quienes nunca dudaron que este libro sería publicado. No me queda más que agradecerle su apoyo, experiencia y conocimientos a Jorge Fernández Menéndez, coautor y amigo.

Desde luego, dejo constancia aquí del apoyo y paciencia de Miguel Ángel, mi esposo, y de Ana Michelle, mi hija.

Ana María Salazar Slack, 2008

ÍNDICE

II
EL CONSUMO
(Ana María Salazar Slack)

III
ANEXOS
(JORGE FERNÁNDEZ MENÉNDEZ)

PRÓLOGO

El espacio se puede recuperar;
el tiempo, jamás.
NAPOLEÓN BONAPARTE

MÉXICO, DE CORREDOR A MERCADO INTERNO

En México mueren, como consecuencia de los ajustes
de cuentas del narcotráfico, unas 1,500 personas al año
(eso ha sucedido de 1994 a 2007 en forma ininterrumpida); sin embargo, no existe estadística alguna que informe con exactitud cuántos jóvenes consumen drogas
y cuántos han comenzado un tratamiento de rehabilitación (pero cuando lo menos hay centenares de miles
entre los primeros y menos de los segundos). Todos los
estudios serios asumen como la mayor preocupación
social la inseguridad y el desempleo, y ambos fenómenos se relacionan con el origen (y en ocasiones son
causa) del consumo de drogas; además un número
creciente de jóvenes no termina siquiera la educación secundaria, y cada día podemos confirmar que
la desigualdad social crece, mientras la generación
de riqueza y bienes materiales disminuye en forma alarmante. El adversario, por lo tanto, está en casa.

El consumo de drogas se ha convertido, como consecuencia directa del narcotráfico, en el principal

detonante de la inseguridad, pero también en uno de los más graves desafíos a la seguridad pública. Hemos pasado demasiado tiempo (décadas, en realidad) pensando que el consumo de drogas no era un problema nuestro; que éramos, como dijo Díaz Ordaz, el trampolín de las drogas que se sumergían en la alberca del consumo de Estados Unidos. Perdimos tiempo y no comprendimos que no puede haber un mercado de narcotráfico internacional que no termine en uno de consumo. La información estaba disponible desde 1994, por lo menos. No lo comprendimos hasta bien entrado el nuevo siglo.

Los datos abundan: según la Asociación Nacional de Universidades e Instituciones de Educación Superior (ANUIES), de cada cien jóvenes universitarios graduados en México, 45 no encontrarán trabajo en la carrera que estudiaron. Ello implica que, incluso con una licenciatura, competirán por un puesto de trabajo quizá en el sector de servicios, pero en muchas ocasiones en la informalidad o como taxistas y meseros. Según el mismo reporte, aunque la economía siguiera creciendo en los próximos años 3.4 por ciento anual, tendríamos unos 360 mil profesionistas empleados o subempleados. Para hacer una comparación, en 1994, de cada cien egresados de las universidades, 93 obtenían trabajo en su área de estudios. ¿Tiene alguna relación ese dato con el hecho de que, según el ex secretario de Seguridad Pública Federal y actual procurador general, Eduardo Medina Mora, de 1994 a 2006 el consumo de drogas entre jóvenes aumentó en un 20 por ciento cada año? Según datos de la Procuraduría General de la República (PGR), la edad en que los menores comienzan a consumir algún tipo de droga en nuestro país se redujo en este mismo lapso de catorce a once años, mientras que el consumo global de cocaína y drogas sintéticas se incrementó en 500 por ciento.

La inseguridad también es parte de este conflicto. Según un estudio de la ONU, México es el segundo país del mundo donde se registran más secuestros. En el mismo estudio, de 58 países encuestados, México ocupa el tercer lugar en robo con violencia. En comparación con el resto del continente, la criminalidad se está incrementando en nuestro país: según la más reciente encuesta del Latinobarómetro, cuando se le pregunta al mexicano si él o algún familiar ha sido víctima de algún delito en el último año, 60 por ciento responde afirmativamente. En Venezuela, el porcentaje de respuesta positiva a la misma pregunta es 44; en Brasil es 36, el promedio de los diecisiete países encuestados.

La principal causa de muerte entre jóvenes capitalinos entre 15 y 29 años era, en 2003, el homicidio, y 20 por ciento de los alumnos ha dejado la escuela por la inseguridad en las aulas y su entorno.

Y aunque el gobierno federal y la mayoría de los estatales invierten recursos importantes para reducir la criminalidad y la violencia, estos programas tendrán poco efecto si la drogadicción continúa entre niños y jóvenes. Por otra parte, tenemos un Estado, gobiernos locales, políticos y partidos que no parecen preocupados por este fenómeno: cuando un joven cae en la adicción, hay poca infraestructura pública para ayudarlo a él y a su familia.

Con todos esos componentes, el tema se transforma en una suerte de epidemia que puede acabar con buena parte del potencial e incluso la vida de la próxima generación de mexicanos; ello eliminará, como dicen Norberto Bobbio y Nicola Matteucci, "aspectos fundamentales de la cultura de nuestro pueblo". Y eso ya está ocurriendo.

No se exagera cuando vemos que los niños comienzan a consumir drogas duras en las escuelas primarias o que para muchos su objetivo es tener su AK-47 y su camioneta, y que cuando mueran les compongan un corrido; cuando son millones las personas que de una u otra manera viven del narcotráfico y, cada vez más, del consumo interno de drogas. No se trata de un mensaje moral o de simplificar las cosas llevándolas al lema de "simplemente di no" (recordemos a la señora Nancy Reagan), que no sólo llevó a su máximo nivel el consumo de drogas en Estados Unidos, sino que culminó con un "logro" impresionante: a fines de los años noventa había más jóvenes estadounidenses cumpliendo alguna condena en la cárcel, por algún delito relacionado con el consumo y tráfico de drogas, que estudiando en las universidades.

El consumo de drogas en México crece al mismo ritmo que en algunas ciudades de Estados Unidos; y se agudizará, sin lugar a dudas, en el futuro, por causas estructurales que superan los discursos, muchos de ellos vacíos, sobre la ética y los valores. No se trata de imponer criterios morales a adultos que pueden decidir qué hacer con su vida y sus cuerpos, sino a niños y jóvenes atrapados en una red de consumo y complicidades, en la que no hay un sistema de rehabilitación y protección accesible —con enormes espacios para cubrir la adicción por medio de la delincuencia—, en un país que suele considerar al adicto como un delincuente, no como un enfermo. En consecuencia, la única visión que prevalece en la mayoría de los sectores de poder de la sociedad es una solución policiaca, represiva; sin duda es necesaria, pero nunca será suficiente si se olvida el principio básico de entender el consumo como algo que trasciende, con mucho, el ámbito de la delincuencia.

Partamos de una base: buena parte del narcotráfico en México gira en torno al negocio de la cocaína. Es verdad que siempre ha habido una alta producción y consumo de marihuana, y una siembra importante de amapola para elaborar goma de opio y sus derivados, entre ellos la heroína; pero la primera nunca se convirtió en un problema de seguridad y salud pública realmente grave, y la segunda se producía, en buena medida, para el tráfico al otro lado de la frontera, aunque existieran lugares del país con altos índices de consumo oculto, como por ejemplo Mexicali. Pero el núcleo del narcotráfico mexicano desde los años ochenta es la cocaína: los grandes cárteles, los recursos económicos, la transformación del narcotráfico en una gran industria transnacional se deben a ella. Desde 1994, sin pausa y en progresión geométrica, se ha incrementado el consumo de cocaína y sus derivados en México: se consiguen a precios cada vez más bajos (en ocasiones el equivalente a un dólar por dosis), resultan accesibles en cualquier lugar del país sin mayores dificultades y su consumo va de la mano con un aumento —también muy significativo— del consumo de drogas sintéticas y alcohol entre los jóvenes. Para entender por qué ha sucedido esto, se debe hacer un estudio de mercado y otro sociopolítico.

Si se analiza el problema actual de las drogas como mercado, tenemos una situación muy peculiar. Es verdad que el consumo de cocaína, sobre todo en Estados Unidos, no ha aumentado en los últimos años; incluso, si atendemos a las cifras oficiales del gobierno estadounidense, ha disminuido aunque sea en forma tangencial, en buena medida gracias a que también comienza, si bien en décimas porcentuales, a disminuir el aprovisionamiento de cocaína, tanto la proveniente de Colombia como la que cruza por fronteras mexicanas. No se trata de cifras muy significativas (en 2005 la disminución fue de un punto porcentual) pero, según las autoridades estadounidenses, podrían indicar una tendencia.

Esa disminución se da porque hay una mayor cantidad de detenciones y decomisos de droga en distintos puntos del Caribe y de la frontera mexicana, y no ha aumentado cuantitativamente el número de consumidores de cocaína en Estados Unidos. Eso no significa una disminución del consumo de drogas: ha aumentado, y en forma importante, pero recordemos que las drogas se relacionan cada vez más con modas, y lo que hoy predomina entre los jóvenes estadounidenses es el consumo de drogas sintéticas: tanto metanfetaminas como el éxtasis y sus derivados.

A lo largo de los años, el uso de drogas en ese país ha variado también con cada generación. La de los sesenta y principios de los setenta fue la de la marihuana y el LSD; a medida que fue creciendo, abandonó esas drogas y, salvo en el caso de la marihuana, quienes no se quedaron en el camino se han convertido en los llamados "consumidores sociales". Hoy abundan las películas que muestran a adultos mayores de 35 años consumiendo marihuana sin que se haga un juicio moral sobre ello y sin considerarlo siquiera motivo de controversia.

La de los ochenta y noventa fue la generación de la cocaína: los consumidores comenzaron a utilizarla cuando tenían aproximadamente veinte años y ahora, mayores, la siguen consumiendo, pero de manera moderada, por lo menos los estadounidenses. En cuanto a sus derivados —como el *crack*, basura de la cocaína—, siguen inundando en buena proporción las calles de las ciudades más pobres y muchas escuelas del país.

Lo que está cada vez más de moda entre la juventud estadounidense, desde hace aproximadamente cinco años, son las drogas sintéticas derivadas de anfetaminas y metanfetaminas, lo que podríamos denominar genéricamente éxtasis. Su producción requiere precursores químicos fáciles de conseguir y se puede realizar en cualquier lugar, sin campos de cultivo y de forma sencilla: en la cocina de una casa y con componentes simples se puede sintetizar una importante cantidad de droga para cualquier traficante callejero. Grandes bandas se dedican a la producción de drogas sintéticas en Estados Unidos, y éstas pueden encontrarse prácticamente en cualquier lugar, por respetable que parezca. Por ejemplo, a fines de 2005, en uno de los restaurantes más importantes de Las

Vegas, el personal de limpieza ofrecía *candies* de todo tipo a quienes ingresaban al lugar; no todos aceptaban, pero nadie parecía molesto por la oferta.

En este momento, el panorama de la droga en Estados Unidos es el siguiente: un alto consumo de drogas sintéticas —éxtasis— (no hay cifras precisas sobre el volumen del mismo) entre jóvenes que las pueden conseguir en cualquier lugar —discotecas o centros nocturnos— con una facilidad pasmosa, porque son difíciles de detectar. Los precursores químicos para producir estas drogas provienen cada vez más de Asia (y en el futuro también llegará de allí la droga ya "industrializada"). Además, persiste el consumo "social" de marihuana, pero ahora más de la mitad de ese consumo anual se produce en Estados Unidos, y no solamente en macetas o cultivos para uso personal, sino en grandes extensiones en distintos lugares del país y, sobre todo, en parques nacionales. Cabe señalar que se ha hablado de la participación en dichos cultivos de grupos mexicanos, particularmente de los Arellano Félix.

¿Qué se está propiciando? La droga —en este caso la cocaína—, como cualquier producto de consumo, necesita un mercado; si éste se agota, se abre otro. Como consecuencia se ha generado un aumento espectacular ("la gran marea blanca", la calificó el periódico español *El País*) del consumo de cocaína en Europa, y particularmente en España: no solamente es el principal centro de consumo, sino también de almacenamiento de cocaína que luego se distribuye en el resto del continente. Recordemos que Europa tuvo un consumo relativamente bajo en los últimos años: había otras drogas con mucho mayor influencia, particularmente los opiáceos como la heroína. Sin embargo, ésta ha pasado de moda entre los jóvenes europeos, además de que las intervenciones militares en Irak y Afganistán dificultan su traslado y reducen el volumen de consumo en Europa (aunque no se han afectado los territorios de producción de amapola). La droga nueva, por la que se paga más que en Estados Unidos y Latinoamérica, es la cocaína. Cada vez hay mayores intentos por hacer llegar volúmenes importantes de cocaína a Europa y los cárteles colombianos están controlando el negocio.

En ese sentido, México deja de ser un punto importante para trasladar cocaína hacia Europa: hay países con mayor facilidad de traspaso, como los del Caribe, Venezuela, la propia Colombia y, cada vez más, Brasil y Argentina. De todas formas, los cárteles mexicanos conservan un papel fundamental en el aprovisionamiento de drogas hacia Estados Unidos, y el porcentaje de cocaína que se consume ahí es mayor que el europeo. Pero la tendencia está cambiando: poco a poco, el volumen de cocaína que los cárteles mexicanos deben aprovisionar a Estados Unidos disminuye. Datos extraoficiales de 2005 del gobierno federal mexicano establecen que, por primera vez en muchos años, algunos cárteles mexicanos habrían obtenido más utilidades en Estados Unidos por el comercio de marihuana que por el de cocaína, lo que no ocurría desde fines de los ochenta.

¿Qué está pasando entonces? Una gran cantidad de cocaína se queda en el mercado mexicano. No es, como han dicho las autoridades, simplemente que las fronteras estén cerradas y por eso la droga no llega a Estados Unidos; esto no es verdad o es una verdad a medias. Lo que sucede es que hay una demanda menor de cocaína en Estados Unidos, y una enorme cantidad de esa droga depositada en este país asegura el consumo por muchos meses, pero los cárteles del narcotráfico mexicano deben seguir financiándose.

La venta de marihuana ha sido tradicional en México; asimismo, la producción de opiáceos derivados de la amapola se mantiene sin mayores cambios, pero ¿qué ocurre con toda esa cocaína estancada en el mercado? Cada vez más cárteles deben dedicar una parte de la oferta y de su estructura operativa a atender el consumo nacional; como todo empresario, buscan ampliar su mercado, y en este caso aprovisionar cocaína a precios relativamente baratos para incrementar sus consumidores. Hoy la cocaína (o sus derivados, en muchas ocasiones de una calidad infame) es una droga plenamente accesible para sectores populares, y gracias a ello comienzan a crecer los cárteles o sus ramas, que ya no están interesados en enviar la droga hacia Estados Unidos.

Así, han surgido dos tipos de organizaciones, una de ellas paradigmática, porque fue la primera con sus características que se conoció públicamente: la de *Ma Baker*, quien aprovisionaba el centro y el oriente de la ciudad de México, y parte del Estado de México. Como ésta existen hoy unas cuarenta bandas operando en el área metropolitana de la ciudad de México con infinidad de células de distribución. Otra organización la creó Osiel Cárdenas, con base en la ciudad de México, y se dedicó exclusivamente al narcomenudeo; todas sus utilidades se destinaban a montar el esquema de protección de pagos que tenía Cárdenas en el penal de La Palma y en otros lugares. El esquema de corrupción se pagaba a partir de las estructuras del narcomenudeo.

En el pasado esto no hubiera ocurrido; simplemente, esas estructuras y grupos se hubieran financiado de forma tradicional, con los recursos que provenían de la droga exportada, porque era más redituable colocarla en Estados Unidos que en nuestro mercado. Pero hoy, sin que haya disminuido en forma notable el producto destinado a Estados Unidos, es evidente que la oferta es mucho mayor, por lo que se torna rentable colocarla dentro de nuestro país.

De esta manera, tenemos un mercado internacional, en el cual Estados Unidos está cambiando sus hábitos; se mantiene el consumo de cocaína, pero poco a poco se va reduciendo. En los próximos años, además, la tendencia indica que los jóvenes consumirán más drogas sintéticas, que pueden proveer sin mayores problemas los propios grupos y cárteles estadounidenses. Al mismo tiempo, el consumo de cocaína crece en forma muy importante —hasta convertirse en la droga más atractiva en estos momentos— en Europa; para este mercado México termina siendo una vía de tránsito relativamente marginal.

Pero nadie abandona un negocio de miles de millones de dólares: a México se puede hacer llegar cocaína en cantidades muy importantes, y hay mucha droga depositada en el país. Por eso, las organizaciones mexicanas tienen que hacerse fuertes y controlar mayor territorio, porque la producción de amapola comienza a ser muy importante para mantener utilidades; sigue teniendo peso la producción de marihuana para aprovisionar parte del mercado estadounidense (aunque recordemos que la mitad de la marihuana que se consume ahí se produce localmente) y existe un gran volumen de cocaína que debe distribuirse en el mercado interno mexicano, cuyas posibilidades de consumo son altas. A ello se agrega que ha bajado bastante el precio de esa droga al llegar a México; en muchas ocasiones también la cocaína (aunque sea de mala calidad) puede ser accesible para los grupos de menores ingresos y los muy jóvenes, como sucede no sólo en la frontera norte sino prácticamente en todo el país.

En términos económicos se han dado todas las condiciones para un negocio lucrativo: un producto con oferta amplia, precio accesible y distribución nacional, y un mercado dispuesto a consumir y pagar por el producto. Socialmente, además, las circunstancias de los jóvenes, sobre todo la falta de oportunidades laborales y de estudio, representan un campo propicio para el consumo de drogas. No se requiere nada más.

Eso es lo que estamos viviendo, y la situación se agudizará en la medida en que baje el consumo de cocaína en Estados Unidos y crezca en Europa. Y no olvidemos que, por la "característica" del "negocio", si aumenta el consumo de drogas dentro del país, la necesidad de un mayor control territorial (desde regiones completas hasta la esquina de cualquier ciudad) se torna imprescindible, lo cual lleva a que haya mayor violencia entre las distintas organizaciones del narcotráfico; porque, al mismo tiempo que requieren control territorial para producir droga, lo necesitan también para venderla. Y las distintas bandas y células encargadas del narcomenudeo generan, a su vez, mayor violencia y corrupción entre las fuerzas policiales.

Lo anterior influye en la creciente violencia cotidiana, en los índices de inseguridad que vive el país; sumémosle a ello la dinámica que se propicia cuando el joven consumidor se transforma en adicto y requiere de recursos para mantener su adicción; luego ubiquemos todo en un contexto de desinformación y ausencia de medidas legales —tanto para atacar el fenómeno desde el punto de vista policial como de seguridad y salud pública—, y sazonémoslo con la pérdida de valores culturales tradicionales y la generación de toda una cultura popular que gira en torno al narcotráfico… y el escenario queda listo para que la actual pueda convertirse, efectivamente, en una generación perdida. Nuevamente el enemigo, el verdadero enemigo, no está fuera: está en casa.

I

EL TRÁFICO

1

LOS OPERATIVOS O CORTAR LA CABEZA DE LA HIDRA

La política es el arte de buscar problemas,
encontrarlos, hacer un diagnóstico falso
y aplicar después los remedios equivocados.
GROUCHO MARX

Que nadie se engañe, la historia no es nueva. Comenzó en 1994. En ese año, marcado por el levantamiento zapatista, los asesinatos de Luis Donaldo Colosio y José Francisco Ruiz Massieu, así como la crisis económica de fin de sexenio, se generó un escenario muy similar al que viviríamos años después, en el último tramo de la administración Fox, en el terreno del narcotráfico.

Los grandes cárteles habían crecido y consolidado su poder desde aquella reunión en Acapulco de 1989, convocada por Juan José *El Azul* Esparragoza, para dividirse el territorio nacional, luego de la detención de Miguel Ángel Félix Gallardo. Si bien es verdad que los acuerdos no se habían respetado escrupulosamente —sobre todo por parte de un grupo que luego fue conocido como el de los hermanos Arellano Félix—, lo que comenzó a generar fuertes enfrentamientos entre las distintas organizaciones criminales desde 1990-1991, lo cierto es que todas consolidaron sus redes internacionales y sus sistemas de introducción de drogas en Estados Unidos. El momento coincidió también con la destrucción de los grandes cárteles verticales en Colombia, sobre todo el de Medellín, que encabezaba Pablo Escobar, y, en forma más paulatina pero también inexorable, el de Cali, de los hermanos Rodríguez Orejuela. La combinación de la debilidad de los grupos colombianos con el constante fortalecimiento de los mexicanos provocó un cambio en los patrones de comercialización de la cocaína. Hasta 1993-1994, los grandes cárteles colombianos pagaban a los mexicanos con un porcentaje de los embarques que se lograban hacer ingresar a la Unión Americana. Pero las organizaciones de García Abrego, en el Golfo; la de los Arellano Félix, en Baja California, y la de Amado Carrillo, en Ciudad Juárez —que en realidad contaba con presencia en buena parte del país—, cada día podían colocar mayor cantidad de droga del otro lado de la frontera, y los colombianos estaban más apurados por deshacerse con efectividad de sus cargamentos. En esos años cambió la correlación de fuerzas y los cárteles colombianos comenzaron a pagar a sus socios mexicanos en partes iguales de dinero y droga. El proceso se socializó, se extendió desde el vértice de la pirámide hasta su base: cada día se hizo más común pagar servicios con cocaína, sin duda la droga de moda entonces en Estados Unidos, donde había experimentado un incremento explosivo de su consumo. Al mismo tiempo, el proceso se acentuó porque las organizaciones mexicanas se sintieron ya lo suficientemente fuertes como para expandir sus actividades al resto del continente: dejaron de ser operadores del ingreso de la droga a Estados Unidos para convertirse paulatinamente en dueños de su propio negocio y comenzaron a comprar droga en Colombia, Ecuador, Perú y Bolivia. Penetraron profundamente en una Centroamérica que apenas intentaba comenzar a salir de la guerra civil, plagada de ex guerrilleros y paramilitares desmovilizados, con armas, redes y sin empleo.

No queda claro si lo sucedido en México desde mediados de 1993, con el asesinato del cardenal Posadas Ocampo, hasta la crisis económica de 1994 y 1995, fue producto de un proceso desestabilizador propiciado por el narcotráfico, pero sí es evidente que éste se había convertido en uno de los varios grupos de poder con intereses específicos que fueron jugando sus cartas en cada uno de los hechos desestabilizadores que ocurrieron entonces. En ese contexto, la desestabilización ayudaba, y ayuda, a las organizaciones criminales para operar con menores contratiempos. En 1994, el Estado mexicano tuvo que concentrar sus fuerzas de inteligencia y militares en atender cuatro fenómenos gravísimos: el surgimiento de una guerrilla de las características del Ejército Zapatista de Liberación Nacional (EZLN); el asesinato de un candidato presidencial y de un dirigente partidario; una elección que amenazaba con salirse de cauce y, luego, la mayor crisis financiera contemporánea. Era importante evitar que la inconformidad derivara en explosiones sociales, catalizadas por el ambiente político generado en los meses anteriores. En 2006, las fuerzas de seguridad y de inteligencia más importantes se concentraron en ciertos puntos del país amenazados por movimientos sociales violentos, relacionados con el ambiente pre y poselectoral generado por el lopezobradorismo. El trabajo realizado durante años en territorios con fuerte presencia del narcotráfico fue abandonado y hasta que pasó la crisis hubo respuesta del Estado a esa situación. Lo mismo había sucedido en 1994.

Lo cierto es que entonces el pago con droga se generalizó y el narcotráfico encontró la oportunidad, que no había tenido ni aprovechado hasta entonces, de generar y explotar un mercado que mostró ser mucho más redituable de lo que originalmente se pensaba. Si bien en un principio el narcomenudeo se concentró en la marihuana, porque la cocaína y las drogas sintéticas eran un producto sólo para sectores de altos ingresos, en esos años éstas se popularizaron, y su consumo, sobre todo el de la cocaína y sus derivados como el *crack*, comenzaron a crecer exponencialmente. Al haber tanta droga en el mercado, sus precios bajaron y progresivamente la marihuana dejó de ser la droga de inicio para que ocupara su lugar la cocaína. Si en aquel momento fueron los operadores de mediano y bajo nivel quienes comenzaron a explotar el mercado interno (como una forma, entre otras cosas, de transformar en dinero la droga que recibían como pago por sus servicios), con el paso del tiempo los grandes grupos comenzaron a percibir la magnitud del negocio y se involucraron directamente en él. La lucha por los territorios no dependía ya entonces sólo de consolidar rutas de entrada y tránsito, sino también de controlar los mercados.

Como veremos más adelante, las encuestas nacionales de adicciones de 1999 y 2002 muestran con claridad el fenómeno de la explosión del consumo. Los diagnósticos, la mayoría de ellos acertados, estaban allí y nadie los atendió a tiempo. La lucha contra el narcotráfico se seguía dirigiendo a descabezar a los cárteles, mientras la estructura continuaba consolidándose y las organizaciones se aferraban cada vez más a su poder local, basado en la coerción y la cooptación, pero también en el control de los mercados locales de venta de drogas.

Desde entonces, el negocio del llamado narcomenudeo, del crecimiento del mercado interno de consumo de drogas, no ha dejado de crecer, con sus secuelas en la inseguridad, la violencia, la corrupción, la salud pública y el deterioro social. Nadie parecía haberlo descubierto hasta fines de 2006. Sin embargo, la historia no se puede comprender en su verdadera dimensión si no se ubica en el contexto global del narcotráfico en nuestro país.

Un diagnóstico de crisis e impunidad

Toda creación necesita más de los enemigos que de los amigos.
Friedrich Nietzsche

Ningún partido político, ningún gobierno está libre de la posibilidad de verse infiltrado por el narcotráfico. Las policías municipales y estatales, lo mismo que las delegaciones federales establecidas en buena parte del país, se han convertido en preciado objetivo de penetración por el crimen organizado que las utiliza como instrumentos de protección y operación.

El narcotráfico interviene en la lucha política: no es verdad que no esté interesado en ella. Como norma general, cuanto menor control del Estado haya, o cuanto más ocupadas estén las fuerzas públicas atendiendo otros conflictos, mayor es el margen de operación del narco y más fuerte su penetración en las fuerzas de seguridad locales. El cártel del Golfo, que nominalmente encabezaba Osiel Cárdenas, es una de las organizaciones más activas en cuanto a participación política. Pero los Zetas[1] han ido más allá: se dice que han intervenido en diferentes campañas electorales apoyando a grupos y candidatos para ocupar territorios que estaban bajo el control de otras organizaciones. Éstas probablemente también lo hicieron, pero en el caso de los Zetas resultó demasiado evidente. Y parece ser que apostaron por los perredistas: así, iniciaron una verdadera guerra en Michoacán y Guerrero; se asomaron a Oaxaca; están, sin duda, en el Distrito Federal, Veracruz y Tabasco. No se basan para ello en la ideología, sino que abusan de la incomprensión del fenómeno por esos actores políticos. Muchas entidades han sido atrapadas, y cuanto más tiempo tarden sus mandatarios en asumirlo, más difícil será atacar el problema.

---

[1] Zetas: organización de sicarios del cártel del Golfo, integrada por desertores del ejército y la policía. Se llamaron así porque ésa era su clave de identificación por radio.

El capítulo más importante en la agenda nacional es la seguridad pública. Para que el Estado mexicano garantice desde las inversiones hasta la tranquilidad social, desde el crecimiento hasta la confianza, necesita demostrar que tiene el control del país, que sus instituciones funcionan y lo pueden hacer de forma coordinada y eficiente.

La administración de Calderón —a diferencia de su antecesor, que abandonó prácticamente el problema— está consciente de la relación que existe entre el narcotráfico y el poder; por eso su gabinete de seguridad es un equipo operativo que depende en línea directa del propio presidente de la República. De esta forma, se permite y fomenta la centralización y la toma estratégica de decisiones, teniendo como eje del esquema de seguridad la reingeniería de los cuerpos policiales de todo el país pero, sobre todo, la reconstrucción de la información y los servicios de inteligencia, ya que éstos deben marcar la pauta de operación de las fuerzas de seguridad.

LA APUESTA ESTRATÉGICA: MICHOACÁN, EL ESTADO DE CÁRDENAS Y CALDERÓN

No había transcurrido una semana del inicio de la administración de Calderón cuando el nuevo esquema de seguridad se puso en marcha. Y todo inició en Michoacán que, además de ser el estado natal del presidente, había sido el epicentro de la violencia, junto con Guerrero, en 2006. En Michoacán se mostró la capacidad real de coordinación de las fuerzas del Estado, con el objetivo de dar un golpe contra el crimen organizado que no admitiera, en esa dimensión, una réplica. En buena medida, el gobierno se jugó el futuro de su proyecto estratégico en esa operación.

Con el operativo en Michoacán no se acabaron la violencia ni el narcotráfico. Tampoco fue un golpe mortal para las organizaciones criminales. Pero la acción implicó el restablecimiento de las reglas del juego.

Michoacán constituía un objetivo idóneo para realizar una operación de estas características. Primero por la magnitud de la violencia y los ajustes de cuentas. La cifra de seiscientos ejecutados en once meses era excesiva, como lo eran la saña mostrada, la ruptura de las reglas del juego establecidas incluso en ese mundo marcado por la violencia: mujeres y familias asesinadas; grupos que contaban con un encargado de "relaciones públicas" en pleno Morelia, que publicaba desplegados, intimidaba y compraba espacios en los medios locales; la llamada Familia, que en realidad es una derivación del cártel del Golfo y los Zetas, y que se colocaba por encima de la fuerza del Estado para garantizar "la tranquilidad", aunque ello tuviera que lograrse con muertos, decapitados y funcionarios públicos asesinados.

Se vivía en la entidad, también, una situación peculiar. Las dos grandes organizaciones del narcotráfico se confrontaban allí con fuerzas equilibradas: el cártel de los Valencia —que tradicionalmente ha tenido el control del estado, con fuertes relaciones políticas y económicas, asociado con ese conglomerado de organizaciones que es el cártel de *El Chapo*

Guzmán— se enfrentaba con los Zetas y la gente del Golfo, que habían visto, primero, cómo los Valencia y sus socios intentaron penetrar en Nuevo Laredo, y luego, cómo la puerta de Michoacán y Guerrero se tornaba fundamental para el aprovisionamiento de drogas. Esta organización hizo una apuesta político-electoral muy alta. Jugaron arriba pero también abajo, en particular financiando campañas para presidentes municipales.

En Michoacán fue evidente la búsqueda de una amplia coordinación de las fuerzas de seguridad del Estado mexicano. Pero un punto fue clave para el operativo: el presidente Calderón y el gobernador Lázaro Cárdenas Batel lograron establecer acuerdos de fondo en éste y otros temas, y la colaboración entre ambos fue real. En el gobierno de Michoacán hubo la voluntad política de romper con las redes del narcotráfico que habían desatado una brutal espiral de violencia y se habían infiltrado, sobre todo en el nivel municipal, muy profundamente. La decisión de Cárdenas Batel y del nuevo gobierno federal era romper esas redes antes de las próximas elecciones locales, porque la influencia del narcotráfico en esos comicios podría terminar siendo determinante.

Tijuana, la policía de Hank

El presidente municipal de Tijuana, Jorge Hank Rhon, se había lavado las manos una y otra vez respecto del tema de la inseguridad, argumentando que se trataba de delitos federales. Pero resultó que lo que más lastimaba a la ciudadanía eran los secuestros, catalogados como delitos locales. La policía de Tijuana es una de las mejor equipadas del país, pero también de las más corruptas e infiltradas por el narcotráfico y el crimen organizado.

Cuando las fuerzas federales intervinieron, controlaron parte de la operación de las fuerzas municipales y estatales (también permeadas por el crimen organizado) y decidieron realizar una revisión de las armas de la policía municipal para ver si no estaban involucradas en delitos denunciados previamente por la ciudadanía. Los policías municipales decidieron declararse en una suerte de rebeldía y no realizar ninguna labor. El presidente municipal los apoyó, diciendo que no podían cumplir su labor sin armas. Pero ¿acaso para vigilar el tránsito o el orden público necesitaban rifles de alto poder como los que porta cotidianamente la propia policía?

Hank Rhon también movilizó a los empresarios locales, diciendo que habían quedado "desprotegidos" al ser desarmada la policía municipal. El pequeño problema era que la policía municipal no estaba para proteger empresarios ni hacer de custodios: su compromiso debía ser con la ciudadanía, porque se trataba de una policía de proximidad. Era tanto el supuesto descontrol en la policía local, que tenían registradas dos mil armas y entregaron apenas setecientas; sus mandos ni siquiera saben —por lo menos eso dicen— dónde están las demás. Tampoco saben con exactitud cuántos elementos tienen y dónde están. ¿Realmente todos los que se dice que están cuidando empresarios locales realizan esa labor? ¿Se trata realmente de empresarios o simplemente son policías que operan, con armas, equipos y patrullas, para el crimen organizado? Esto es lo que buscó romper el operativo en Tijuana.

La gente recibió la intervención federal mostrando un apoyo explícito, el cual se acrecentó en la misma proporción en que se adoptaron medidas contra la policía municipal.

Guerrero, guerra en el Paraíso

No es extraño que en Guerrero se utilice el asesinato para imponer condiciones o deshacerse de adversarios políticos, aunque sean del propio partido. Ya en el pasado, en torno a Zeferino Torreblanca, había ocurrido un caso similar: la misma noche de su elección como alcalde de Acapulco, el 4 de octubre de 1999, sufrió un atentado uno de sus coordinadores de campaña, Marco Antonio López García, en el cual fue asesinado uno de sus hijos. Una semana después fue detenido el diputado local del Partido de la Revolución Democrática (PRD), Juan García Costilla, acusado de ser el autor intelectual del atentado contra su compañero de partido. Antes había sido detenido Ángel Guillermo Martínez González, también militante del PRD, como presunto autor material.

Allí se supo que la intención de matar a López García tenía como fin sacar de en medio a uno de los grupos políticos internos del perredismo. El pago era un acuerdo político de una corriente del partido con el Ejército Revolucionario del Pueblo Insurgente (ERPI) y, además, un terreno en Acapulco para el autor material. En el caso del asesinato del diputado panista Jorge Bajos Valverde, llamó la atención su indudable amistad con el ya gobernador Torreblanca. Pese a que Bajos Valverde era legislador por el Partido Acción Nacional (PAN) y el gobernador llegó a esa posición por el PRD, lo cierto es que la relación era muy estrecha y, como se ha dicho, el diputado era una pieza fundamental del gobernador para articular acuerdos en su estado.

En Acapulco gobierna Félix Salgado Macedonio, personaje que ha sido relacionado con el narcotráfico y con grupos armados. Dichas relaciones son por lo menos sospechosas y lo podrían colocar en línea directa con los sucesores de Rafael Aguilar Guajardo y Juan García Ábrego. En su desempeño como presidente municipal, sus decisiones parecen haber confirmado esas sospechas. Ejemplos hay muchos y casi todos giran en torno a sus designaciones al frente de la policía municipal de Acapulco. La versión que se ha difundido con insistencia es que Salgado Macedonio recibió dinero del cártel de los Zetas (el del Golfo, que lideraba Osiel Cárdenas y ahora encabeza Heriberto Lazcano) para su campaña y, a cambio de ello, entregó a ese grupo los mandos de la policía municipal, con el agravante de que Acapulco era una plaza que tradicionalmente habían manejado los rivales de los Zetas, los hermanos Beltrán Leyva, asociados al cártel de Sinaloa, quienes también habrían contribuido a esa campaña. Ésa es la explicación que se ha dado para los enfrentamientos que, desde la llegada de Salgado Macedonio al gobierno municipal, han sucedido en Acapulco.

En esta entidad se han consumado acciones terroristas que sólo pueden compararse con los atentados del Ejército Popular Revolucionario (EPR) en La Crucecita y Tlaxiaco, Oaxaca, en 1996. No es un dato menor que estas acciones se produzcan luego de una serie ininterrumpida de ataques a personas o, con granadas, contra puestos policiales en Guerrero. Muchos dirán que ello es una demostración de que los operativos de seguridad no funcionaron, aunque, en realidad, están diseñados para otros objetivos que pasan, especialmente, por recuperar el control territorial, romper redes y permitir las condiciones para un establecimiento a largo plazo de las fuerzas de seguridad en esas plazas. En todo caso, no es casualidad que esos ataques se produzcan en Guerrero, donde las estructuras del narcotráfico se han logrado enquistar en muchos ámbitos del poder local y establecer relación con los grupos armados que operan en la entidad. Desde que se planteó la necesidad de realizar estos operativos en Guerrero, quedó claro que serían, por muchas razones, quizá los más difíciles de implementar y los que mayor resistencia generarían. No solamente por la fortaleza de dichos grupos en la zona, sino también porque el gobierno local no se involucró en éstos e, incluso, hay autoridades locales que no están dispuestas a colaborar. El gobernador Zeferino Torreblanca se encuentra, como en el caso de Bajos Valverde, entre dos fuegos: por una parte, mantener su buena relación con el gobierno federal para conservar la gobernabilidad del estado y, por otra, la intención de buena parte de su estructura de gobierno, perteneciente a las alas más duras del PRD.

Según algunas fuentes, los más duros del perredismo, cuyas relaciones con grupos armados y en ocasiones con sectores del crimen organizado son inocultables, amenazaron al gobernador con generarle una nueva Oaxaca en el estado, con la diferencia de que Zeferino no tendría una fuerte fracción de su partido como respaldo, como sí tuvo el oaxaqueño Ulises Ruiz. Y el objetivo número uno de esos sectores, precisamente por su diversidad de intereses, fue impedir los operativos de seguridad federales en la entidad. En esa lógica se entiende el desarrollo de una estrategia de violencia, cercana al terrorismo, para hacer que las fuerzas federales abandonen el estado.

Cuando en febrero de 2007 un grupo de sicarios asesinó a siete personas en dos delegaciones de la policía ministerial en Acapulco, no sólo se cumplía uno más de los numerosos ajustes de cuentas entre organizaciones del crimen organizado, sino que se buscaba detonar los operativos realizados por el gobierno federal en distintos puntos del país desde diciembre de 2006. El objetivo se cumplía cada vez que una información registraba que esos asesinatos se habían cometido "a pesar" de los operativos puestos en marcha en esa ciudad. Hechos similares habían ocurrido en Tijuana y Michoacán, y sucederían después en el Triángulo Dorado (la zona serrana donde confluyen Sinaloa, Chihuahua y Durango), pero ninguno había tenido la repercusión y la espectacularidad de lo sucedido en Guerrero.

Los ataques en el puerto se prepararon tiempo atrás: las casas de seguridad habían sido rentadas semanas antes, las dos a la misma persona, y se ubicaban lo suficientemente cerca de los objetivos, con el fin de llegar a las mismas antes que las fuerzas policiacas. Se buscaba un efecto publicitario, desafiar a la autoridad, pero también abarcar otros objetivos: los sicarios que operaron en la delegación de las colonias Renacimiento y Zapata tenían un mismo esquema; buscaban, según fuentes cercanas a los hechos, a los comandantes de ambas delegaciones.

El modo de operar fue el mismo. Llegaron al lugar y se presentaron como militares, desarmaron a los agentes ministeriales e hicieron tiempo; sin embargo, algo se salió de control en la colonia Renacimiento: un funcionario desconfió del operativo y comenzó a hacer llamadas desde su oficina para confirmar si eran militares; aparentemente esas llamadas fueron interceptadas o alguien avisó a los sicarios, que comenzaron entonces a disparar dentro de las oficinas y mataron a tres personas, incluida una secretaria. A pocos metros del lugar había una patrulla de la policía municipal con varios elementos; ninguno intentó repeler la agresión que sufrían los municipales y tampoco fueron atacados por los sicarios. Los hechos se repitieron en la colonia Zapata: cuando, aparentemente, los sicarios fueron avisados de lo sucedido en Renacimiento, fueron presas de la desesperación y mataron a cuatro personas, incluyendo —otra vez— a una secretaria, liberaron a tres presos por delitos menores y huyeron. En ninguna de las dos acciones parecen haber cumplido con el objetivo original, que era asesinar a las personas que llevaban identificadas.

El operativo no tuvo eficacia en términos de organización: los sicarios llegaron a las dos casas de seguridad ubicadas a pocos metros de los hechos, pero tuvieron que abandonar una gran cantidad de armas en una de ellas, y en la otra, una parte del comando llegó primero, se cambió de ropas y dejó cerrado el lugar, por lo que sus compañeros tuvieron que trepar los muros para hacer lo mismo. Paradójicamente, las fuerzas federales de seguridad pudieron haber ubicado a los agresores desde un helicóptero que despegó casi en el momento en que sucedían los hechos; el problema fue que la procuraduría local informó que debían buscar una camioneta verde y un automóvil gris. Nadie ha podido esclarecer si la confusión sobre el color de la camioneta de los agresores fue voluntaria o no.

Pero ¿por qué fueron sorprendidas las fuerzas federales? Esto se debió a que, desde que comenzó el operativo en Guerrero, los grupos hegemónicos del narcotráfico en la zona —los que responden a los hermanos Beltrán Leyva y el cártel de Sinaloa— aparentemente se habían retirado de la plaza e incluso cerraron muchas de las narcotiendas que operaban. Los enfrentamientos se habían dado en la Costa Grande y en la zona montañosa del Filo Mayor, donde confluyen narcotraficantes con grupos armados. El ataque en Acapulco fue preparado con tiempo y con sicarios llegados de fuera. La intención de los Zetas era provocar a las autoridades y hacer una demostración de fuerza; sin embargo, también buscaban aprovechar el momento para deshacerse de los mandos que protegían a sus adversarios. Los hechos fortalecieron la hipótesis de que, mientras que las fuerzas municipales están relacionadas con los Zetas, las ministeriales protegen a los Beltrán Leyva. Por eso también unos fueron víctimas y los otros no ofrecieron resistencia.

Pero quizá la mayor enseñanza que se desprende de estos hechos es que las provocaciones seguirán, pues es demasiado lo que está en juego; esas acciones no se producen "a pesar" de los operativos, sino como respuesta a los mismos. El crimen organizado tiene zonas de control, como Guerrero o el Triángulo Dorado, que no piensa entregar sin luchar, así que las autoridades locales y sus policías deben ser parte del esfuerzo.

Tamaulipas, el epicentro del conflicto

Tiempo atrás se sabía que por lo menos la primera etapa de la lucha contra el narcotráfico se daría en Tamaulipas. Desde inicios de 2006 estaba ya planteada y planeada una fuerte intervención del Estado en Nuevo Laredo, que se extendería a prácticamente toda la frontera de Tamaulipas con Texas.

Se requería la concentración de las fuerzas militares y policiales, así como una aceptación política amplia para un operativo de esas características. Se pensaba, también, en una estrategia de política social anticrimen que pudiera neutralizar el peso del narcotráfico en esa zona del país. El capítulo es particularmente importante porque en lugares como Nuevo Laredo, Matamoros y Reynosa, dicho peso no deriva sólo de su capacidad criminal, sino también del dominio sobre la propia estructura social, que va desde la penetración de los cuerpos policiales y los órganos de gobierno hasta el control de la información por medio de taxistas, vendedores y negocios establecidos. Simplemente, cualquiera que se instale unos minutos en alguno de los puentes internacionales en Nuevo Laredo podrá ver, a ambos lados de la frontera, a un grupo de personas con radios dedicadas a informar sobre lo que sucede o deja de suceder en ese punto. Cualquier periodista que venga de fuera tendrá en pocos minutos una "supervisión" de personajes ligados a las organizaciones criminales encargados de averiguar qué objetivo tienen los comunicadores fuereños. Y la lista podría continuar indefinidamente.

Pero los grupos más importantes de la zona, diversos desprendidos del cártel del Golfo —que ha sufrido serios enfrentamientos internos en los últimos meses—, ya conocen esa estrategia. Lo que han hecho desde entonces, si lo ponemos en términos futbolísticos, es jalar la marca hacia otros puntos del país para distraer y provocar, también, la dispersión de las fuerzas de seguridad, particularmente limitadas en ese ámbito. Por eso es verdad que lo que sucede en Michoacán está ligado con los crímenes en Guerrero; ambos, con los que se cometen en Veracruz y Tabasco, y todos ellos, con el camino de la droga que comienza en Chiapas y recorre toda la ruta del Golfo hasta llegar a la frontera. Ninguno de esos crímenes son ficticios ni reflejan acciones aisladas del narcotráfico. Todos se producen en lugares importantes y reflejan la lucha que se libra, tanto de parte de las autoridades contra el crimen organizado como de los propios grupos del narcotráfico por el control de rutas y territorios.

También es verdad que esto es parte de una estrategia que pretende distraer y hacer correr a las distintas fuerzas de seguridad detrás del crimen, alejándolas de su bastión principal que está, para el cártel del Golfo y sus distintos componentes de hoy, en Tamaulipas.

Por eso, más temprano o más tarde, la lucha deberá concentrarse en el espacio donde se aglutina la verdadera fuerza de estos grupos. Por una parte, y en primer lugar, en razón de la violencia que ejercen, en Tamaulipas, donde los remanentes del cártel del Golfo y de los Zetas siguen manteniendo una fuerte hegemonía. En segundo término, seguramente en Sinaloa y parte de Sonora, donde sus adversarios controlan también una parte fundamental de la geografía. Después de las elecciones de agosto, tocaría el turno a Tijuana. Allí se librarán las principales batallas futuras de esta guerra. Mientras tanto, los operativos y las acciones en distintos estados han tenido un efecto de presencia y control, de recuperación de territorios y de información, lo cual es importante; pero no son los capítulos decisivos de una historia que aún no terminamos de aprender con todas sus consecuencias.

El atentado contra el diputado Horacio Garza Garza, en febrero de 2007, en Nuevo Laredo, a unas horas de que se iniciara el operativo conjunto en Tamaulipas y Nuevo León, constituyó un desafío a las autoridades; pero asimismo exige hilar mucho más fino para saber qué está sucediendo en los ámbitos de la violencia, el poder y el narcotráfico.

Garza Garza, diputado federal con amplia experiencia política, fue dos veces presidente municipal de Nuevo Laredo, dos veces diputado federal y diputado local; es un político popular en la ciudad, que incluso siempre ha vivido en la misma colonia. No hay información, local o federal, que relacione a Garza Garza con el crimen organizado o el narcotráfico.

Después del atentado se dijo que se trataba de un desafío del crimen organizado; incluso el general Guillermo Galván Galván, secretario de la Defensa Nacional, aseguró que seguirían sucediendo este tipo de hechos, porque los operativos estaban teniendo éxito y se estaban tocando las bases profundas del narcotráfico. Y muy probablemente así fue: las bases del narcotráfico no son sus operadores y en muchas ocasiones ni siquiera quienes aparecen como los líderes de los distintos cárteles, mucho menos sus sicarios. Lo que sustenta al narcotráfico, sus raíces, está en sus relaciones con el poder político, económico y social; en el control territorial que gracias a esas relaciones, nacidas de la corrupción o la coerción, ejercen en distintas regiones del país. Desde hace años insistimos en que el poder del narcotráfico en México es local, que pasa por el control de regiones y territorios: para eso requiere asentarse, adquirir ese control a través de las relaciones políticas y la protección de fuerzas de seguridad y, en muchas ocasiones, de grupos sociales organizados.

Pero cuando ocurren atentados como el de Garza Garza y se suceden hechos violentos relacionados con la política, se corre un peligro que debe ser atendido oportunamente: que la violencia o los ajustes de cuentas que realiza el narcotráfico terminen convirtiéndose en una coartada para otros ajustes de cuentas, de otros grupos de poder con otros objetivos. Sabemos que el narcotráfico interviene en la política y financia campañas, sobre todo para presidentes municipales, y logra, por esa vía, controlar las policías locales.

El problema se presenta cuando se suceden los atentados y no se resuelven. Porque pueden convertirse en una coartada de diferentes grupos para dirimir sus diferencias por la vía de la violencia, lo cual termina cerrando el círculo desestabilizador que tratan de imponer el crimen organizado y los distintos grupos políticos, algunos de ellos armados.

Las guerras del sur

Para enfrentar esta "guerra", Felipe Calderón debió pensar, inevitablemente, en cómo se relacionan, cada vez más, la política y el poder con el crimen organizado, y cómo hechos que no parecen relacionados entre sí pueden tener una explicación diferente de la que se suele dar en algunos espacios de la información política y de la nota roja.

En Veracruz participaron en una carrera tres caballos: uno de Monterrey, otro de Chiapas y un tercero de Paso Pital, localidad cercana a Nautla, propiedad de Francisco *Pancho* Colorado. Su caballo empató con el de la familia Valdovinos, de Chiapas, y la gente de Colorado (que resultó ser de los Zetas) comenzó una balacera que terminó con dos muertos y varios heridos. Se ha especulado que uno de los muertos podría ser el propio Heriberto Lazcano, líder de los Zetas, o uno de sus más cercanos lugartenientes, apodado el *Z13*. Francisco Colorado ha sido señalado como uno de los principales apoyos de la campaña electoral del gobernador Fidel Herrera. En realidad, todos los involucrados tienen fuertes relaciones políticas en Veracruz, Tamaulipas, Campeche, Tabasco, Oaxaca y Chiapas, y cuando apenas comenzaba el proceso electoral de 2006, nunca se explicó plenamente la muerte de Naguib Tadeo Manrique, alcalde de Ixtepec, Oaxaca, asesinado al llegar al puerto de Veracruz junto con otras cuatro personas, entre ellas su padre Jorge Manrique —acusado de tener vínculos con el cártel de los Díaz Parada, que opera en la zona del istmo y tiene fuertes relaciones en el sur de Veracruz—. Esa organización está relacionada desde hace años con el cártel de Sinaloa. Se habló de la "pérdida" de dos toneladas de cocaína, pertenecientes al cártel del Golfo y a los famosos Zetas, las que cambiaron de mano en un decomiso en el sur del estado. También se habló, sin pruebas, de que Naguib Tadeo Manrique y sus acompañantes iban al puerto a realizar una negociación al respecto. El alcalde asesinado, por cierto, fue el principal testigo de descargo del entonces gobernador José Murat, cuando ocurrió el llamado "autoatentado". Según su versión, aquel 18 de marzo tenía una cita con el propio Naguib Tadeo Manrique en el hotel Victoria. Poco después, Manrique fue designado candidato del PRI por Ixtepec.

Antes y después de esos hechos ocurrieron varios casos de violencia política que deberían ser tomados en cuenta porque tienen relación con los mismos grupos confrontados. Y es que el sur del país se ha convertido en uno más de los terrenos clave para el control del crimen organizado. La historia no es nueva: en mayo del año pasado fue secuestrado, junto con otras cuatro personas, Ponciano Vázquez Lagunes, hermano y principal operador del más poderoso cacique del sur de Veracruz, Cirilo Vázquez Lagunes; éste había sido detenido en los años ochenta en tres ocasiones, acusado de narcotráfico y homicidio, entre otros delitos. Los cuerpos de Ponciano y sus acompañantes aparecieron días después.

Entre los muertos estaban Antonio Guízar Valencia y Felipe Espinosa Valencia, oriundos de Michoacán, relacionados con el cártel de los Valencia y, el segundo de ellos, casado con la hija de una regidora del PRD, Norma Aguirre Colorado. La hermana de Felipe Espinosa Valencia era, además, esposa del hijo del presidente municipal perredista de Huimanguillo, Walter Herrera Ramírez, amigo cercano de los hermanos Vázquez Lagunes e incluso compadre de Ponciano. El hecho es que, un año antes del asesinato de Ponciano y sus colaboradores, el padre de Antonio Guízar Valencia también fue asesinado en Chiapas. El acusado del asesinato, director de seguridad pública de Huimanguillo, se fugó con el apoyo del alcalde de la localidad, el mismo Walter Herrera. ¿Qué sucedió con Guízar Valencia? Quizá sabía demasiado.

El 8 de octubre de 2005 se registró otro asesinato, el de un poderoso narcotraficante local que trabajaba con los Zetas, José Martín Flores Torruco, quien te-

nía gran influencia en la zona de Palenque. Este narcotraficante estaba casado con Laura López Pavón,
hija de Martín López Obrador y sobrina de Andrés
Manuel. Los sicarios fueron detenidos y confesaron
ser del cártel de los Valencia. Entre ellos estaba un
ex militar guatemalteco, Jorge Santiago Rodríguez,
quien aseguró que Antonio Guízar le había pagado
30 mil dólares para deshacerse del yerno de Martín
López Obrador. Meses después, Guízar fue asesinado
junto con otros cinco operadores del cártel de los Valencia. El problema es que su hijo, Guízar Valencia,
y el alcalde de Huimanguillo, Walter Herrera, aparentemente trabajaban para el cártel de los Valencia
pero también protegían a la organización del yerno
de Martín López Obrador, aparentemente ligada
a los Zetas, y ahí se complicaron las cosas. Los dos
terminaron muertos poco después: Guízar Valencia
junto con Ponciano Vázquez Lagunes y Walter Herrera el 15 de noviembre de 2006. En el camino mu-
rieron otros hombres ligados a los Valencia y al cártel
de Sinaloa. Finalmente, el 18 de noviembre, tres días
después del asesinato del alcalde de Huimanguillo,
también fue muerto Cirilo Vázquez Lagunes.

Cirilo había apoyado en el proceso electoral a López Obrador e incluso fletó numerosos autobuses
para el primer acto de "resistencia civil" del ex candidato, el 16 de julio de 2006. En enero de 2007, el
PRD local le había ofrecido públicamente ser candidato a diputado, lo que se frustró porque el cacique
contaba con algunas órdenes de aprehensión. Pero
al mismo tiempo Vázquez Lagunes había apoyado al
candidato a diputado federal del PAN para el distrito

de Acayucan, Gregorio Barradas Miravete; a María Juliana Rodríguez Carmona, también del PAN, para el distrito de Minatitlán, y al PRI en la zona de Cosoleacaque, aunque los propios dirigentes del PRD habían anunciado que Vázquez Lagunes sería su candidato en los próximos comicios por esa misma localidad.

Hay demasiados hilos cruzados en esta historia, pero todos unen la guerra de los cárteles con Veracruz, Tabasco, Tamaulipas y Michoacán. Y lo que se observa a simple vista es que ciertos grupos políticos recibieron simultáneamente apoyo de distintas organizaciones del narcotráfico y terminaron atrapados en su propia red de corrupción.

El narcotráfico en el Distrito Federal

En el Distrito Federal actúan todas las organizaciones del narcotráfico y hay numerosos grupos que atienden el mercado interno, en la mayoría de los casos con la tolerancia y el beneplácito de las policías locales y de varias otras autoridades, notablemente en Iztapalapa, Xochimilco, Milpa Alta y el centro de la ciudad. Esto se percibe en ciertas operaciones inmobiliarias y mercantiles que no podrían explicarse sin el lavado de dinero.

Es notorio también por la escalada de violencia que se ha registrado en el Distrito Federal. En los últimos meses de 2007, se registraron más de cincuenta ajustes de cuentas, incluyendo el asesinato de varios mandos policiales importantes, tanto de áreas federales como locales. Es el caso de Miguel Villanueva, uno de los jefes de inteligencia de la Policía Federal Preventiva (PFP); o el inexplicado e inexplicable de Luis Alfonso Belmar, asesinado en el Viaducto por unos custodios; o el del coordinador de finanzas de la oficina de Alejandro Encinas.

Si el gobierno del Distrito Federal —lo mismo se aplica para todos los municipios importantes del país— tuviera un sistema integrado de fuerzas policiales y de seguridad; si tuviera quizá menos elementos mejor pagados y preparados; si contara con una base de datos, por ejemplo, para saber cuántos policías tiene y de dónde vienen; si esa base tuviera al día los datos e imágenes de todas las personas que cometen delitos locales; si hubiera un control del parque vehicular, simplemente para saber quién es el dueño de cada auto que circula en la ciudad (además de haber sido un gran negocio, ¿para qué sirvió el reemplacamiento de hace unos años?); si no se permitiera circular a miles de taxis pirata sin permiso; si el transporte público informara a la autoridad y no a sus líderes o a los delincuentes de lo que sucede en la ciudad, se haría una enorme contribución a un esquema sensato de seguridad en el plano nacional. Si todos los grandes municipios y estados estuvieran en la misma labor, tendríamos un sistema integrado sin las enormes brechas de información que tenemos hoy, y la inseguridad disminuiría.

El gobierno del Distrito Federal dio a conocer su plan de desarrollo local para el periodo 2007-2012. Es un proyecto interesante y demuestra que la administración de Marcelo Ebrard puede hacer mucho por la ciudad si está decidida a cumplir ese plan. Pero tiene un par de problemas por delante que, si no se les da solución, se tornarán en una barrera para cualquier esquema de desarrollo. Tampoco podrá cumplir con sus planes si no garantiza la seguridad. Los responsables de la misma en la capital, tanto en la Secretaría de Seguridad Pública del Distrito Federal (SSP-DF) como en la Procuraduría, no pueden seguir ocultando el sol con un dedo y diciendo que en la ciudad no hay narcotráfico. Todo mundo sabe que operan todos los cárteles de la droga y una enorme cantidad de bandas dedicadas al narcomenudeo. No hay mejor mercado para la venta de drogas o el lavado del dinero que el Distrito Federal, sólo por su magnitud. El argumento de que el problema no está aquí porque los muertos son de otros estados es, por lo menos, ridículo: la mayoría de quienes vivimos en la ciudad de México no nacimos en ella. En su momento, en Guadalajara afirmaron que el problema no era suyo porque los muertos eran sinaloenses. Hace tiempo se decía lo mismo en Monterrey: que los muertos provenían de Tamaulipas. Nadie duda hoy que, en esas ciudades, como en muchas otras, se ha asentado el narcotráfico. En el Distrito Federal se están repitiendo los errores del pasado. Así no habrá plan de desarrollo que pueda aplicarse, por buenas intenciones que haya. Y sería lamentable para una administración que sí quiere mejorar la calidad de vida de la ciudad.

MA BAKER: EL PARADIGMA DEL CÁRTEL INTERNO

La historia parece inspirada en una novela negra, de esas especialmente crudas de James Hadley Chase. La banda que encabezaba Delia Patricia Buendía Gutiérrez, apodada *Ma Baker*, es una del centenar de grupos, bandas y cárteles dedicados a vender drogas en el área metropolitana de la ciudad de México (cuarenta de ellas sólo en la zona de Iztapalapa y Ciudad Nezahualcóyotl). Pero su peso, influencia y violencia demuestran hasta dónde pueden llegar los cárteles que se dedican exclusivamente a la venta de drogas dentro del país: los que no quieren llegar a Estados Unidos, sino que tienen su mercado dentro de México y, particularmente, en las grandes ciudades.

Ninguna ha sido más conocida que la de *Ma Baker*. No se trata de un cártel menor (aunque tampoco de los mayores del país): cada mes la banda de *Ma Baker* distribuía 300 mil dosis de cocaína, esto es, diez mil diarias. La banda que encabezaba Delia Patricia Buendía Gutiérrez no sólo se había convertido en una de las principales distribuidoras de droga, particularmente de cocaína, en toda la zona oriente de la ciudad —sobre todo en Iztapalapa y Ciudad Nezahualcóyotl, con sólidos lazos con toda el área de Tepito—, sino que, además, era la responsable del asesinato de por lo menos tres altos mandos policiales en sólo unos meses de 2002, algo que incluso los grandes cárteles no suelen realizar salvo en momentos críticos para su seguridad.

Siete mandos de distintas corporaciones federales y locales fueron asesinados en los primeros meses de ese año. Algunos fueron duros golpes: el primero de ellos fue Mario Roldán Quirino, subdirector de Operaciones de la Fiscalía Antidrogas de la PGR; después uno de sus colaboradores, Humberto del Águila Jiménez. Roldán investigaba la venta de drogas en el área metropolitana y se supone que había llegado hasta ese cártel, por lo que éste ordenó el asesinato. Asimismo, está plenamente confirmado que la banda de *Ma Baker* ordenó el asesinato de Guillermo Robles Liceaga, director ejecutivo de operaciones mixtas de la SSP del Distrito Federal. Estas ejecuciones se relacionan, ya que ambos funcionarios investigaban la venta de droga en la zona de Ciudad Neza e Iztapalapa y, desde que se registraron, se tuvo la convicción de que los asesinos debían tener una fuerte penetración en las instituciones de seguridad del Distrito Federal, para identificar a quienes los estaban investigando; pero, además, contaban con el poderío suficiente para desafiar a esas instituciones asesinando a sus principales agentes.

La detención de la banda de *Ma Baker* confirmó esa percepción, sin embargo, ha permitido ir más allá: la penetración que había logrado este grupo —insistimos, uno del centenar que opera en el área metropolitana— alcanzaba a instituciones policiales federales, estatales, municipales y del Distrito Federal, pero también al Poder Judicial y al Ministerio Público. Existe la descripción de por lo menos un magistrado que colaboraba con esta banda y de una juez (que no es la actual en Nezahualcóyotl) que les informaba de las investigaciones y sobre todo de las órdenes de cateo contra la banda. A pesar de lo que se ha avanzado en estas investigaciones, al momento de escribir estas líneas ninguno de ellos ha sido enjuiciado ni dado de baja por el Consejo de la Judicatura Federal. Esto explica por qué esta organización tenía tanta información sobre el manejo policial en el Distrito Federal y toda el área conurbada (incluso manejaba información personal de los principales investigadores, la cual sólo tenía su familia o algunos mandos importantes de las propias corporaciones) y por qué pensaron que contaban con tanta impunidad, con tanta protección como para realizar este tipo de atentados. No sólo actuaron contra los mandos policiales que los investigaban tras obtener los primeros datos sobre la indagatoria en su contra, dada su penetración en las propias fuerzas policiales, entre los ministerios públicos y los órganos de impartición de justicia, sino que varios de los testigos originales simplemente desaparecieron, sin que se sepa hasta ahora la suerte que corrieron.

No se sabe exactamente tampoco cuáles son las relaciones "hacia arriba" de esta organización que contaba con esa red de protección tan aceitada en la ciudad de México, lo que implicó que durante años no fuera molestada. Hasta ahora, los detenidos se han negado a declarar y la mayor parte de la información proviene de un testigo protegido quien, finalmente, entregó a la mayoría de los integrantes de la organización. Es notable señalar que este grupo en realidad no era demasiado antiguo: comenzó sus operaciones en 1998. Su jefa empezó vendiendo fayuca en Tepito, donde para completar sus ingresos vendía también drogas; a mediados de los noventa se mudó a Ciudad Neza, donde comenzó a distribuir drogas con sus tres hijas adolescentes en las fiestas de la colonia. Pero en un par de años ya se habían convertido en una sólida organización, con fuertes amarres policiales en Iztapalapa, Nezahualcóyotl y el Distrito Federal, particularmente en Tepito.

Todo ello demuestra que las organizaciones horizontales, intermedias, que disputan a rajatabla el control de territorios, están ya entre nosotros. En buena medida, descubrir el cártel de *Ma Baker* confirmó el tipo de desafío al que se deben enfrentar las autoridades ante lo que constituye la nueva geografía y operación del narcotráfico en todo el país.

Porque sin duda ha habido miles de ajustes de cuentas del narcotráfico en los últimos años (Jesús Blancornelas los estimaba en 12 mil), y muchos de ellos se dieron contra miembros de distintos cuerpos de seguridad. Pero la lógica indicaba que esos atentados eran consumados por orden de los grandes capos, ya sea por traiciones o porque algunos mandos policiales obstaculizaban su labor o no se dejaban corromper. Pero no existen demasiados antecedentes de que una banda que no estuviera dedicada al tráfico de cocaína a Estados Unidos o Europa, sino a la distribución y al mercado interno de la droga, alcanzara tales niveles de violencia y decidiera la ejecución de mandos policiales federales y locales importantes para exhibir su impunidad y poder.

Esto muestra tres cosas. Primero: la creciente importancia que tiene el mercado interno en el consumo de drogas. Algunos datos al respecto son contundentes: en 1993, en secundarias y preparatorias de la capital había un consumo declarado de cocaína en 3 por ciento de los alumnos inscritos (la cifra real entonces debería ser, como mínimo, cercana al doble). Hacia 2006, el consumo declarado en secundarias y preparatorias de la capital (jóvenes de entre doce y diecisiete años) era de 7.5 por ciento, lo que implica que el consumo real debió ser también el doble, cercano al 15 por ciento del total de los alumnos, según estimaciones de las propias autoridades del Distrito Federal. Una encuesta publicada por *Reforma* en mayo de 2004 demostraba que 43 por ciento de los entrevistados aseguraba que la venta de drogas era una situación "muy común" en su colonia, incluso muy por encima del robo de autopartes, los graffitis o el consumo de alcohol. Esa venta callejera de drogas se relaciona, según la misma encuesta, con los robos a transeúntes, las pandillas y los asaltos a comercios. Los porcentajes varían dramáticamente según las diferentes zonas de la ciudad: en la zona norte, 52 por ciento de los encuestados consideró que la venta de drogas en su colonia era "muy común"; 48 por ciento, en la zona oriente y centro (que son las áreas de influencia de cárteles intermedios como el de *Ma Baker*), mientras que en el poniente y en el sur respondió así 31 por ciento.

El mercado interno es ya de miles de millones y la batalla se está dando en el ámbito peculiar de las secundarias, donde ha crecido más el consumo de cocaína o cualquiera de sus derivados (el precio de este tipo de droga es tan bajo en muchas ocasiones que debe tratarse necesariamente de una droga de bajísima calidad, "cortada" con sucedáneos hasta decenas de veces). Si se pierde el control de la venta de droga en las secundarias actuales, el problema quedará, prácticamente y de manera definitiva, desbordado. Lo más preocupante es que la droga de inicio en jóvenes, casi niños, es la cocaína. Incluso hay ciertos factores que la propician, como ser poco olorosa comparada con la marihuana, cuyo aroma resulta conocido; también es bastante más económica, aunque esto depende de la pureza en cuanto a los cortes. Hay ahora un consumo más alto en nuestro país, más jóvenes involucrados que luego son adictos compradores, lo que nos lleva a organizaciones cuyo trabajo no tiene nada que ver con la transportación de drogas a otros países, sino con el abasto del mercado interno, como hacía la organización de *Ma Baker*. Y esos altos índices de consumo tienen relación directa con el incremento de la delincuencia y de los robos con violencia.

El segundo punto es que el combate a organizaciones horizontales se torna mucho más difícil, complejo y costoso. Bandas como la de *Ma Baker* ocupan mucha "mano de obra", muchos vendedores callejeros que terminan trabajando de diversas formas para el grupo, desde sicarios hasta operadores de robos y asaltos de otros tipos. Desarticular este tipo de organización es mucho más difícil que golpear a las grandes organizaciones verticales, porque su capacidad de regeneración es muy sencilla en cuanto establecen contacto con un proveedor mayorista, y de éstos hay muchos.

El caso de *Ma Baker* deja también una tercera enseñanza que debe considerarse: si estos grupos usan y abusan de la violencia de modo tan evidente, si desafían en forma tan descarada al Estado, necesariamente atraen sobre sí toda la atención y el Estado, salvo que se resigne a perder el control de zonas enteras de la capital del país y su área conurbada, debe necesariamente responder a esos golpes. La situación que se estaba produciendo con la muerte de tantos mandos en forma impune no podía ser permitida por el Estado: debía haber una respuesta. Esa reacción apareció en el caso de la banda de *Ma Baker*, pero no la desarticuló por completo. Primero, porque queda un 30 por ciento de su cúpula operando, y también porque existen muchos otros grupos dedicados a la venta de droga en el área metropolitana.

Pero sobre todo, el caso obliga a pensar en las reformas indispensables en el ámbito legal para atacar realmente a este tipo de delincuencia. El 4 de septiembre de 2002, la Procuraduría del Estado de México anunció la captura de siete integrantes del llamado cártel de Neza, el comandado por la ahora detenida Diana Buendía. Entre ellos había algunos dedicados a la venta de drogas, otros al secuestro y a algunos otros delitos. Esta organización criminal está demostrando, mejor que cualquier argumento teórico, cómo se ha ido reconfigurando la delincuencia organizada en México y cómo la transformación de un país de tránsito a uno de consumo ha modificado, con ello, toda la estructura criminal.

Las rutas, el dinero y la protección

En mayo de 2004 se detuvo al principal operador de la organización de *Ma Baker*, Carlos Morales, *El Águila*, yerno de la propia Buendía. Las investigaciones podrían llegar hasta el fondo del caso de *Ma Baker* y ello demuestra muchas cosas. Por una parte, se confirmó el hecho de que estamos, en forma evidente, ante organizaciones criminales del narcotráfico que no están involucradas con el envío de drogas a Estados Unidos; al contrario, están por completo volcadas al mercado interno, a la venta de drogas en el área metropolitana. Se confirma también el hecho de que en distintas regiones del país —en este caso, la capital— dichas organizaciones tienen un creciente control que funciona de forma diferente del de los cárteles tradicionales: al volcarse al mercado interno necesitan una red de protección mucho mayor, más aceitada e incluso mucho más involucrada en los ámbitos policiales y de impartición de justicia. Se demuestra, finalmente, la magnitud del mercado interno de las drogas: es suficiente como para que este tipo de organizaciones puedan crecer, desarrollarse y manejar una influencia y una protección de semejantes dimensiones.

Nadie lo ha dicho, pero ¿cuánto costaba, semanalmente, la red de protección de la organización de *Ma Baker*? ¿Cuáles eran sus utilidades? Sólo como ejemplo: está comprobado que al sicario que mató a Robles Liceaga, jefe policial del Distrito Federal, se le pagaron 200 mil pesos y se le entregaron ocho fusiles ametralladoras AK-47 para llevar a cabo el asesinato.

¿Cuántos miles había que distribuir cotidianamente para garantizar la protección y el no involucramiento de fuerzas policiales y de seguridad en los lugares de venta? ¿Cuánto dinero para los ministerios públicos en caso de que hubiera una detención de los innumerables vendedores callejeros? ¿Cuánto si alguien no se podía zafar de comparecer ante un juez? Recordemos que este grupo distribuía 300 mil dosis mensuales de cocaína y ello tenía que generar utilidades por lo menos de un millón de dólares mensuales, mucho más si se relaciona esa operación con la participación en otras actividades delictivas. Los tiempos en que se decía, con Díaz Ordaz, que México era el trampolín de las drogas y Estados Unidos la alberca, han quedado atrás: hoy está comprobado que ya somos ambas cosas, trampolín y alberca, y que el mercado interno ha transformado esa alberca en mar.

Ello se pone de manifiesto con otra información que nunca se divulgó: la banda de *Ma Baker* no tenía relación con los grandes cárteles nacionales como el de Arellano Félix, porque sus objetivos no estaban dedicados a exportar drogas sino a distribuirlas en el país. La organización de Neza se relacionaba directamente con sus proveedores colombianos, sin pasar por redes nacionales: establecieron sus contactos con grupos de Colombia (el contacto para ello sí podría ser un cártel de los menos conocidos pero al que las autoridades le están prestando cada vez más atención: el de los hermanos Valencia, con gran influencia en Michoacán y en la capital del país) y la droga les llegaba por vía marítima, a través de Michoacán y

Colima. De la tierra de Lázaro Cárdenas se transportaba directamente al Distrito Federal, donde existen bodegas que pueden esconder la droga durante semanas, una de las principales capacidades del cártel de Tepito. La que llega por Colima suele ir primero a Guadalajara y de allí una parte se envía hacia la capital del país. Éstas son sólo dos vías de introducción.

Se debe recordar que, simultáneamente, los grandes cárteles "exportadores" de droga a Estados Unidos pagan sus servicios desde 1994 con droga, no con dinero: la mayor parte de esa droga se queda en el país y con ésta se van desarrollando redes de distribución callejera para el mercado interno. Pero son pocas las organizaciones de este tipo con fuentes de aprovisionamiento directo en Colombia. En el caso de *Ma Baker* hay versiones de que ellos abastecían a Tepito: entregaban cierta cantidad de droga y los de Tepito les proporcionaban sicarios o armas. Una parte de la droga se introducía a través del Aeropuerto Internacional de la ciudad de México y otra entraba por vía marítima, precisamente por las costas de Michoacán y Colima. Ahí fue asegurado el barco *Marcel* —con toneladas de cocaína en su interior— y trasladado a Manzanillo: se estima que esa carga era para cárteles del Distrito Federal, proporcionada por el de los Valencia. Al mismo tiempo, esas organizaciones trafican con marihuana, cuyas fuentes de aprovisionamiento son múltiples. Proviene prácticamente de toda la Sierra Madre e incluye drogas sintéticas, las famosas metanfetaminas en sus diversas variantes, desde el éxtasis hasta el cristal. Esas drogas se pueden producir en una cocina y no pueden cuantificarse hoy, ya que su consumo es el de mayor crecimiento, no sólo en nuestro país sino también en Estados Unidos y Europa.

¿Cuál es la magnitud del negocio? Las cifras son difíciles de calcular, pero hay estimaciones. Según datos oficiales, cada hectárea de amapola produce 11 kilogramos de goma de opio, de los que se puede extraer un kilogramo de heroína pura; ésta se "corta" muchas veces antes de llegar al consumidor; a mayor número de cortes, es más impura y barata. ¿Cuántas dosis salen de un kilogramo de heroína? Unas 80 mil que contienen, en realidad, sólo 0.0125 gramos de heroína pura cada una. Cada kilo de heroína pura se vende en el mercado a unos 33 mil dólares. ¿Cuánta heroína se produce en México? Nadie tiene ese dato, pero podemos basarnos en los predios destruidos para hacer un cálculo: según cifras oficiales, en los dos primeros años del gobierno de Vicente Fox se erradicaron 339,370 plantíos de amapola, que ocupaban 27,296 hectáreas.

Pero esos son los plantíos detectados y erradicados. Digamos que otra cantidad igual termina produciendo lo que llega al mercado (asumiendo también que muchos predios destruidos fueron productivos antes o después de su erradicación); tendremos entonces que unas 50 mil hectáreas son sembradas de amapola, lo que hablaría de la posibilidad de producir hasta 27 mil kilos (dos toneladas y media) anuales de heroína y de las muchas otras drogas que se pueden derivar de la goma de opio. Una parte importante de esta droga se pierde y otra es confiscada (una cantidad menor comparada con la capacidad productiva:

en esos mismos dos años de la administración Fox se decomisaron 230 kilos de heroína pura y unos 300 kilos de goma de opio). Sin embargo, la heroína y sus derivados, pese al fuerte crecimiento que ha tenido el consumo en muchas regiones del país, aún están lejos de acercarse a las principales drogas de consumo en nuestro país, que son la marihuana, la cocaína y las drogas sintéticas; la mayoría de la heroína se envía pura a Estados Unidos.

La producción de marihuana es sencillamente enorme: cada hectárea sembrada produce 1.5 toneladas, de las cuales se pueden sacar un millón de dosis. El kilo de marihuana cuesta aproximadamente 80 dólares, y luego se vende en dosis de un gramo y medio. En esos dos años se erradicaron 585,354 plantíos de marihuana que ocupaban prácticamente 45 mil hectáreas. Asumiendo que pudiera erradicarse una parte igual a la capacidad de producción de marihuana que queda en pie, tendremos que si hubiera unas 45 mil hectáreas sembradas, la cantidad que puede llegar al mercado alcanzaría hasta 65 mil toneladas en dos años. Las cantidades involucradas son enormes. Se decomisaron en los dos primeros años de la administración de Fox unos cuatro millones y medio de kilos de marihuana. Cada kilo de cocaína pura se vende en 7,800 dólares, en promedio, de acuerdo con su calidad; la cantidad de cortes que admite cada dosis puede variar muchísimo, lo mismo que su precio. Nadie sabe cuántas drogas sintéticas se venden o se consumen en México. Pero veamos las cifras de intercepción por parte de las autoridades: la Secretaría de la Defensa Nacional y la PGR interceptaron en esos dos años prácticamente nueve millones de pastillas de drogas sintéticas; la PFP, poco menos de seis millones: se trata de quince millones de dosis que se venden a un dólar, promedio, cada una. ¿Qué cantidades han llegado al mercado según lo decomisado? La cifra estimada de lo que genera el narcotráfico en México es de seis mil millones de dólares. ¿Cuánto genera el mercado interno si una banda como la de *Ma Baker*, que operaba sólo en una zona del área metropolitana, tenía un negocio de un millón de dólares mensuales?

PROTECCIÓN Y PODER LOCAL

Para todo ello se necesita protección. Según parece, la red de protección resultó tan eficiente que la organización de *Ma Baker* logró hacer crecer sus contactos más allá de los tradicionales grupos policiales. Ese entramado se construyó y consolidó rápidamente, aprovechando sobre todo el cambio de administración federal y capitalina, y fue —es— de tal magnitud, que la propia organización comenzó a vender protección a distintos grupos del crimen organizado. No todos los grupos que aparecieron ligados a la organización de Neza eran, en realidad, partes de ésta; simplemente contrataban su protección, bajo el paraguas de ese grupo: en otras palabras, *Ma Baker* y *El Águila* cobraban por la protección policial, política y jurídica a otras organizaciones. ¿Recuerda el lector cuando, en la película *El Padrino*, se intenta asesinar al personaje de Vito Corleone, jefe no sólo de una de las familias de la mafia —dedicada originalmente a la prostitución, el alcohol y el juego— sino también de la principal red de protección en la ciudad de Nueva York, porque no quería "rentar" esa protección a los traficantes de droga, a las otras familias de la mafia local? Pues, así funcionaba la red de protección de *Ma Baker*: se rentaba a otros grupos que en ocasiones nada tenían que ver con las drogas.

Por esa razón han aparecido dos vertientes de este caso: por un lado, quizá por primera vez en un caso de narcotráfico callejero, se podía llegar a niveles realmente altos de protección (parecería que los propios involucrados en esa red se cuidaron menos por tratarse de una organización dedicada al mercado interno y uno de los grandes cárteles, lo cual hizo que se los detectara más fácilmente). Por otro, se comenzaron a ver ligados a este grupo organizaciones de secuestradores, sicarios y bandas de ladrones de tráilers, además de las cerca de cuarenta bandas que, en menor escala, venden droga en el Distrito Federal y operaban bajo la protección de la organización de *Ma Baker*.

Más aún, la investigación realizada ha demostrado que, por ejemplo, el primero de los principales asesinatos de esta organización (el llevado a cabo contra uno de los principales mandos de la fiscalía antidrogas, Mario Roldán Quirino) no fue orquestado directamente por dicha organización, sino por una de las bandas cobijadas por la organización de Neza, porque la protección no funcionó adecuadamente. A partir de allí se desató la guerra. Se demostró, dicen los investigadores oficiales, que el paraguas de protección de *Ma Baker* tenía fisuras. Y trataron de cerrarlas a sangre y fuego.

El narcotráfico es para México la manifestación más importante y preocupante de la delincuencia organizada cuyos grupos, impulsados de alguna forma por factores fuera de su control —como los acontecimientos del pasado en Estados Unidos—, se volcaron al mercado interno.

No se sabe hasta dónde llegan los tentáculos del grupo de *Ma Baker* en la capital del país y el Estado de México. Se ha consignado a varios elementos de la policía; hay dos procesados; otros tienen orden de aprehensión; otros más, están arraigados, y se están siguiendo líneas de investigación orientadas precisamente a servidores públicos de distintas corporaciones que apoyan este esquema de protección. Pero salvo la detención de *El Águila* en mayo de 2004, la investigación prácticamente no ha podido romper esa trama de protección, quizá porque el grueso de la misma se ha preservado y, simplemente, ahora está trabajando con otros grupos y otras cabezas.

SONORA, TIERRA DE LOS BELTRÁN LEYVA

Lo ocurrido en Sonora en mayo de 2007, con su secuela de veinticuatro muertos, trece vehículos incautados con un alto nivel de blindaje y un centenar de armas de alto poder decomisadas, ha permitido hacer un diagnóstico bastante claro de cómo están las cosas en el ámbito del combate contra el narcotráfico. A veces el gobernador Eduardo Bours se ha equivocado en sus declaraciones con respecto a la presencia del narcotráfico en su entidad, pero en esta oportunidad acertó: primero, al ordenar la intervención de las fuerzas de seguridad estatales ante la detección del grupo de narcotraficantes que había llegado hasta Cananea, y luego, al demandar que se investigara cómo un grupo tan numeroso podía sobrepasar tantos controles y recorrer tantos kilómetros sin ser detectado por las fuerzas federales.

Lo ocurrido en Sonora también permite analizar otro aspecto. Para muchos, el desplazamiento de un contingente tan grande de narcotraficantes, enmarcado por la situación de violencia que se vive en algunos puntos del país, es una demostración de fuerza del crimen organizado y la confirmación de que éste se encuentra fuera de control.

Es una muestra, en todo caso, de soberbia, subestimación del Estado, falta de inteligencia operativa y, también, de desesperación, al querer imponer condiciones en un plazo muy corto, porque el tiempo se acorta y los negocios se ven afectados. De otra manera no se puede comprender lo sucedido. Se ha dicho que ese contingente era parte del cártel del Golfo y llegó a Sonora para tratar de controlar esa zona. Puede ser, aunque es más probable que tratara de rescatar los negocios en ese territorio del cártel de Juárez, que ha roto con los grupos de *El Chapo* Guzmán, *El Mayo* Zambada y los Beltrán Leyva, y que se ha aliado con los Zetas. O quizá el hecho haya sido consecuencia de otra alianza que, en su debilidad, ha concretado esta última organización con los Arellano Félix. De todas formas llama la atención que se busque operar en territorios tan distantes y donde los apoyos resultan relativos, con un número tan alto de sicarios. Insistimos: no es una muestra de fortaleza, sino de debilidad. Lo mismo ocurrió con la treintena de sicarios que intentaron un movimiento similar en Aguililla, Michoacán, y tuvieron que dejar carros y armas para huir a la sierra ante la presión del ejército.

¿Implica esto que disminuirá la violencia? En realidad, no; probablemente sucederá lo contrario. Ante la debilidad, la desesperación y la presión, crecerá probablemente la violencia, incluso más descarnada, para tratar de modificar la percepción de la ciudadanía. Y el Estado deberá redoblar esfuerzos porque está en un punto de inflexión en esta batalla: deberá redoblarlos en el propio ámbito de la seguridad, en el de la política misma y en el de la política social. En el primero, afinando la operación y la coordinación y, en los otros dos, incorporándolos a una batalla que hasta ahora parece que les resulta ajena.

2
¿Guerra o recuperación del control?

El gobierno francés resultaba incapaz
o indigno de la reforma; ¿era por ello
absolutamente necesario que todo el edificio
fuera demolido de inmediato y que el área
se limpiara para la erección de un edificio
teórico experimental en su lugar?
Edmund Burke

La ola de violencia generada por el narcotráfico no es algo inédito (en 2006 hubo unos mil ejecutados y la cifra en 2007 no fue mucho mayor que la registrada en los anteriores seis o siete años), pero ha adquirido otra dimensión: ahora las ejecuciones son públicas, se atenta contra mandos superiores y los mensajes han dejado de ser cifrados: son públicos, abiertos y buscan generar duda y temor, sembrar la división en una confrontación que, necesariamente, es integral y debería ser asumida como tal por todas las fuerzas del Estado en sus diversos niveles.

Ejemplos no faltan: además de la secuela de asesinatos de cada día, pegado al cuerpo de un hombre con huellas de tortura en Monterrey se encontró un cartel con amenazas directas al procurador de Nuevo León y al secretario de gobierno. El mismo "recado" había sido dejado en el caso de una agente de policía en San Pedro Garza García días atrás. Al mismo tiempo, en Acapulco apareció una camioneta abandonada con un mensaje en el parabrisas que decía: "Enséñense a respetar... Z".

Sin duda, se trata de la misma estrategia, marcada por la intimidación y la violencia. No importa si es verdad o no lo que dicen esos mensajes; lo importante es dejarlos, hacerlos públicos, provocar la división y la duda entre los funcionarios estatales y las fuerzas políticas y sociales. El verdadero destinatario del mensaje sabrá comprenderlo.

La razón es relativamente sencilla. Durante muchos años, con la excusa o coartada de que el narcotráfico era un delito federal, la mayoría de los gobiernos estatales preferían mirar hacia otro lado cuando detectaban actividades del crimen organizado en sus entidades, incluso al comprobar que sus propias fuerzas de seguridad caían bajo su influjo. Lo mismo hicieron las autoridades municipales de todos los colores políticos. En el ámbito federal, la inoperancia estatal era a veces una buena razón; en otras, un buen pretexto. Las historias van desde el caso extremo de Mario Villanueva en Quintana Roo, hasta la permisividad con La Hermandad en Tabasco.

Los estados y municipios apenas se acercan al combate al narcotráfico y por eso terminan siendo los eslabones más vulnerables en el proceso. Primero, porque sus fuerzas de seguridad están profundamente permeadas por el crimen organizado; segundo, porque muchos de sus funcionarios no terminan de comprender la magnitud de la confrontación. Luego de los violentos enfrentamientos en Boca del Río, Veracruz, el procurador del estado, Emeterio López, dijo que no había que sobredimensionar las cosas y que esas ejecuciones estaban relacionadas con las de días pasados durante la carrera de caballos clandestina en Villarín. Es verdad, pero una verdad a medias que no explica la integridad del proceso: lo de Boca del Río está vinculado con los enfrentamientos en Villarín, y esa matanza se relaciona a su vez con la que se está dando en Tabasco desde hace meses. La de Tabasco es resultado de un conflicto interno con fuertes componentes políticos y amplias ramificaciones en Michoacán. Allí la guerra ha tenido manifestaciones muy violentas, pero también se han generado golpes que se deben tomar en cuenta: el decomiso de las veinte toneladas de efedrina del 5 de diciembre de 2006 y, como consecuencia de ello, el hallazgo de 205 millones de dólares en una casa de Bosques de las Lomas en la ciudad de México. Los enfrentamientos entre y contra los cárteles en Michoacán y aquellos decomisos no se pueden separar de lo que sucede en Guerrero. Podríamos continuar con las ramificaciones que van y vienen desde el Pacífico y el Golfo hasta Tamaulipas y Nuevo León, pasando, por supuesto, por Guadalajara y el Distrito Federal, Sonora y Chiapas: por toda la República mexicana.

Los operativos han sido aciertos importantes que han logrado varios de sus objetivos fundamentales. Es una tontería pensar que el éxito o no de los mismos depende, por ejemplo, del número de detenciones que se realicen o los decomisos que se logren. El objetivo central de los operativos realizados desde diciembre de 2006 (que se ampliarán en el futuro a otras entidades) es romper las redes de control del narcotráfico y el crimen organizado en esos territorios, recuperarlos y ponerlos bajo control del Estado. Ello implica la colaboración de las autoridades locales y de la ciudadanía y, en ocasiones, vencer también la resistencia de las mismas.

En buena parte de Michoacán y en Tijuana ocurre un fenómeno que se extiende a muchos otros puntos del país: el narcotráfico descubrió hace tiempo, mucho antes que nuestras autoridades, que sus bases de control tenían que ser locales y la base del control mismo pasaba por las autoridades municipales. Desde tiempo atrás comenzó a financiar campañas y cooptar fuerzas policiales locales, y muchas de las policías se convirtieron en las propias redes del narcotráfico local. A partir de allí construyeron otras redes no menos importantes para su operación, que van desde aeropuertos, carreteras, terminales de camiones y medios de comunicación hasta mecanismos de control sobre el transporte público, sobre todo los taxistas. En varias ciudades del país, desde Tijuana hasta Apatzingán o Uruapan, desde Acapulco hasta el Distrito Federal, ésa ha sido la norma. El control es la palabra clave, e insistimos, los operativos han tratado de romper esos esquemas de control.

Por eso deberán ampliarse a otras zonas del país y, al mismo tiempo, se deberá adoptar un esquema policial y de seguridad muy diferente en el futuro. No es verdad que no tenemos policías o los recursos son insuficientes: en realidad están mal distribuidos y no se utilizan en forma coordinada. Los operativos se ampliarán para trabajar en ese sentido, para establecer mecanismos de coordinación con las fuerzas locales que permitan depurarlas, pero también establecer progresivamente mecanismos comunes de información y operación.

Una justicia ciega

Uno de los principales objetivos de la administración de Felipe Calderón es llevar a cabo una profunda reestructuración de la seguridad pública y la impartición de justicia. Será más difícil transformar la impartición de justicia. El presidente Calderón está consciente de que no se puede enfrentar la delincuencia organizada con un Estado desorganizado. Tampoco se puede combatir a esas organizaciones con un poder judicial que combate a la delincuencia común, con jueces que no terminan de comprender la profundidad del problema y con un sistema penal que no actúa para cohibir ese tipo de delincuencia sino, consciente o inconscientemente, para fomentarla.

Hay casos notables. Uno de ellos es, por ejemplo, el de Jesús *Chuy* Labra, quien fuera el principal operador de los Arellano Félix y quien está detenido desde 1997 sin que aún enfrente una sentencia. Las reformas que se deben realizar en el sistema judicial para enfrentar al crimen organizado son numerosas y van desde el establecimiento de tribunales y jueces especiales para atender esos casos, hasta la instauración de juicios orales para hacer mucho más expedita la justicia, pasando por una participación mucho más intensa de la Suprema Corte y del Consejo de la Judicatura en el control sobre el desempeño de los jueces. Porque en ocasiones el miedo o la corrupción llevan a cometer demasiados errores a la hora de hacer justicia.

Apenas en noviembre de 2006, se presentó una queja en la Judicatura contra el magistrado Jesús Guadalupe Luna Altamirano, del tercer tribunal unitario en materia penal del primer circuito: él sí dictó una sentencia, pero con ella dejó en libertad, de un plumazo, a veinte personas acusadas y condenadas en primera instancia, el 31 de mayo de 2006, por utilizar recursos de procedencia ilícita. Los acusados habían sido detenidos en una bodega de Boca del Río, Veracruz, cuando custodiaban 3,150,000 dólares ocultos en un camión que llevaba el logotipo de Praxair, destinado aparentemente para transportar gas, pero adaptado para el traslado de droga y dinero. Se los liberó a pesar de que la detención fue parte de una larga labor de inteligencia y derivó de la detención previa, en la carretera Sonoita-San Luis Río Colorado, de un tráiler similar, con el mismo logotipo, en el que se transportaban poco más de 1,700 paquetes de marihuana, con un peso superior a cinco toneladas. Todas las pruebas documentales del caso le fueron entregadas al juez Luna Altamirano. Éste, en su sentencia, sostuvo que la única prueba en contra de los detenidos era el parte informativo del policía que encabezó el arresto. Por lo tanto, el citado juez consideró que no se podía demostrar que los detenidos supieran de la existencia de los más de tres millones de dólares ocultos en el camión que protegían y que, además, de saberlo, no se comprobaba que supieran de su procedencia ilegal.

En el Informe Global sobre la Corrupción 2007, elaborado por Transparencia Internacional, nuestro tema fue la corrupción que generan el narcotráfico y el crimen organizado en el sistema de justicia en México y qué tanto nuestros jueces y ministerios públicos han sido infiltrados por la corrupción. El sistema de justicia en México, dice el informe, actúa de manera muy peculiar cuando se trata de procesar a delincuentes relacionados con el crimen organizado y, sobre todo, con el narcotráfico. Al ser considerado el narcotráfico un delito federal, debe ser atendido por los jueces de ese ámbito, con lo cual el sistema de justicia de los estados y municipios no se involucra en el proceso (tampoco lo hacen los gobiernos y las policías locales).

Ello deja el combate al narcotráfico en pocas manos y, por lo mismo, en situación vulnerable ante la corrupción, la presión, la amenaza o incluso las agresiones físicas de los delincuentes; pero también deja sus procesos en manos de pocos jueces y sin protección especial alguna (desde principios de 2007, algunos han comenzado a recibir esa protección). Esto los deja a merced de la coerción o la corrupción. "Plata o plomo" es el apotegma usado en el ámbito del narcotráfico para establecer las posibilidades que tiene un juez a la hora de encausar a un narcotraficante.

Por supuesto, el esquema se reproduce en todo el sistema policial y de impartición de justicia. Ello no implica que no existan agentes de seguridad, ministerios públicos y jueces honestos que realizan eficientemente su labor; pero en ese ambiente y esas condiciones, la corrupción puede penetrar en el sistema como la humedad. Las decisiones judiciales incomprensibles en favor de distintos delincuentes, pese a su evidente relación con el narcotráfico, sólo pueden explicarse por la coerción. De una u otra forma, la ausencia de ética y, por lo tanto, de seguridad jurídica, es la norma en este tipo de casos.

La falta de seguridad jurídica no involucra sólo a jueces o ministerios públicos, sino también a abogados. En los últimos años hemos visto de todo, incluso abogados defensores de narcotraficantes convertidos en mensajeros y en ocasiones hasta en operadores de sus clientes. Se requiere una cirugía mayor en el sistema de justicia para atacar el crimen organizado, y los primeros que deben entenderlo son los miembros de la propia Suprema Corte de Justicia y del Consejo de la Judicatura. Si el cambio no comienza por allí, de nada servirá cambiar policías y sistemas de seguridad.

LAS EXTRADICIONES QUE ROMPIERON LA CADENA

La extradición de varios importantes narcotraficantes del país a Estados Unidos es uno de los golpes trascendentes al crimen organizado de los últimos tiempos. No se trata de una medida aislada ni mediática: es un golpe al corazón del círculo vicioso que ha permitido el crecimiento de este fenómeno. Mientras los capos de los distintos grupos estuvieran en México, aunque fuera en penales de alta seguridad, no se podría romper ese círculo, porque mediante la corrupción o la intimidación podían mantener cierta influencia sobre sus grupos. Tampoco se podía tener un control real sobre los penales, porque quienes allí trabajaban sabían que el poder de los narcotraficantes seguía estando vigente. Para doblegar al crimen organizado se debe acabar con la impunidad: el nuevo diseño de las áreas de seguridad, el trabajo conjunto de los distintos cuerpos y mandos de seguridad pública nacional, los operativos en las zonas de mayor control territorial del narcotráfico y la detención de narcotraficantes notables que gozaban de fuerte protección local, y sobre todo su extradición, consolidan un escenario diferente del que teníamos al final del sexenio anterior.

El asunto de las extradiciones estaba en el escritorio del presidente Fox desde hacía tiempo. En marzo de 2006 ya existía una estrategia y una propuesta concreta para operar en este sentido, pero por diferentes razones —la principal de ellas el temor a las represalias— Fox decidió no avanzar en el tema, lo que provocó, paradójicamente, una mayor violencia y fortalecimiento de los grupos del narcotráfico en distintos puntos del país, porque consideraron que el gobierno se doblaba bajo su presión. Al mismo tiempo, la indecisión gubernamental provocó un nuevo distanciamiento con las áreas de seguridad de Estados Unidos y desencuentros diplomáticos de distinta magnitud.

Sin embargo, las medidas de control territorial y las extradiciones han difundido el temor, entre distintos sectores, de que podrían ser contraproducentes y ocasionar represalias. Nadie puede descartar las respuestas de los grupos del narcotráfico, pero se parte de supuestos incorrectos. El más común es invocar el caso de Colombia a principios de los noventa, con la famosa historia de los extraditables, encabezados por Pablo Escobar, que trajo consigo una brutal oleada de violencia en la nación hermana. No es el ejemplo correcto por varias razones. Una es casi obvia: México y Colombia tienen diferencias estructurales profundas en lo que concierne al narcotráfico.

Grupos como el de Escobar ocultaban sus intenciones bajo un discurso antiimperialista que les permitió establecer estrechísimas relaciones con las organizaciones armadas que operaban en Colombia, particularmente el M-19 y, en menor medida, las Fuerzas Armadas Revolucionarias de Colombia (FARC) y el Ejército de Liberación Nacional (ELN). La alianza con el M-19 fue tan sólida que coordinaron en forma conjunta la toma de la Suprema Corte de Justicia, hecho que terminó con una masacre durante la cual se hizo desaparecer buena parte de los expedientes de investigaciones contra el propio Escobar y su gente. En ese marco, agudizado por la confrontación entre los cárteles de Medellín y Cali, las extradiciones tenían que fracasar: el Estado estaba profundamente permeado por el narcotráfico; no se tenía control territorial de la mayor parte del país, incluyendo las principales ciudades, y existía un fuerte movimiento guerrillero aliado a los narcotraficantes, además de una lucha feroz y violenta entre ellos. Los narcotraficantes desafiaban a un Estado debilitado, sin determinación ni control sobre buena parte de su territorio.

El ejemplo que debe observarse ocurrió años después. Luego de que el presidente César Gaviria cancelara las extradiciones, vino un largo proceso que terminó desmantelando los cárteles de Medellín y Colombia. Con la llegada al poder de Álvaro Uribe, comenzó otra estrategia basada en la recuperación del control de las grandes ciudades y de buena parte del territorio en poder del narcotráfico, las guerrillas de izquierda y los grupos paramilitares, también relacionados con el negocio de la droga. Uribe recuperó los territorios (menos la zona en guerra del sur del país, en la frontera con Ecuador, y la franja fronteriza con Venezuela, donde se asientan la FARC y el ELN, convertidos en prominentes narcotraficantes), centralizó las labores policiales, depuró su partido, realizó una profunda reforma judicial y, a partir de ello, reanudó las extradiciones. Desde que Uribe tomó el poder se ha extraditado a 450 narcotraficantes, y no ha habido represalias porque las instituciones y las políticas del Estado lo han impedido.

La administración de Calderón decidió poner en práctica lo que ya se había comprobado que funcionaba y lanzó una estrategia para complementar distintas medidas con las extradiciones. En México la situación es diferente, pero se pueden aprovechar las oportunidades que el sistema legal vigente ofrece y también crear, como se está haciendo, una instancia policial centralizada que opere en el nivel federal y también en estados y municipios, en forma coordinada con el ejército y la marina.

Los cárteles siguen allí, nadie lo duda. Pero su desorganización es la norma en estos momentos. La extradición terminó por romper la relación entre Osiel Cárdenas y el resto del cártel del Golfo. Desde que Osiel fue prácticamente aislado en La Palma, el control de la organización quedó en manos de Heriberto Lazcano, jefe de los llamados Zetas. Este grupo, por su parte, ya casi nada tiene que ver con los Zetas originales, casi todos ellos detenidos o muertos en distintos enfrentamientos. En realidad, los que ahora se hacen llamar Zetas son simples sicarios, muchos de ellos entrenados por ex integrantes del ejército guatemalteco, llamados *kaibiles*. Pero su situación es difícil: han sido golpeados en Tamaulipas y también en sus principales centros de aprovisionamiento de los últimos tiempos: Michoacán y Guerrero.

Los Arellano Félix están en una situación muy compleja y su estructura ha cambiado. En los hechos, buena parte de sus principales operaciones derivan del manejo de sus redes dentro de los propios Estados Unidos. En México, dependen del control establecido en la policía municipal de Tijuana y en parte de la estatal. El operativo en esa zona de la frontera (precedido por la detención en San Diego de Eduardo Arellano Félix) ha sido clave para contener ese esquema de control, y hoy los Arellano buscan una salida.

La caída de Díaz Parada afecta mucho al cártel de Sinaloa, lo mismo que los operativos en el norte de ese estado —el ya mencionado Triángulo Dorado—, al tiempo que está inmovilizado en Guerrero y Michoacán. Falta desarrollar esta historia: debe haber más detenciones y extradiciones en el norte de Tamaulipas, en Chihuahua, en el Distrito Federal y el área metropolitana. Sin embargo, el camino recorrido parece ser el más fructífero de los emprendidos, en este ámbito, por una administración federal en mucho tiempo.

Una decisión progresista

Paradójicamente, y contra lo que se ha dicho en algunos espacios, la lucha contra el crimen organizado es, hasta ahora, la decisión más progresista de la actual administración: nadie puede predecir que se acabará con la delincuencia, el crimen organizado y el narcotráfico en sus distintas vertientes. Pero sí se puede y debe acabar con sus manifestaciones más serias de control territorial y, asimismo, romper con las relaciones que ha establecido con el poder político. El narcotráfico y el crimen organizado se convierten en el mayor enemigo por su poder para corromper un sistema democrático, un mercado libre y una economía próspera. Sin seguridad no tendremos democracia, mercado ni prosperidad, objetivos centrales de un gobierno progresista.

Pero esto no es suficiente. Se debe avanzar mucho más en el terreno de la política real y social para dar un contenido diferente a esa lucha contra el crimen organizado y su efecto corruptor de la sociedad.

Los hechos de violencia relacionados con el combate al narcotráfico han generado muchas reacciones de todo tipo. Llaman la atención las de algunos políticos, pero también las de quienes terminan poniendo de manifiesto intereses que preferirían no ver alterados por la estrategia actual.

Giovanni Falcone, hombre determinante para desarticular la mafia en Italia y que terminó siendo asesinado por esa organización, estableció mecanismos y operaciones que marginaron seriamente, luego de un periodo de altísima violencia, a la propia organización criminal. Falcone estuvo en México en 1990 para ofrecer conferencias que, entonces, fueron literalmente para iniciados: trataban sobre el combate al crimen organizado, que no aparecía de manera constante en los medios, pero que en Italia era, como ahora lo es entre nosotros, el centro del debate político.

Decía en aquellas conferencias de 1990, reeditadas por la PGR en 1995, que hasta entonces la acción del Estado contra la mafia había sido "emotiva, episódica y fluctuante, motivada sólo por la impresión suscitada por un dato criminal o el efecto que un particular acto de gobierno puede ejercer sobre la opinión pública". Y agregaba que en la lucha contra la mafia

la parálisis ha estado en todos los frentes. La clase dirigente, sabiendo de los problemas y de las dificultades de todo género relativas a un ataque frontal a la mafia, sin tener, además, una garantía de éxito inmediato, ha comprendido que en el presente tendría todo que perder y poco que ganar si se empeña en el terreno del enfrentamiento. Ha pretendido, en consecuencia, hacer frente a un fenómeno de tal gravedad con los usuales golpes en caliente, sin una movilización general duradera que implique a todo el aparato represivo, y sin el apoyo de la sociedad civil.

Cuando se modificó la estrategia y se realizó un combate frontal contra la mafia, encabezado por Falcone, se incrementó también la violencia.

> El aumento de la eficacia de la acción represiva estatal y el de la importancia de aquello que está en juego en cada una de las acciones, y al final, el aumento absolutamente comprobable de la violencia criminal, ha provocado que cualquier funcionario que moleste sea inmediatamente puesto bajo la mira. Es así como se han iniciado y aún continúan hasta nuestros días estos asesinatos.

Las analogías con nuestra actual situación son varias. El Estado mexicano mantuvo una actuación "emotiva, episódica, fluctuante" en la lucha contra el narcotráfico. Muchos sectores opinaban que no se ganaba nada y se perdía mucho encarando esa lucha, y entonces proponían, y todavía lo hacen, dar sólo "golpes en caliente, sin una movilización general duradera". Ante la eficacia de los operativos, han cambiado las reglas del juego y el narcotráfico, en lugar de tratar de "convivir con el Estado", como antes lo hacía, ahora ha generado "un aumento absolutamente comprobable de la violencia criminal".

El punto fundamental en todo esto es que el Estado no podía, como ocurrió en Italia a fines de los ochenta, continuar ignorando el fenómeno del crimen organizado y del narcotráfico. Y como también sucedía en ese país, ya fuera por ignorancia o interés, una parte de la clase política rechazaba esa estrategia e incluso buscaba explicar la lucha contra la mafia como una continuación del combate contra las Brigadas Rojas y sostenía que eran, en realidad, acciones represivas encubiertas. Era lógico que actuaran así: cuando Falcone y sus sucesores desmantelaron el andamiaje de la mafia, se confirmaron los nexos de ésta con el poder, sobre todo en los ámbitos locales, pero también federales, y una parte de la clase política quedó expuesta, lo que provocó una profunda renovación de la misma.

El combate al crimen organizado tiene, aún, muchas insuficiencias. Sobre todo falta establecer, como etapa inmediata, un intenso trabajo social en las áreas de influencia del narcotráfico, que el actual gabinete del ramo, lento y burocratizado, no parece en condiciones de realizar. Pero lo único que no se puede hacer es simplemente claudicar y volver al pasado, a la actuación "emotiva, episódica, fluctuante", como algunos políticos lo plantean.

El combate debe ser necesariamente multinacional, como el negocio que se busca combatir, con un fuerte componente nacional, porque la realidad de los distintos países impone estrategias diferenciadas. La información, la inteligencia, la capacidad de operación son vitales y deben ser comunes; pero también existe un principio básico: impedir el control de territorios por los grupos del crimen organizado.

En ese sentido, es difícil evaluar los resultados de esa guerra en México. Sin embargo se pueden sacar algunas conclusiones: se ha incrementado la violencia porque aumentó la presión contra los grupos involucrados y se les ha quitado (o intentado quitar) espacios en los territorios que controlaban. Hay estados con fuertes brotes de violencia, pero en otros ésta ha disminuido: en Michoacán la espiral de violencia había comenzado desde 2006 y se ha acrecentado porque fue uno de los territorios en donde mayor control alcanzó el narcotráfico, sobre todo a lo largo de ese año, con los grupos más poderosos confrontados entre sí. Ha crecido la violencia también en Nuevo León porque, de alguna manera, se trasladó allí la que se estaba registrando en Tamaulipas, donde ha disminuido respecto a 2006. De la misma manera ha transitado a Veracruz, y buena parte de los enfrentamientos en Michoacán y Veracruz han derivado hacia Tabasco.

No existe un Plan Colombia para México

¿Realmente se está fraguando entre nuestro país y Estados Unidos un Plan México, similar al Plan Colombia, como han asegurado algunos medios estadounidenses? La respuesta es que no, por lo menos no en el sentido de que implique una intervención similar a la que ha establecido Washington con el gobierno del presidente Álvaro Uribe desde tiempo atrás. La idea, por lo menos como analogía, no es viable, primero por las resistencias políticas que ello generaría en México, pero también porque las realidades de ambos países son diferentes, como lo es su estructura de seguridad e incluso el tipo de desafío que en cada nación genera el narcotráfico.

Si se conociera el Plan Colombia, se sabría que no puede ser puesto en práctica en nuestro país; partimos de situaciones muy diferentes, comenzando por el fuerte contenido antiterrorista y antiinsurgente que tiene el plan; recordemos que en Colombia un tercio del territorio está bajo el control de grupos armados como las FARC y el ELN (además de los paramilitares), que se han convertido en los principales productores de droga. El Plan Colombia ha implicado una serie de medidas institucionales que en México no se podrían aplicar sin cambios constitucionales, aun si lo hubiera solicitado el gobierno de Calderón.

En Washington, funcionarios de los departamentos de Defensa, de Seguridad Interior y de Estado de la Unión Americana, desde sus ópticas diferentes, coinciden en que la relación con el gobierno de Felipe Calderón está en un momento óptimo. Pero independientemente de ello mantienen diferencias respecto de cómo avanzar en ciertos asuntos. Juan Pablo Cárdenas, encargado de México y Colombia en el Departamento de Defensa, asegura que la relación está en un momento "óptimo". Si no estamos hablando de un Plan México, por lo menos no como un símil del Plan Colombia, ¿sobre qué términos podría transitar un mayor intercambio y cooperación en áreas de seguridad, y particularmente las militares, entre México y Estados Unidos? A Washington le preocupa la frontera y la coordinación de esfuerzos en ella: operaciones e información en asuntos que van de los desastres naturales hasta los mucho más delicados "accidentes provocados por el hombre", léase atentados terroristas, realizados, por ejemplo, con bombas nucleares sucias que despiden una enorme cantidad de radioactividad. Y están preocupados porque no existe un control al cien por ciento del espacio aéreo y marítimo de México. Piensan que podrían colaborar más en ese sentido, asumiendo que, por otra parte, 90 por ciento de las drogas que van de Sudamérica hacia Estados Unidos pasan por México y que existen, según su opinión, posibilidades serias de que el Estado mexicano pierda el control de ciertas áreas. En ese sentido, también les gustaría ver al ejército mexicano intervenir mucho más en ejercicios y operaciones de colaboración internacional.

La guerra que estamos viendo actualmente en el ámbito del narcotráfico tiene relación directa con el aseguramiento y el control, por parte de las bandas del crimen organizado, de las entradas marítimas al país (tanto en el Pacífico como en el Golfo de México), y de allí podría desprenderse un espacio de colaboración y de financiamiento para la compra de equipo, pero también un mayor control del tráfico aéreo. En este sentido, existe un amplio despliegue multinacional que, con aviones radar de tipo AWACS, controlan todo el continente, y en la frontera sur de México existe un complejo sistema de radares que opera desde el Cerro del Judío, en San Cristóbal de Las Casas, Chiapas, con amplia cobertura sobre la frontera sur. Pero desde Washington se asegura algo que ya sabíamos: que esa cobertura no es total, que se mantienen huecos que se deben cerrar. Por allí podremos ver que transiten en el futuro los esquemas de cooperación. Pero no veremos en la lucha contra el narcotráfico en México, como ocurre en Colombia, una intervención directa, ni tampoco apoyo con armas, recursos para la operación y asesores.

Russ Knocke, vocero del Departamento de Seguridad Interior, insistió en un concepto: la necesidad de "extender las fronteras" de Estados Unidos, Canadá y México para adoptar un mecanismo de defensa y seguridad común, con intercambio de información e inteligencia. En nuestro caso, en lo que se está trabajando —y no es ningún secreto— es en la configuración de sistemas de inteligencia e información en línea que permitan operaciones coordinadas en distintos países en forma simultánea. El crimen organizado es un fenómeno globalizado y no se lo puede enfrentar sin mecanismos similares, sin la cooperación entre distintas fuerzas de seguridad e intercambio de información. En eso se ha estado trabajando desde hace años.

El cambio más importante en esta administración es que la lucha emprendida por el gobierno federal ha sido mucho más frontal y los intercambios más intensos cuando, a partir de decisiones adoptadas en el último tramo de la administración de Fox, los mismos se habían debilitado. Un ejemplo de ello fueron las extradiciones de capos del narcotráfico que han sido tomadas, desde Estados Unidos, como un símbolo clave de ese nuevo espíritu de colaboración (Knocke destacó una y otra vez el "valor político" que implicaba haberlas adoptado), y quizá el mejor ejemplo de ello sea la reunión en Jiutepec, Morelos, de los procuradores de México, Estados Unidos, Canadá, Centroamérica y Colombia, que resultó la más productiva en muchos años.

Deserciones y sicarios

Durante el sexenio pasado, se registraron en el ejército mexicano 107,128 deserciones, afirmó el secretario de la Defensa. Si se compara el total de deserciones con el número total de efectivos militares, tenemos que esa cifra equivale a poco más de un tercio del total. En los primeros cinco meses del sexenio de Calderón, el número de deserciones superó las cinco mil, aproximadamente mil al mes. Obviamente no todos los que desertan de las fuerzas armadas se incorporan a la delincuencia organizada, aunque en el imaginario colectivo perdura la imagen de los Zetas originales, aquellos miembros de los Gafes de Tamaulipas que fueron a ese estado para detener a Osiel Cárdenas y terminaron formando el principal círculo de protección de éste; luego se convirtieron en sicarios y hoy son sus supervivientes y sucesores quienes controlan la mayor parte de la estructura del cártel del Golfo.

Esa situación no ha vuelto a repetirse con tanta intensidad. Sin duda la principal causa de las deserciones fue económica, empero también es verdad que el deterioro económico se combina en muchas ocasiones con trabajos arriesgados y duros, como el que le toca realizar a los miles de soldados que año con año participan en las tareas de erradicación de cultivos de drogas. Pero no cabe duda de que, de esas más de cien mil deserciones del sexenio pasado, una parte se debió a la cooptación del crimen organizado.

El tema es fundamental, porque esa utilización de conocimientos castrenses en beneficio del narcotráfico ha ocurrido en muchas oportunidades y, por lo tanto, se deben establecer medidas muy estrictas para evitar ese traslape de las fuerzas de seguridad al sicariato. Es importante atender las fuerzas militares, porque son en buena medida el sostén de las políticas contra el crimen organizado y, si bien se debe trabajar para reducir el número de deserciones y sus causas, sobre todo económicas (en eso ya se tomaron medidas desde el inicio de este sexenio; no solucionan el problema de fondo, pero constituyen un avance al respecto), también deben aumentar los costos de todo tipo para quien traicione a las instituciones en un contexto que ha sido calificado como de guerra contra el narcotráfico.

Armas y violencia

Con respecto a la violencia generada por el narcotráfico y la lucha en su contra en México, todo mundo tiene su propia teoría; algunas son sensatas, otras, descabelladas, y unas más forman parte de las coartadas de los grupos criminales. Pero deberíamos preguntarnos con seriedad por qué se pueden producir estos hechos, más allá de las venganzas de los narcotraficantes contra sus rivales. Debemos preguntarnos por qué en naciones que también tienen, por ejemplo, una fuerte presencia del crimen organizado, el número de víctimas no es tan alto, o por qué es tan fácil y "barato", legal y socialmente, matar a alguien en México. Las respuestas de fondo las tendremos en el ámbito de las armas.

Los datos están ahí. Mientras que en la mayoría de las naciones europeas —incluyendo las profundamente permeadas por las mafias de todo tipo, como son las ex repúblicas socialistas de Europa del Este—, Japón u otros puntos de Asia, las cifras de asesinatos provocados por armas de fuego apenas suman decenas, o en algunos casos extremos unos pocos centenares al año, en Estados Unidos, en 2006, la cifra superó los 12 mil, mientras que en México, contando sólo los decesos derivados de ajustes de cuentas entre grupos criminales, tuvimos unos 4 mil, y todo indica que en 2007 se superará esa cifra. No es que existan mafias mejores o peores, más o menos violentas: la violencia está en el origen de esas organizaciones. La diferencia la marca el acceso a las armas.

El problema es más grave porque esas armas, para ingresar a México, deben cruzar la frontera. Nadie duda de la corrupción que existe en nuestros controles fronterizos, pero aparentemente esa corrupción no es menor del otro lado: de la misma manera que pasa la droga hacia el norte, pasa hacia el sur —con mucha mayor facilidad aún— el armamento. Conocemos las cifras de decomisos de droga, pero ningún dato significativo del decomiso de armas que intentan pasar de Estados Unidos hacia México. El hecho es que no se controla la venta de esas armas ni se vigilan las fronteras para evitar que ingresen a nuestro país.

No es verdad que si hubiera un exhaustivo control del ingreso de armas hacia México se acabaría con la violencia, como es falso que el consumo de drogas en Estados Unidos caería drásticamente si se destruyera al crimen organizado en México. Los temas son mucho más complejos y requieren respuestas en las que intervienen muchos factores internos y multinacionales.

Pero sí se puede, y debe, tener desde México una política mucho más firme, más exigente, respecto al control y la venta de armas, legales y clandestinas, en nuestro país. En Michoacán, Veracruz, Sonora, Guerrero y el Distrito Federal los asesinados lo fueron, finalmente, con armas que tienen un mismo origen.

3
Operativos y poder político

*El arte del liderazgo es mantener un impulso
lo suficientemente adelantado como para
controlar los acontecimientos y mover la política
pública sin perder el apoyo público.*
Dick Morris

¿Qué sucede cuando, como decía Groucho Marx, en el ámbito de la seguridad se buscan los problemas y obviamente se encuentran, y más aún cuando se hacen diagnósticos falsos y se aplican después remedios equivocados? El resultado es la desestabilización y la ingobernabilidad. Con ese cuadro se encontró Felipe Calderón al asumir el gobierno el 1 de diciembre de 2006. Debía intervenir para recuperar los territorios que habían ocupado los narcotraficantes, o perdería el control del país, porque los escenarios extremos en el ámbito de la seguridad son muchos, pero el más peligroso es el que relaciona la inseguridad con el narcotráfico y su búsqueda de espacios de poder político.

¿Es la inseguridad el mayor de los desafíos actuales? Sí, y eso lo entendió Calderón cuando empezó a diseñar sus planes de gobierno durante la transición y comenzó a toparse, una y otra vez, con el obstáculo que le imponían la violencia, la inseguridad, el narcotráfico y la influencia de éstos en la política. Ello lo llevó incluso a cambiar de prioridades: en la campaña dijo que éstas serían, en ese orden: la creación de empleos, la lucha contra la pobreza y la seguridad pública. Desde su discurso de toma de posesión el orden de los factores alteró el producto: dijo que primero era la seguridad, luego el empleo, y finalmente la lucha contra la pobreza.

Y es que sin seguridad no hay inversión ni empleo, no hay estabilidad ni confianza, aumentan la desigualdad y la pobreza. No hay futuro. Pero ¿cuál es el mayor desafío del crimen organizado?

Tip O'Neill dijo que todo el poder es local (y fue durante medio siglo congresista por el estado de Massachusetts). El poder del narcotráfico también es local. Recordemos nuevamente a uno de los hombres que más y mejor conocieron la lucha contra el crimen organizado, Giovanni Falcone, que estuvo en México poco antes de ser asesinado en 1990, y decía entonces que la mafia no puede desligarse de la territorialidad. En México, la droga se produce en ciertas zonas, se traslada y deposita en otras, tiene que ingresar al país para distribuirse dentro y fuera de él. El narcotráfico requiere de control territorial para ello: la protección municipal es más valiosa que un comandante en el Distrito Federal y el control de los taxis es mejor que muchos servicios de inteligencia. Ese control territorial exige control político y de autoridades. Uno de los principales instrumentos para ejercerlo es el control del narcomenudeo. Lo cierto es que el poder del narcotráfico puede crecer desde otros ámbitos, pero necesita hacerlo desde lo local.

¿Hasta dónde ha penetrado el narcotráfico en el poder político en México? Muy profundamente, sobre todo en el ámbito local. Sabemos que todos los grupos financian campañas y existen más que indicios de fuerte financiamiento de los Zetas a una campaña presidencial en 2006. Ese círculo es el que más preocupa a las autoridades y el que se debe romper.

¿Cuál es el objetivo de los operativos? ¿Acabar con el narcotráfico? ¿Atrapar a los grandes capos? En el corto plazo es más sencillo y más complejo: recuperar territorios, recoger inteligencia e información, romper redes, pero sobre todo, aunque no se haya dicho, romper o dificultar el creciente vínculo entre el narcotráfico y la política electoral.

¿Dónde se han dado los operativos ordenados por el presidente Calderón? Todos en zonas con fuerte presencia del narcotráfico y que, con excepción de Guerrero y Nuevo León, celebraron elecciones en 2007: Baja California tuvo elecciones el 5 de agosto; Michoacán, el 11 de noviembre. El Triángulo Dorado, como ya dijimos, está conformado por Chihuahua, Durango y Sinaloa: en las primeras dos ciudades hubo elecciones el 1 de julio; en la tercera, el 14 de octubre. Tamaulipas tuvo elecciones el 11 de noviembre de 2006. Asimismo, las hubo en Oaxaca (agosto y octubre), Aguascalientes (agosto), Zacatecas (julio), Veracruz (julio) y Chiapas (octubre). De todo el calendario electoral, los tres únicos estados donde no existe una crisis relacionada con el narcotráfico son Yucatán (donde hubo ataques con granadas que nunca fueron explicados plenamente), Puebla (donde fue detenido Benjamín Arellano Félix) y Tlaxcala.

Estamos hablando de que en zonas que hasta el 1 de diciembre de 2006 estaban en buena medida bajo control del narcotráfico se eligieron, sólo en 2007, tres gobernadores (dos si descontamos Yucatán), 1,219 alcaldes y 487 diputados locales. Y el narcotráfico estuvo en condiciones de financiar e influir en esas campañas. Si sólo 10 por ciento de todos esos cargos de elección popular fueran controlados por el narcotráfico, la situación sería crítica. Ésta es una de las principales justificaciones de los operativos de finales de 2006 y principios de 2007, así como de los lugares en que se llevaron a cabo.

Por ello, los operativos deben ser leídos como una forma de control y recuperación de territorios para generar información e inteligencia pero, sobre todo, para romper la relación entre el poder político y el crimen organizado. Si no se rompe la tendencia observada durante casi todo el sexenio pasado —fortalecida por la falta de una visión y una estrategia común en la administración Fox—, hacia 2009 ese poder local podría convertirse en un factor de poder en el ámbito federal que provocaría la desestabilización del sistema político y podría tener serias consecuencias en 2012, como ya las tuvo en 2006.

Ése es el verdadero desafío: la violencia y la inseguridad son, en sí mismas, controlables, pero cuando el cuerpo se infecta de un virus para el que no tiene defensas, tarde o temprano muere. Las primeras medidas del gobierno no alcanzan para curar definitivamente el mal, pero buscan por lo menos proporcionarle anticuerpos, permitirle que esté en condiciones de luchar por recuperarse. Decía también Falcone que esa lucha no provoca una disminución inmediata de la violencia sino que incluso la aumenta: "Cuando existe una verdadera dispersión de células criminales, lo que se crea es una alarma social sumamente crítica, pues dichas células están en permanente lucha unas con otras y todo esto crea una serie de gravísimos hechos de sangre".

¿Cómo evaluar la guerra contra el narcotráfico?

Los grupos del narcotráfico, al igual que los terroristas de Al Qaeda y otras organizaciones similares, no quieren tomar el poder en los países de Occidente sino debilitarlos, desestabilizarlos y hacerlos caer en la ruptura del orden institucional. Su triunfo es la derrota, por una suerte de derrumbe interior, del Estado. Por eso no sé si el término correcto, en el caso de terrorismo o narcotráfico, es *guerra,* pero no hay otro mejor para remplazarlo.

Hay quienes confunden, por ejemplo, la lucha contra el terrorismo con la intervención en Irak, y hacen una analogía entre el evidente empantanamiento que sufre allí la administración Bush con la situación de México en términos de lucha contra el narcotráfico. Es un error de grandes dimensiones: la llamada guerra contra el terrorismo ha tenido muchos capítulos oscuros y generado excesos, pero es una batalla multinacional, aprobada por la Organización de las Naciones Unidas y que ha permitido darle fuertes golpes a buena parte de las principales organizaciones terroristas internacionales. Por supuesto que ha habido atentados como los de Londres y Madrid, pero en realidad, comparados con las expectativas que existían después del 11 de septiembre, las consecuencias han sido mucho menores, y ello refleja el éxito parcial de esa "guerra". Cualquiera que haya seguido la intervención en Irak (allí está, por ejemplo, la trilogía de Bob Woodward para documentarla) sabe que fue decidida bajo la excusa de la guerra contra el terrorismo, pero los objetivos que llevaron a intervenir en Irak no tenían relación con el terrorismo o las armas de destrucción masiva.

La analogía entre la guerra contra el terrorismo y la lucha contra el narcotráfico en México o Colombia es válida si se descarta el capítulo de Irak, que tiene otros componentes y realidades (sería como si a alguien se le ocurriera invadir Cuba con el argumento de que es un lugar de paso de drogas hacia Estados Unidos, y que ello sería parte de la guerra contra el narcotráfico). El combate debe ser multinacional —como lo es el negocio que se busca combatir—, con un fuerte componente nacional, porque la realidad de los distintos países impone estrategias diferenciadas. La información, la inteligencia y la capacidad de operación son vitales y deben ser comunes, pero también existe un principio básico: impedir el control de territorios por los propios grupos del crimen organizado.

En este sentido, como ya se dijo, es muy difícil evaluar los resultados de los operativos en México. Sin embargo, se pueden sacar algunas conclusiones: ha aumentado la violencia porque ha aumentado la presión contra los grupos involucrados y se les ha quitado (o intentado quitar) espacios en los territorios que controlaban. Algunos estados han padecido fuertes brotes de violencia, mientras que en otros ha disminuido ésta, como ya se dijo.

Pero si se analiza con mayor detenimiento lo que está sucediendo en México tendremos dos constantes: primero, los mayores hechos de violencia se han dado en las regiones directamente relacionadas con puertos marítimos, por donde ingresa buena parte de la droga al país, tanto cocaína como precursores químicos para drogas sintéticas. Estamos hablando de Michoacán, Guerrero y Oaxaca, en el Pacífico, y Veracruz y Tabasco, en el Golfo. La otra constante es que, como también ya vimos, en muchos de esos estados habría elecciones en 2007, lo que otorga a estos enfrentamientos un carácter político adicional, como soterradamente lo revelan, también, las declaraciones de ciertos políticos y el tratamiento de algunos medios a los hechos que se han generado en esos estados. Paradójicamente, son esas reacciones y su tono los que podrían indicar, a falta de estadísticas sobre la marcha de las cosas, que los operativos han tenido más éxito de lo que algunos suponen.

En todo caso, si se quiere abordar el tema con mayor complejidad y comprobar la penetración del crimen organizado en los cuerpos policiales locales, veamos el caso documentado de La Hermandad en Tabasco, y cómo las fuerzas policiales abrieron el camino a quienes atentaron contra el general Francisco Fernández Solís. O cómo el comandante asesinado en Boca del Río estuvo media hora desangrándose bajo una camioneta, pidiendo ayuda, sin que llegara una ambulancia o patrulla. O cómo mandos policiales generaron terror en el centro comercial Las Américas, en el puerto de Veracruz, encerrando gente en cines y restaurantes hasta por tres horas, cuando nadie había dado esa orden.

El desafío es armar el rompecabezas completo de la geografía del narcotráfico (no la versión simplificada que habla de dos o tres cárteles, con cuatro, cinco o diez cabezas) y actuar en consecuencia. Aunque con deficiencias, el ámbito federal se prepara para ello. Los que deben fortalecerse son los eslabones débiles, innumerables, que conforman los estados y municipios. No podrán hacerlo sin cooperación, sin sacrificios y sin aportar muchos recursos a una lucha que, de otra manera, terminará arrastrándolos.

Pero esto no es suficiente. Se debe avanzar mucho más en el terreno de la política real y social para darle a esa lucha contra el crimen organizado y su efecto corruptor de la sociedad un contenido diferente. Un ejemplo de cómo se puede y debe gobernar —construyendo desde las fuerzas calificadas de centro derecha una opción diferente— la dio el presidente de Francia, Nicolas Sarkozy, con la integración de su gabinete y el perfil político que buscó darle al mismo. En una de las áreas más delicadas de la política social, el comisariado de Solidaridad (un equivalente de nuestra Sedesol), nombró a un reconocido hombre de la izquierda social, líder de Emaus, Martín Hirsch, quien propone, sobre todo, una política social que busque reincorporar a todos los desplazados en el mercado laboral y reformar "los mínimos sociales". El canciller es un hombre del partido socialista que participó activamente en la campaña de la opositora a Sarkozy, Segolene Royal: se trata de Bernard Kouchner, un personaje conocido desde el Mayo del 68, fundador de Médicos sin Fronteras y Médicos del Mundo, con participación en varios gabinetes socialistas y con experiencia en tareas humanitarias en todo el mundo; incluso fue administrador de Kosovo, luego de la intervención de la OTAN para frenar la masacre en ese país. Como secretario de asuntos europeos fue designado Jean Pierre Jouyet, antaño jefe de gabinete del socialista Lionel Jospin. Eric Besson, otro hombre proveniente de la izquierda, fue nombrado secretario de evaluación de políticas públicas y era el responsable de la política económica del partido socialista, políticas que ahora aplicará con un presidente de centro derecha. Un hombre de centro, Hervé Morin, estará a cargo del ministerio de Defensa, y mientras el gabinete tomaba posesión, el primer ministro François Fillon visitaba un refugio para madres solteras sin ingresos. La lista podría continuar. Dicen los dirigentes del partido socialista que muchos de esos nombramientos se dieron en áreas reservadas al control directo del nuevo presidente y que será éste quien defina las políticas. Pero pareciera que de eso se trata y se tendría que tratar en casos como el nuestro.

No se está planteando que el presidente Calderón reasigne espacios de poder, como incluso se ha reconocido en el ámbito de la reforma del Estado, en donde se han desmantelado muchos espacios de poder presidencial sin consolidar otros y también sin transferirlos claramente a otras instancias. Buena parte de las controversias constitucionales en curso tienen ese origen. El punto álgido parece estar en otro sitio: el funcionamiento del gabinete y del gobierno en un contexto marcado por una "guerra" (es la palabra que utiliza el propio gobierno federal, y como tal debería entenderse y actuarse en consecuencia), por un espacio social con fuertes desigualdades e injusticias y profundas divergencias políticas. Habrá que precisar si la guerra es la continuación de la política con otros medios, como afirmaba Von Clausewitz, o si constituye, como aceptan los analistas modernos, no sólo formas militares, sino también una intervención de la opinión pública, la entrada en vigor de normas jurídicas especiales y la necesidad de una integración política de las estructuras estatales que les den una dimensión política, social y cultural. Los clásicos concluyen que, si bien en la guerra los medios son diversos, el designio que guía la acción es único.

Por eso, si el gobierno federal acepta que está en medio de una guerra —atípica, diferente, pero guerra al fin— en contra del narcotráfico, debe actuar en consecuencia, modificar "la integración política de las estructuras estatales" y entender que el "designio que guía la acción debe ser único". Asimismo, la política, la relación con los medios y la política social no pueden ser ajenas a ello.

4

LA RELIGIÓN Y EL OPIO DE LOS PUEBLOS

Los hombres ofenden
primero al que aman, no al que temen.
NICOLÁS MAQUIAVELO

Las imágenes que muestran a Jesús lo hacen parecido a Pedro Infante y, de lejos, a Luis Donaldo Colosio: el cabello corto, negro, rizado y abundante; el bigote bien recortado, la cara redonda y la tez muy blanca. Decenas visitan diariamente su capilla, en pleno centro de Culiacán. Hace unos años era un pequeño cuarto junto al palacio municipal, donde la leyenda asegura que fue asesinado. El cuarto fue creciendo poco a poco hasta que tuvo que moverse a unos metros de allí. Hoy la capilla es una gran estancia, con diferentes altares construidos por familias poderosas; ahí llegan ofrendas, hombres y mujeres que piden favores. La capilla resulta chica ya, y muchos apenas llegan a la banqueta para rogarle a su santo y pedirle su bendición. La imagen del santo ha trascendido incluso ese espacio y se puede encontrar hoy en numerosos cementerios de Sinaloa, Sonora, Durango, Jalisco y Baja California; incluso se lo ha visto representado en algún camposanto de Chihuahua, porque son muchos los que desean que Jesús los guíe en el siempre difícil camino hacia el más allá, y él ha sido generoso.

En muchas escuelas se enseña sobre el santo:

Jesús —se puede leer en alguno de los muchos textos escritos por niños y publicados en la red escolar del estado de Sinaloa— nació en este municipio de Culiacán, proveniente de una familia humilde de bajos recursos económicos. De niño soñaba, jugaba y platicaba con los niños de su edad y les decía que cuando él fuera grande tendría mucho dinero y lo repartiría entre su familia y la gente pobre. En cuanto alcanzó la edad adulta —sigue el texto escolar— comenzó a asaltar o a robar a los caciques o adinerados de la región, y el producto de estos atracos los repartía entre la gente pobre. Esto lo realizó con mucha frecuencia, por lo que era muy querido entre la gente que beneficiaba regalándoles dinero. Esta misma gente lo ayudaba también a esconderse de la persecución de las autoridades. La presión de los hacendados y las autoridades fue muy constante, hasta que Jesús fue acorralado y asesinado.

Este Jesús de Culiacán no es el de Cananea, sino Jesús Malverde, santo de las causas perdidas, de los narcotraficantes y los desposeídos. No pierda su tiempo buscándolo en el santoral: la Iglesia católica no lo ha beatificado todavía, ni siquiera lo reconoce como una de sus figuras, pero su culto informal, ajeno a la liturgia, crece en el noroeste del país. A él se encomiendan los hombres del narcotráfico cuando van a realizar una operación, cuando deben *echarse* a alguien o cuando han librado con suerte un atentado. A él rinden homenaje cuando un cargamento llega a su destino sin problemas o le piden protección cuando saben que su vida está en peligro. Las familias piden por los que se fueron, acribillados o ahorcados por sus adversarios; muchos otros, ante la falta de eficiencia del santoral tradicional, recurren a Malverde para que cure sus heridas y sus miserias. A los hombres del narcotráfico se los ve llegar en sus camionetas; en general a la capilla no van armados y, salvo los capos (que rara vez visitan la capilla de Culiacán pero han levantado, como Benjamín Arellano, pequeños altares para Jesús Malverde en sus viviendas), tampoco van con sus custodios. Llegan discretos, con pesadas camionetas, y dirigen un silencioso rezo en la capilla. Otros, los que saben que la zona está vigilada, ni siquiera se bajan de sus vehículos: se estacionan frente a la capilla y allí presentan sus respetos al santo tan parecido a Pedro Infante. Luego parten raudos en busca de su destino.

***

Y el hombre, en su orgullo,
creó a Dios a su imagen y semejanza.
Friedrich Nietzsche

El mundo del narcotráfico es, a su manera, profundamente religioso. Sus operadores son jóvenes que suelen salir, como en la leyenda de Jesús Malverde, del campo, de familias humildes, y el sueño de la mayoría de los jóvenes campesinos del noroeste del país es tener una *troca*, un AK-47, dinero para sacar a sus familias de la pobreza y que, cuando mueran jóvenes, hayan mostrado ser lo suficientemente valientes, crueles, osados, como para que les compongan un narcocorrido que los lleve a la posteridad. Si Malverde era un ladrón que se convirtió en leyenda y hoy es un santo, ¿por qué no pueden ellos hacer un recorrido similar? El culto es alimentado por la realidad: cada año, desde hace más de una década, mueren en Sinaloa en ajustes de cuentas entre distintos grupos unas seiscientas personas, en su mayoría jóvenes. Malverde tiene muchísimo trabajo: debe protegerlas y encaminarlas al cielo a pesar de sus maldades.

Pero si Malverde es el santo patrono de los narcotraficantes, la Iglesia recibe las limosnas que buscan, por otra vía, el perdón y la salvación; en ocasiones de los propios narcotraficantes, a veces de sus familias y sus madres. Las narcolimosnas han construido sólidos lazos entre la fe —particularmente la católica— y los narcotraficantes: ellos nunca han dejado de aportar, como los padres de cada congregación no han dejado de recibirlas y a ninguno, si su cuerpo aparece y es reconocido, le ha faltado un servicio religioso cuando la muerte lo encuentra.

Amado Carrillo Fuentes fue velado en su casa y recibió un servicio en la iglesia de Guamuchilito, junto a Novolato, donde había nacido y donde construyó una hacienda y la iglesia del lugar. Públicamente, aquel 6 de julio el párroco le agradeció al cuerpo desfigurado, asesinado luego de una cirugía reconstructiva en el Hospital Santa Mónica del Distrito Federal, todos los favores que había hecho a su comunidad y a la propia iglesia. Cada aniversario de su muerte hay un servicio en su honor en ésa, su capilla. No sólo construyó la iglesia: llevó al párroco junto con su madre y su familia a Jerusalén, y en fotos en poder de la Procuraduría General de la República se les puede ver peregrinando juntos en Tierra Santa. Por cierto, de Jerusalén, Amado Carrillo viajó a Moscú para conectarse con la mafia rusa, y de allí a La Habana a reunirse con su amante, Marta Venus Cáceres.

***

Nunca creas nada hasta que haya sido
oficialmente negado.
Claud Cockburn

Doña Alicia Isabel Félix Azueta, madre de los Arellano Félix, es una mujer creyente; su familia estableció la más cercana de las relaciones que se hayan conocido en nuestro país entre el mundo del narcotráfico y la Iglesia católica. Transmitió la fe a sus hijos y todos llevan desde hace años una vistosa medalla de la Virgen de Guadalupe bendecida especialmente para ellos en la Basílica. Uno de los hermanos, en una versión de la DEA que jamás ha sido desmentida por las autoridades mexicanas o la propia familia, es sacerdote y reside en Roma.

Por eso, para los Arellano Félix resulta tan terrible haber sido responsables del asesinato del cardenal Posadas Ocampo. Con todo, buena parte de la insistencia de los hermanos por deslindarse del asesinato del arzobispo de Guadalajara en 1993 proviene de la actitud de doña Alicia. Pero la relación establecida por los Arellano con la Iglesia, y en su momento con el propio Posadas Ocampo, fue tan estrecha que ha generado innumerables especulaciones.

El cardenal Posadas, antes de obtener el grado cardenalicio en Guadalajara, había sido obispo en Cuernavaca, donde desmanteló las estructuras de la Iglesia de los Pobres que había construido su antecesor, Sergio Méndez Arceo. De allí fue enviado a Tijuana, donde predicó durante los años de consolidación de los Arellano Félix. Allí estableció relación con el padre Gerardo Montaño, uno de sus hombres más cercanos y encargado entonces de las obras para la construcción del seminario de Tijuana.

La construcción se realizó en tiempo récord, y el seminario de Tijuana se convirtió en uno de los más lujosos de la toda la Iglesia católica. En esa ciudad fronteriza se asegura que los Arellano Félix hicieron posible la obra con limosnas de millones de pesos, y así se acrecentó el contacto y la relación con el padre Montaño.

En la controversia generada en torno al asesinato de Posadas Ocampo, su sucesor, el cardenal y arzobispo de Guadalajara Juan Sandoval Íñiguez, puede estar ejerciendo de aprendiz de brujo: podría desatar fuerzas que no pueda controlar. Y por eso, siempre ha tratado de ocultar el pasado de su antecesor en Tijuana y, sobre todo, el papel que ha desempeñado en este caso el padre Gerardo Montaño Rubio como protector, hasta la complicidad, del cártel de los Arellano Félix.[2]

---

[2] Véase Jorge Fernández Menéndez, *El otro poder*, México, Aguilar, Nuevo Siglo, 2001; *Narcotráfico y poder*, México, Rayuela editores, 1999 y los informes de la Fiscalía Especial de la PGR.

El padre Montaño fue director del llamado seminario del Río —encargado de la parroquia de Guadalupe del Río—, y su relación con los Arellano Félix es pública y evidente. Y va más allá de lo meramente religioso: para apoyarlos, el padre Montaño cometió un delito por el que cualquier otra persona estaría ya detenida como cómplice de narcotráfico, porque fabricó una coartada para tratar de liberarlos de culpa en el asesinato de Posadas Ocampo.

Los detalles del caso ya se conocen: el padre Montaño falsificó una fe de bautismo para demostrar que el día y a la hora en que era asesinado el cardenal en Guadalajara —lunes 24 de mayo de 1993 por la tarde— los hermanos Arellano Félix estaban en su parroquia y participaban en la ceremonia que él habría celebrado. Todo era falso.

Los documentos oficiales de la investigación demuestran que todo fue construido por el padre Montaño, quien argumentó que esa tarde, los hermanos Benjamín (acompañado por su esposa Ruth Serrano) y Francisco Arellano Félix estaban en la parroquia de Guadalupe del Río (en el mismo seminario que, según *vox populi*, fue construido gracias a la generosa ayuda financiera de los hermanos) durante el bautizo de Sergio Humberto Ramírez Ramírez, hijo del matrimonio de Imelda Ramírez y Sergio Humberto Ramírez. Según el testimonio que brindó Benjamín Arellano al periódico *Excélsior*, en julio de 1994, él y su hermano llegaron a las 12:30 horas a esa parroquia, escucharon misa y asistieron al bautizo; después de la ceremonia se trasladaron a comer con otros invitados al restaurante Mariana Boccaccio, en

Tijuana, y exhibieron, para documentar sus dichos, un acta de bautizo y las declaraciones firmadas de los abuelos maternos del menor bautizado; asimismo la declaración, escrita y firmada por el padre Gerardo Montaño Rubio, de que los hermanos efectivamente estaban en su parroquia, que él ofició la misa y celebró la ceremonia de bautizo. De todo ello existe declaración del propio padre Montaño Rubio en la causa penal 237/93.

Pero, insistimos, todo era falso. Se revisó el libro de bautizos y se encontraron notables irregularidades: del 1 de septiembre de 1992 al 27 de febrero de 1995, sólo se registraron dos bautizos en día lunes: el que dice haber celebrado el padre Montaño el 24 de mayo, y otro de fecha 16 de noviembre de 1992, de la menor Itzel Esthela. Sin embargo, interrogados los padres de esta niña, mostraron un acta original, según la cual esa ceremonia se realizó en realidad el sábado 16 de octubre de 1992. Por lo tanto, en todos esos años el único bautizo realizado en lunes sería el utilizado por los Arellano Félix para construir su coartada. Pero, además, una y otra vez se comprobó que el libro estaba alterado e incluso que fue reconstruido: por ejemplo, todo el libro fue escrito con la misma caligrafía, la misma tinta y la misma pluma.

Interrogado al respecto, el cardenal Sandoval Íñiguez reconoció que "efectivamente el entonces obispo de Tijuana, Emilio Berlié Belaunzarán (ahora obispo de Mérida) le había comentado que se había *repetido* ese libro de bautizos porque éste se encontraba en pésimas condiciones y querían tenerlo mejor presentado" [sic].

La secretaria de la oficina de la parroquia, María Guadalupe Cortez Vera, declaró que no recordaba ninguna ceremonia ese 24 de mayo, pero sí que el único que controlaba el libro de bautizos era, precisamente, el padre Montaño Rubio. También fueron desmentidas las declaraciones de los abuelos del menor supuestamente apadrinado, Imelda Martínez Chávez Corrugedo y Dimas Ramírez Ibarra. En realidad Sergio Ramírez —padre del niño— y Benjamín Arellano eran viejos conocidos. Tanto, que el señor Ramírez había sido condenado a siete años y tres meses de prisión por un cargamento de 16 toneladas de marihuana decomisado en 1985. Sergio Ramírez era apodado *El Grillo,* y desde aquella fecha se estableció que dicho cargamento pertenecía a Benjamín Arellano Félix. Interrogados los propietarios y comensales del restaurante Mariana Boccaccio, se acreditó fehacientemente que nunca, ese día, hubo más de cuatro personas en mesa alguna y que allí, ese día, no estuvieron los Arellano Félix.

En otras palabras, la coartada no tenía sustento y el padre Montaño mintió en su declaración; además falsificó, para sustentar su versión, el libro de bautizos de la parroquia. Pero la PGR no lo ha perseguido ni emitido orden de captura en su contra por los delitos que cometió y la Iglesia lo ha protegido a rajatabla.

En la declaración "perdida" de Girolamo Prigione a la PGR, el ex nuncio explica el papel de Montaño Rubio en las visitas de Ramón y Benjamín Arellano Félix a la nunciatura apostólica en diciembre de 1993 y enero de 1994. Dice Prigione que lo llamó el padre

Montaño y le dijo que le urgía verlo, por lo que consultó al arzobispo Emilio Berlié (que entonces estaba en Tijuana), y éste le dijo que Montaño Rubio era plenamente confiable y le aconsejó que lo recibiera. Entonces, dice Prigione, llegó Montaño a la nunciatura y le dijo que afuera estaba esperando Ramón Arellano Félix. "Le digo", declaró Prigione, "¿por qué, padre, me lo trae?" Él contesta que "es católico y quiere que el Papa conozca la versión de los hechos, quiere explicarla personalmente para que usted informe al Papa". Prigione, ante la insistencia de Montaño, recibió a Ramón Arellano. En una entrevista con Joaquín López Dóriga transmitida por MVS en 1998, Prigione dijo que Ramón Arellano "vino disfrazado totalmente, yo no lo conocía, me han dicho que estaba irreconocible. Me dijo: soy católico, me enseñó una medalla en su cuello [la que estaba bendecida en la Basílica y que siempre lo acompañaba, como a todos sus hermanos], un altero de estampitas y me dijo: quiero que sepa que nosotros no somos los autores". Y le proporcionó la versión de los Arellano Félix, que no es la que sostiene Sandoval Íñiguez: los asesinos fueron los gatilleros de *El Chapo* Guzmán, que confundieron el auto del cardenal con el de Ramón Arellano. Montaño regresó esa noche con éste a Tijuana; volvió en otra oportunidad semanas después con Benjamín Arellano.

Montaño siempre fue protegido por la Iglesia. Para evitar su detención fue llevado algunos meses a un convento en Sacramento, California, y posteriormente regresó a México. Hoy vive nuevamente en Ensenada, Baja California, donde operaba Ismael Higuera,

El Mayel, y allí dirige la iglesia de San José Obrero, la más grande del estado, apoyado abiertamente por el obispo de Tijuana, Rafael Romo.

***

> *Quien no castiga el mal,*
> *ordena que se haga.*
> Leonardo Da Vinci

Muchos otros sacerdotes establecieron distintas complicidades con el crimen organizado, pero pocas fueron tan abiertas como la del padre de origen francés Jacques Charveriat, asesor "espiritual y financiero" de Carlos Cabal Peniche, además de representante financiero del Vaticano en México. A pesar de las acusaciones sobre las operaciones fraudulentas de Cabal Peniche; de las sospechas respecto a que el ex banquero podría haber estado involucrado en actividades de lavado de dinero con el cártel del Golfo; de que Charveriat acompañó en su huida, en los primeros días de septiembre de 1993, a Cabal Peniche (reporteros del *Miami Herald* los vieron juntos en esa ciudad) y que luego, estando prófugo, le brindó apoyo e incluso compró para él un automóvil BMW verde, por el que pagó 79 mil dólares para que pudiera moverse sin problemas por Europa… a pesar de todo eso, el padre Charveriat no ha sido molestado. Sólo se registró su declaración sobre el tema —no en México, sino en Lyon, donde reside como príncipe en un viejo castillo— y jamás se ha dado a conocer el contenido de la misma. La Iglesia no se ha deslindado del padre Charveriat de ninguna forma; tampoco ha negado que fuera asesor espiritual y financiero de Cabal Peniche (éste no tomaba ninguna decisión importante sin consultar con el sacerdote, e incluso Charveriat lo acompañaba en sus viajes para leerle el "aura" a sus interlocutores) y también responsable de las finanzas del Vaticano en México.

Escribe Roberto Arlt en *Los siete locos*:

> Estos demonios no son locos ni cuerdos. Se mueven como fantasmas en un mundo de tinieblas y problemas morales y crueles. Si fueran menos cobardes se suicidarían, si tuvieran un poco más de carácter serían santos. En verdad buscan la luz, pero la buscan completamente sumergidos en el barro. Y ensucian lo que tocan.[3]

También a quienes les prometen la salvación.

---

[3] Véase Roberto Artl, *Los siete locos*, Buenos Aires, Editorial Claridad, 1929.

II

EL CONSUMO

5
HISTORIA DE LAS DROGAS
Y LAS ADICCIONES

El uso de diversas drogas tiene una historia ancestral: su conocimiento se documenta en escritos griegos y romanos. La mayoría de ellas se empleó para producir bienestar y como tratamiento de enfermedades. El desarrollo de técnicas modernas de elaboración y procesos de refinamiento llevó a la industrialización de compuestos y a su consumo masivo. Siempre ha habido drogas. Lo que falta definir en su justa medida, como dice Antonio Escohotado en su *Historia general de las drogas*, es una historia "cultural" de las drogas, "entendiendo por ello un examen donde se combine la perspectiva evolutiva, ligada a la sucesión cronológica, con la comparativa o estructural, que relacione los datos procedentes de sociedades distintas y los de cada una con sus pautas tradicionales".[4]

En otras palabras, no todas las sociedades, en distintos momentos, han considerado a los mismos productos de la misma forma, y eso sigue siendo una realidad. Cualquier intento de uniformar social y cultu-

[4] Véase Antonio Escohotado, *Historia general de las drogas*, México, Espasa, 1999.

ralmente a las sociedades de todo el mundo está destinado inevitablemente al fracaso. Porque, además, como dice el propio Escohotado, "si los datos sobre este tema no se vinculan con el medio donde se van produciendo será imposible separar lo anecdótico de lo esencial". Y pone ejemplos: "La alta estima del budismo hacia el cáñamo no se explica contando la leyenda de que Buda se alimentó durante una semana de un cañamón diario, sino indicando hasta qué punto los efectos de esa droga se relacionan con específicas técnicas de meditación". Mal se entiende, agrega, "la gran difusión del opio en la Roma antigua sin considerar el alto valor atribuido por sus ciudadanos a la eutanasia". En otras palabras, muchas drogas ilegales en la actualidad fueron productos legítimos e incluso muy respetados en otras épocas y sociedades (y en algunas aún lo son). Otros productos estigmatizados durante años, como el chocolate o la yerba mate, son hoy de uso común. Los griegos y los romanos recurrían sobre todo al alcohol; el opio, a pesar de conocer sus efectos, sólo lo aplicaron con fines curativos. Los conceptos de dependencia y abuso no se acuñaban aún en esa época, y el consumo de cannabis, por ejemplo, sólo fue auspiciado en Asia menor entre los asirios, mientras que los incas conocían y consumían cotidianamente (como lo siguen haciendo los indígenas de la región andina) la hoja de coca, o utilizaban distintos productos alucinógenos como parte de casi todas las ceremonias religiosas.

Quizá la diferencia es que el abuso de sustancias adictivas, como lo conocemos ahora en las sociedades modernas y occidentales, no se hizo común sino en épocas recientes, en gran medida debido a la industrialización, el desarrollo del comercio y un tráfico intenso para su consumo en el mundo. Ello provocó, junto con la ilegalización de ciertas drogas, la construcción de un enorme andamiaje de crimen organizado.

Pero, ¿qué son las drogas? No es una pregunta menor en un mundo plagado de todo tipo de estímulos. La definición tradicional de droga, antes de la aparición de las prohibiciones, era la griega: hablaban de *phármakon*, una sustancia que combinaba "el remedio y el veneno"; la diferencia entre el producto benéfico y el mortal era la dosis. Hoy esa visión se ha perdido y se han buscado, no siempre con éxito, otras calificaciones, aunque el aspecto central no se debe perder de vista: irremediablemente, cualquier droga, cualquier medicina es potencialmente un producto benéfico en algunos y un veneno, incluso mortal, en otros.

Los especialistas hablan en este sentido de cuatro elementos: la dosis, la forma y ocasión en que se emplea, la pureza del producto y su accesibilidad.

Independientemente de ello, en 1924 se estableció una primera clasificación que se ha ido modificando con el tiempo, y que en muchas ocasiones sólo ha propiciado hacerlo todo más confuso: Louis Lewin dividió las drogas en eufóricas (entre ellas el opio, la cocaína y sus derivados), fantásticas (que incluyen alucinógenos como la mezcalina o la marihuana), inhibidoras (como el alcohol y el éter), hipnóticas (que incluyen barbitúricos y distintos somníferos) y excitantes (que van del café al tabaco y el chocolate; aquí se terminó por reclasificar a la cocaína).

El problema crece cuando se quiere establecer una diferenciación entre drogas legales e ilegales, no sólo porque las perspectivas respecto de las mismas han ido cambiando con el tiempo y las sociedades, sino también porque no existen demasiados criterios científicos para hacerlo, salvo regresar a la vieja definición griega del *phármakon* y concluir que en cualquier producto puede estar el beneficio y el veneno, incluso la muerte, dependiendo de la dosis.

En la actualidad, el uso, abuso y dependencia de drogas es un problema de salud pública mundial, pero por eso mismo es importante conocer la historia de las sustancias a las que más se recurre por su efecto en la sociedad y en las diversas culturas. Bajo estas premisas haremos un rápido recorrido por las distintas drogas consideradas en nuestras sociedades como ilegales, su origen y el tipo de consumo que propician.

OPIÁCEOS

El opio proviene de la planta conocida como *Papavera somniferum*. Extraído de la amapola como alcaloide, es una potente sustancia analgésica e históricamente se reconoció su poder adictivo, incluso mortal; pero fue importante su uso como anestesia y, durante siglos, se consideró un producto altamente valorado. Galeno estableció en el siglo II que una de sus grandes virtudes era "refrigerar" a las personas; en otras palabras, bajarles en forma notable la temperatura y reducir su funcionamiento corporal.

Fue introducido en China y la India por los árabes, y se sabe que sus primeros usos (700-800 d. C.) fueron medicinales, mediante bebidas e infusiones que rápidamente se propagaron, sobre todo en China, donde fue muy común entre la población (hacia 1000 d. C.). En la India, por el contrario, fue utilizada para producir euforia y valor en los soldados durante las batallas. Asimismo, muchos siglos antes de esas fechas había sido conocido y utilizado por los romanos y los griegos como analgésico.

Durante los siglos siguientes se extiende el uso medicinal del opio, pero el llamado "recreativo" aún permanece limitado a los sectores con mayor poder de las distintas sociedades. Aproximadamente en el siglo XVI el opio comienza a ser fuente significativa de ingresos en la India, ya que buena parte de la población lo bebe y lo come en pequeñas cantidades. Hacia el siglo XVII su distribución ha alcanzado áreas distantes de su lugar de origen. Thomas Sydenham escribe en esa época: "Entre los remedios que Dios todopoderoso tuvo el placer de dar al hombre para aliviar sus sufrimientos, ninguno es tan universal y tan eficaz como el opio".

Sin embargo, en el siglo XVIII se empiezan a observar las consecuencias nocivas de la ingesta crónica de opio, aunque también hay un incremento en sus usos terapéuticos. Las mezclas de opio y tabaco se empiezan a difundir, y en China comienza su uso indiscriminado. Los Ming, antes de ser derrocados por los conquistadores provenientes de Manchuria, decretan la prohibición de fumar, comer o beber tabaco, y buena parte de la población comienza entonces a fumar opio. En 1729 el emperador manchú Yung-Cheng prohíbe, bajo pena de muerte, fumar opio, pero no su producción ni su uso oral. La prohibición no se debía a consideraciones morales, como podríamos pensar ahora: en realidad, estimaban que los pocos productos que China podía exportar en aquella época mediante el único puerto abierto a Occidente, Cantón, se "convertían en humo" cuando la población fumaba tabaco u opio.

Hacia 1770 aparece una obra denominada *The Mysteries of Opium, Reveal'd*, en la que John Jones declara que tiene la cualidad de curar los síntomas de muchas enfermedades. Dice Jones en ese libro que propicia

> sueños agradables, libera el miedo, el hambre y el dolor y asegura al que lo consume regularmente puntualidad, tranquilidad de espíritu, presencia del alma, rapidez en los negocios y éxitos, seguridad en sí mismo, esplendidez, control del espíritu, valor, desprecio a los peligros, cordialidad, fuerza para soportar viajes y trabajos, satisfacción, paz de conciencia e imparcialidad.

Obviamente esta publicación favoreció el aumento de su producción e introducción en diversos países, y de manera creciente en toda Europa, donde era un producto para ricos, consumido en forma cotidiana por las casas reales de Suecia y Dinamarca, el zar Pedro el Grande y Catalina de Rusia, Federico II de Prusia, María Teresa de Austria, Luis XIV, Luis XV, Luis XVI y Guillermo III de Inglaterra, entre otros. Pero también se fumaba en las colonias, principalmente en la India, donde el gobierno británico construyó un verdadero imperio comercial a partir de su producción y comercialización. No obstante, el consumo de opio era mayor en China. El imperio británico —junto con el portugués y el holandés— intentó penetrar y controlar ese mercado, lo que fue rechazado por el imperio chino, que en 1793 prohibió no sólo fumar opio, sino también cultivar la amapola. Paradójicamente, lo que provocó fue un incremento del consumo ilegal y la penetración de ese comercio, impulsado por los negociantes occidentales, que impusieron, por ejemplo, los famosos fumaderos, primero de tabaco y luego, cuando éste fue prohibido, de opio. Hay cierta semejanza con lo que sucede en la actualidad: los comerciantes occidentales preferían que el opio se mantuviera en la ilegalidad, porque eso les permitía tener el control del producto en un mercado con alta demanda, lo que aumentaba sus utilidades.

En ese contexto se dio la guerra del opio, ya entrado el siglo XIX. Su consumo está prohibido y castigado hasta con pena de muerte en un país devastado y con hambruna. Pero, en 1820, la importación ilegal de opio superó las tres toneladas anuales. Lo comercializaba en su mayoría la empresa británica East India Company, con participación de 10 por ciento de empresas estadounidenses y de 4 por ciento de empresas francesas. Pero en China el opio estaba prohibido, insistimos, no por causas fisiológicas o morales, sino porque en un país en crisis profunda se iban enormes recursos tras el consumo de tabaco u opio. ¿Cómo funcionaba el comercio? Era sencillo.

La venta la realizaban comerciantes privados a quienes la East India otorgaba licencias para traer opio de India a China, y quienes lo vendían a contrabandistas en la costa; cobraban en oro y plata, con los cuales pagaban a la East India, que se los cambiaba por órdenes de pago en moneda inglesa. A su vez, con el oro y plata la empresa inglesa compraba legalmente productos chinos como té, seda y especias. Por supuesto, los principales promotores de esta operación eran, al mismo tiempo, férreos defensores de la prohibición impuesta por el gobierno chino, el cual entonces exigió a la corona británica que abandonara la venta de opio en China, aunque la cámara de los comunes aprobó por unanimidad "no abandonar una fuente de ingresos tan importante como el monopolio de la East India Company en materia de opio". En respuesta, Lin Tse Hsu, responsable de erradicar el consumo de opio en el país, llegó a Cantón e incautó unas mil toneladas de opio. Vinieron largos enfrentamientos y finalmente la declaración de guerra por parte del emperador chino. Para la corte inglesa, que a su vez declaró la guerra a China, ello constituía "un intolerable atentado contra la libertad de comercio".

La guerra duró poco y en el tratado de 1843 se pagó a las empresas inglesas, estadounidenses y francesas una indemnización equivalente a 21 millones de dólares de entonces (aproximadamente lo mismo que había pagado Washington a Francia por Luisiana) por la destrucción del producto incautado en Cantón; además, China cedió a Londres Honk Kong y Amoy y abrió al libre comercio otros cinco puertos en territorio chino. Desde luego se aceptó que, oficialmente, continuara la prohibición para el consumo del opio en el país, lo que permitió enormes ganancias para los traficantes, porque ya ninguna autoridad los perseguía. Hacia 1856 se vendían unas 5 mil toneladas anuales de opio. Al año siguiente se generó una guerra más que terminó con una nueva derrota china. Entonces, se impuso la residencia permanente de un cuerpo diplomático en Pekín, la autorización para que residieran extranjeros en la capital, la libre navegación en el interior de China y absoluta libertad para las misiones cristianas, y se mantuvo bajo prohibición el consumo de opio, aunque se legalizó su importación mediante el pago de un impuesto de 5 por ciento.

Sin embargo, el problema continuó: en 1870 la "importación" de opio hacia China superó las 7 mil toneladas y el consumo siguió aumentado, ahora virtualmente legalizado. Pero en 1880 el emperador chino decidió hacer un cambio radical: permitió el consumo y comenzó a cultivar amapola, de forma tal que en 1890 China ya producía 85 por ciento de lo que consumía el enorme imperio y estaba a punto de convertirse en exportador del producto y desplazar a la East India Company. Inglaterra comenzó a considerar el tráfico de opio como "una empresa moralmente injustificable". La Corona inglesa, Estados Unidos y Alemania, junto con los laboratorios Bayer, decidieron "apoyar" a China (que ya tenía relativamente controlado el problema), exportando primero morfina y luego heroína en cantidades enormes para "combatir la adicción al opio". El resultado fue que, en un encuentro en Shangai, China se comprometió a suspender por diez años la producción de amapola con la condición de que India no exportara el producto. Ya no era importante: la droga vendría ahora de los grandes laboratorios que comenzarían a exportarla como la medicina definitiva. Otra vez la tesis griega del *phármakon*: el mismo producto es medicina y veneno; el secreto está en la dosis. Y en esta historia, en el dinero.

A principios del siglo XIX se logra aislar la morfina, principal alcaloide del opio. En ese tiempo el escritor inglés Thomas de Quincey escribe *Confessions of an English Opium Eater*,[5] libro con el que se inician los análisis de la adicción al opio. Surgen entonces sustancias como el láudano, el elíxir paregórico y otro tipo de preparaciones cuya base principal era el opio. A fines del siglo XIX aparece la heroína, un derivado del opio más poderoso, y se comercializa en forma masiva. Desde 1898 está a la venta en todas las boticas de Europa, producida y distribuida por Bayer. Según la publicidad del laboratorio, "es un preparado seguro, libre de propiedades formativas de hábito". Se vendía sobre todo como medicina para la tos ("hace desaparecer todo tipo de tos, incluso en los enfermos de tubercolosis") y se destacaba su capacidad para lograr que los morfinómanos dejaran casi de inmediato la morfina (otro derivado del opio) a partir del momento en que comenzaron a consumir heroína. La morfina ya se utilizaba de modo muy extendido, sobre todo a partir de los distintos y cons-

---

[5] Véase Thomas De Quincey, *Confesiones de un inglés comedor de opio*, Madrid, Alianza Editorial, 1984.

tantes enfrentamientos militares, donde se consideraba un anestésico irremplazable. Será hasta 1925 cuando, junto con la marihuana, la cocaína, el opio y la morfina, se incluya en una lista de fiscalización internacional. No obstante, antes había sido una medicina exitosa, en sentido comercial, junto con el otro gran descubrimiento de Bayer: la aspirina. Durante años, hasta 1910, se vendieron ambas juntas y se las recomendaba como remedio excelente para la tos y prácticamente para cualquier dolencia. En 1915 surgió la evidencia de que su consumo provocaba adicción, lo que el propio laboratorio aceptó; pero esto no llevó a que la prohibieran, sino que se especificó que no se podía dar a niños y no servía para cualquier dolencia. Todavía en 1910 se comercializaron sólo en las boticas de Nueva York más de 10 toneladas de heroína pura. A partir de 1925 se incluyó en la lista de medicinas controladas y comenzó su prohibición.

La heroína es una sustancia que genera fuerte dependencia, tanto física como psicológica. Se puede fumar, inhalar o inyectar. La heroína atraviesa fácilmente la barrera hematoencefálica y llega rápidamente al cerebro, donde ocasiona alteraciones en los neurotransmisores cerebrales. También atraviesa la barrera placentaria y, en mujeres embarazadas, afecta el desarrollo del feto.

Cuando se administra en forma intravenosa, la inyección puede dañar las venas y provocar trombosis y abscesos. Además, si se comparten las jeringas para inyectarse o no se utilizan jeringas estériles cada vez, se puede transmitir VIH, causante del sida.

En el plano psicológico, se presentan alteraciones de personalidad, problemas de memoria, ansiedad y depresión, además de generar una dependencia muy fuerte que hace que la vida del consumidor gire obsesivamente en torno a la sustancia. En términos orgánicos, la heroína provoca anemia, insomnio, inhibición del deseo sexual y pérdida de la menstruación. Su consumo habitual genera tolerancia con rapidez, por lo que el consumidor necesita aumentar la dosis para experimentar los mismos efectos. Ello explica el riesgo de sobredosis tras un periodo de abstinencia. La creciente dependencia se acompaña de un desagradable síndrome de abstinencia si se suspende el consumo o se administran dosis inferiores a las que el organismo se ha habituado. Este síndrome se caracteriza por síntomas como lagrimeo, sudoración, insomnio, náuseas y vómitos, diarrea, fiebre y dolores musculares, acompañados de una fuerte ansiedad.

En la actualidad el uso de opiáceos está extendido en todo el mundo. El desarrollo farmacológico e industrial ha permitido crear nuevos derivados sintéticos que tienen los mismos efectos que el opio. Las investigaciones recientes sobre los receptores cerebrales —a través de los cuales ejercen su acción estas sustancias— permiten conocer la actividad agonista, antagonista o mixta de los diversos compuestos.

Cocaína

Desde que se tiene registro, en las regiones andinas se ha utilizado la hoja de coca. Particularmente durante el imperio inca (1200-1553 d. C.), las hojas de coca masticadas eran parte de los rituales religiosos y sociales; eran imprescindibles, además, para amortiguar los efectos de la altura en algunas regiones de lo que ahora es Bolivia y Perú. La euforia producida por su ingesta era vista como un regalo de su dios, el Sol. Con la conquista española y la destrucción del imperio por Francisco Pizarro, las costumbres perdieron su sentido y su uso común se propagó a las clases inferiores.

Originalmente, tanto los conquistadores como el clero condenaron el uso de la hoja de coca porque la consideraban asociada a los cultos tradicionales de los incas; la percibían, como lo establecieron los Concilios de 1551 y 1567, como parte de la "idolatría", y sus efectos eran considerados una "ilusión diabólica". Pero las consideraciones económicas se impusieron. La explotación a las minas del Potosí y el desarrollo del comercio en torno a ellas —el más intenso del mundo respecto a los metales preciosos en aquellos años— exigían la utilización de la hoja de coca para mantener, en las alturas del altiplano potosino, el trabajo de cientos de miles de indígenas, que prácticamente estaban esclavizados. Según información de la época, cada año se utilizaban, sólo en las minas del Potosí, 100 mil cestas de coca, equivalentes a 1,300 toneladas de hojas, lo que implica que se consumían tres toneladas y media de hojas de coca cada día.

Además, los españoles exigían un tributo adicional a los indígenas que implicaba que cada hombre de 18 y 50 años tuviera que trabajar para los conquistadores durante un año y medio sin recibir pago alguno: cuando no trabajaban en las minas, estos hombres cuidaban y cosechaban los cocales que permitían el extraordinario rendimiento de la industria minera. Ante esta situación, en 1573, los clérigos encontraron una salida sencilla: se permitió oficialmente la producción y consumo de la hoja de coca, siempre y cuando no se utilizara en alguna ceremonia religiosa; además, se aplicó un impuesto de 10 por ciento a cualquier transacción con la hoja de coca, mismo que cobraba la iglesia. Desde entonces, y durante décadas, el impuesto a la coca fue el ingreso más importante para la Iglesia católica en lo que se denominaba el Alto Perú, actualmente Bolivia y Perú.

Todavía en los siglos XVI y XVII era una actividad muy lucrativa para los conquistadores, aunque el consumo de la hoja de coca se consideraba despreciable, propio sólo de indígenas. La situación cambiaría rápidamente en América e inmediatamente después en Europa, sobre todo por la información que proporcionaron los militares que participaban en las guerras de independencia y los diferentes botánicos que recorrían la región, incluyendo, por supuesto, al propio Alexander von Humboldt.

Hacia 1859 se aísla el principal alcaloide de la coca, que constituye menos de uno por ciento de los compuestos de la hoja, y se le da el nombre de cocaína; su consumo se registra pocos años después. La hoja de coca se emplea cada vez más, debido a los efectos que tiene sobre la fatiga y a su poder para mejorar la fuerza, elevar el espíritu y aumentar el deseo y la potencia sexual, según lo expresado por el doctor Pablo Mantegazza, quien obtiene, con un trabajo sobre la hoja de coca, el premio a la mejor comunicación científica de ese año.

En 1863 se fabrica una mezcla de vino y cocaína conocida como *Vin Coca Mariani*, que tiene un gran éxito, pues era el preferido de personajes notables de la época: Julio Verne, Emilio Zolá, Thomas Alva Edison y Sara Bernhardt. Su éxito es tal, que el papa León XIII otorga un reconocimiento a su creador y presta incluso su figura para la etiqueta del producto. Mariani no sólo producía el vino que generaba tanto entusiasmo entre la elite europea, sino también un "elixir" más concentrado del producto, además de pastas, pastillas y un té especial. A pesar de que nunca reveló el secreto de sus productos, Mariani insistía en que la diferencia entre la coca y la cocaína era la misma que existe entre una sustancia y un concentrado de muchas otras que sólo la incluyen: como el café, considerado un producto para la alimentación, era distinto de la cafeína, considerada como medicina.

Desde del descubrimiento de la cocaína, se utiliza extensamente con fines médicos en París, particularmente para combatir afecciones de la garganta, porque es conocida como excelente "tensor" de las cuerdas vocales. También en esa época diversos medios científicos la recomiendan para fines tan diversos como mantener la vitalidad y belleza de las mujeres o para usos médicos varios. El auge de la cocaína entre la comunidad médica comienza en 1880, cuando los laboratorios aseguran que se ha descubierto su utilidad para "curar" los hábitos del opio, la morfina y el alcohol. Incluso se asegura que es "una forma inofensiva de curar la tristeza".

Entre 1884 y 1887, el creador de la psicología moderna, Sigmund Freud, describe una de las principales reacciones al uso de la cocaína: es una "droga mágica" y podría utilizarse en medicina, principalmente como anestésico local y para el tratamiento de la adicción a los opiáceos. Esta teoría es avalada por Carl Koller para su uso en cirugía ocular. El espaldarazo científico definitivo lo da el mismo Freud con su libro *Über Coca*, publicado en 1884. El afamado médico vienés dice que

> el efecto consiste en optimismo y una duradera euforia, que no se diferencia de la normal en una persona sana. Se nota un aumento del autocontrol y también que uno tiene gran vigor y es capaz de trabajar [...] ni una primera dosis ni una serie repetida producen un deseo incontenible de volver a utilizar el estimulante [...] la cocaína es un estimulante mucho más fuerte y menos dañino que el alcohol, cuyo uso sólo se ve impedido actualmente por su elevado precio.[6]

Freud describe en su primer artículo sobre el tema siete usos terapéuticos para la cocaína: como estimulante (en el sentido de energético), para trastornos gástricos y la caquexia (pérdida de fuerzas, de grasa y volumen muscular), como cura para los morfinómanos y alcohólicos, como tratamiento para el asma, como afrodisiaco y para algunos otros males muy específicos. Más adelante hace un estudio sobre los

---

[6] Véase Sigmund Freud, *Escritos sobre la cocaína*, Barcelona, Anagrama, 1980.

efectos psicofarmacológicos de la cocaína y agrega una adenda a su primer texto: asegura que "la dosis tóxica de la cocaína en los seres humanos es muy elevada, y no parece existir una dosis letal". Pero las tesis de Freud son duramente cuestionadas. Otros médicos consideran la cocaína una droga peligrosa, que ha terminado por ser gravemente contraproducente en adictos a los opiáceos. El propio Freud, en el último texto que escribe sobre el tema, reconoce que evidentemente la cocaína no ha servido para curar a los adictos a la morfina y la heroína, y acepta que "pronto se supo que la cocaína utilizada en esa forma es más peligrosa que la morfina".

Sin embargo, insiste en que la cocaína sólo ha tenido esos efectos en personas que ya eran adictas y que no causa problemas en quienes no lo eran antes de comenzar a consumirla. Pero Freud, que nunca abandonó el consumo de la cocaína, después de ese texto dejó de escribir sobre el tema, en parte por las tergiversaciones que sufrieron sus escritos y, asimismo, por la publicidad que realizaban, entre otros, los laboratorios Merck que la descubrieron, relacionándola en forma directa con la cura del alcoholismo y como fuente de "indiscutible excitación sexual" (en su texto sobre la cocaína, Freud decía que sólo tres de sus pacientes habían sentido ese efecto).

La cocaína se popularizó entre 1864 y 1906 de manera notable. Tanto en Europa como en Estados Unidos se vendía en locales cerrados, como medicina o para el consumo diario; era normal que en los bares de mayor prestigio se consumiera junto con el mejor whisky, mientras que los sectores de menores ingresos la ingerían en todo tipo de productos. Las empresas farmacéuticas la vendían en jarabes, tónicos, licores, cápsulas, tabletas, con jeringas hipodérmicas, en cigarros, puros y pulverizadores nasales. Era especialmente popular para combatir la llamada "fiebre del heno": la Fundación contra la Fiebre del Heno la patrocinó y recomendó hasta que fue prohibida en 1914 en Estados Unidos; en Europa la prohibición llegó varios años después, en parte por la presión estadounidense.

Con el cambio de siglo comenzaron a proliferar en Estados Unidos las llamadas *drugstores*, locales similares a una botica, pero donde también se vendían bebidas no alcohólicas; eran conocidos como fuentes de sodas. En 1886, una empresa de Atlanta, Georgia, introdujo al mercado, mediante una fuerte campaña publicitaria, una nueva bebida basada en el extracto de hoja de coca llamada Coca-Cola; se recomendaba para eliminar el dolor de cabeza y la fatiga. En su momento fue considerada un "notable agente terapéutico". Tuvo éxito en todo el país pero, a partir de 1903, comenzaron las presiones, sobre todo de políticos sureños que temían los efectos que podría causar la cocaína en las poblaciones negras de la región. Ese año la Coca-Cola Company retiró la cocaína de su producto, la reemplazó por un extracto de hoja de coca desalcaloidada y le agregó cafeína. En los hechos, la expansión de la cocaína, por lo menos en Estados Unidos, concluyó en 1906, y la droga terminó siendo prohibida en 1914 como un anticipo de la llamada Ley Volstead, que decretó en 1920 la prohibición del alcohol e impuso el periodo de la ley seca (con desastrosos resultados en todos los ámbitos).

La prohibición de la cocaína comenzó con la advertencia de un médico de Filadelfia, Christopher Koch, quien aseguró, en 1914, que esa droga ocasionaba violencia racial en el sur del país: "Casi todos los ataques a mujeres blancas del sur son consecuencia directa de los cerebros negros enloquecidos con la cocaína". El texto de Koch fue retomado por el *New York Times*, que afirmó en un editorial que "los cocainómanos negros son una nueva amenaza en el sur". El miedo provocado por estas declaraciones propició un incremento notable, en el sur del país, de linchamientos y otras formas de violencia interracial. Paradójicamente, la campaña contra la cocaína en ese ámbito coincidió con la aprobación de leyes que reforzaban la segregación y las restricciones del voto a la población negra, para limitar el poder político y social de esa comunidad. Resulta paradójico que la segregación fuera de la mano con la prohibición. Incluso, por esa razón, las policías del sur del país pasaron de la utilización de balas calibre 32 en sus armas a calibre 38, porque consideraban que las primeras no podrían detener a un "negro enloquecido con la coca". Desde entonces y hasta el día de hoy, se ha identificado la delincuencia violenta, y la negra en particular, con la utilización de drogas.

Para muchos analistas, como Robert Sabbag, la prohibición tuvo relación con otro fenómeno: el establecimiento del privilegio médico de dar y prohibir medicamentos. Hasta ese momento no existían estudios serios sobre los daños potenciales de la cocaína; ésta se vendía en las vinaterías y hasta en los refrescos, en tiendas de productos generales y bares elegantes, con el propósito de que su consumidor se "sintiera bien". Tras su prohibición en 1914, reapareció con la ley seca como droga de alto consumo entre músicos, artistas y la gente de la nueva industria del cine. Desapareció y volvió a aparecer —con mucha mayor fuerza y en un mercado ya controlado por poderosas organizaciones criminales— en los años setenta, con el auge de la cultura del rock. Pero se afirmó, sobre todo, como la droga preferida por sectores de muy altos ingresos en el *boom* económico de la década posterior.

Durante las siguientes décadas, el tráfico y uso se extendieron por todo el mundo y la cocaína pasó a ser una de las principales drogas de consumo en todos los estratos socioeconómicos. El abuso de esta sustancia ha generado grandes ganancias a productores, traficantes, vendedores y distribuidores. Hay reportes de que su consumo se inicia cada vez a menor edad. El cerebro no tiene receptores específicos para la cocaína, cuya acción se ejerce a través de la liberación excesiva y rápida de neurotransmisores debido a la inhibición del transportador de dopamina. Activa sobre todo el sistema simpático, que mantiene el estado de alerta en el organismo; también el hipotálamo, que regula el sueño, la temperatura del cuerpo y las reacciones de cólera y miedo.

Si bien el consumo de cocaína se ha generalizado, difícilmente podría llamarse así a lo que se consume hoy en las calles. Cada dosis de cocaína que se vende ahí puede tener hasta 80 por ciento de "corte", y en ocasiones más. Para ello se utiliza de todo: lactosa, dextrosa, distintos aminoácidos, bórax, quinina, laxantes; a veces se la mezcla con otras drogas como anfetaminas, heroína o incluso novocaína; se ha encontrado cocaína cruzada incluso con PVC en polvo. En muchas ocasiones son más dañinos para la salud los efectos causados por los productos utilizados para cortar la cocaína que por la droga misma. Se asume que, de los millones de consumidores que la utilizan, sólo una minoría la ha probado alguna vez en un estado de relativa pureza.

Las altas dosis de cocaína relativamente pura provocan pérdida de peso, inestabilidad emocional, debilidad, inapetencia, impotencia, insomnio y delirio persecutorio. En dosis excesivamente altas puede provocar alucinaciones terroríficas, similares a las del *delírium trémens*; en esos niveles es tan incompatible con una vida sana como el alcoholismo. Altera también el sentido crítico de las personas. En el plano fisiológico afecta el corazón y el hígado, porque les provoca esfuerzos adicionales. Su utilización crónica reduce también las reservas de vitamina C y del complejo B; suele acelerar el envejecimiento de la piel, así como la descalcificación. La investigación sobre el manejo de la adicción a la cocaína y sus derivados ha sido una prioridad en el siglo pasado y en los inicios del presente.

Un derivado de la cocaína, mucho más dañino que ella, es el *crack*. Para obtener la cocaína en un laboratorio clandestino se obtiene primero la llamada pasta de coca (PBC). Para transformar este producto base en cocaína es necesario purificarlo mediante lavados con éter, ácido clorhídrico y acetona, entre otros productos. Cuando se acentuaron los controles sobre el consumo de éter y acetona, los productores comenzaron a elaborar cada vez más *crack*, que no requiere de esos reactivos. El *crack* suele surgir de los desechos de la pasta de coca mezclados con bicarbonato sódico, y es quince veces más barato en las calles que la cocaína. Resulta imposible, por sus impurezas, inyectarlo, salvo que vaya mezclado con otras drogas o productos, por lo que suele ser inhalado a través de pipas especiales. El efecto es similar al del consumo de una alta dosis de cocaína, pero dura apenas diez o quince minutos, lo que propicia que las dosis sean más frecuentes y la adicción más intensa.

Existe además un contexto social ligado al *crack* que no se puede ignorar. Como dice Antonio Escohotado:

Si la cocaína simboliza el lujo de los ricos y los triunfadores, el *crack* simboliza el lujo de los miserables [...] si se comparan los ambientes ligados a la cocaína, donde el desahogo económico y metas lúdicas contribuyen a moderar empleos abusivos, los del *crack* coinciden con el de los heroinómanos-tipo con un marcado elemento de autodestructividad; por eso mismo algunos individuos ajenos en principio a tales ambientes —por raza o condición social— encuentran allí el aliciente genérico de la heroína, que es sencillamente irresponsabilidad a todos los niveles, con el estatuto de víctima involuntaria.[7]

---

[7] Antonio Escohotado, *op. cit.*

Las víctimas del *crack* son más afectadas que las de otras drogas; a los daños que naturalmente provoca debe agregarse el que proviene de los propios consumidores, debilitados por una mala salud derivada, en ocasiones, de su condición social.

MARIHUANA

El origen de la palabra *marihuana* se desconoce, aunque existen dos versiones acerca de sus raíces: la variante mexicana la deriva de "María Juana"; la otra, de origen portugués, de *marigua-no*, que significa "intoxicado". Es una de las plantas que mayor tiempo ha usado, y de las que ha abusado, la humanidad.

Proviene del *Cannabis sp.*, y existen muchas variedades en todo el mundo. A partir del cannabis o cáñamo se han producido dos grandes derivados: la marihuana propiamente dicha y el hachís, que se obtiene como resina. El empleo de cannabis se conoce desde el año 3000 a. C. Los chinos la utilizaban como complemento alimenticio y durante siglos el cáñamo fue utilizado para la elaboración de textiles y prendas finas.

La aplicación del cannabis con propósitos medicinales apareció por primera vez en la farmacopea china alrededor del año 2727 a. C. A partir de esa fecha y hasta la actualidad se han realizado numerosos trabajos que describen sus efectos en el tratamiento de diversos padecimientos. Sus propiedades curativas se reseñan en los textos sagrados hindúes del Atharvaveda, en los que se le considera hierba sagrada, y es usada en los rituales dedicados al dios Shiva.

Entre los años 700 y 600 a. C., la marihuana se consideró un buen narcótico, y así fue registrado en los textos persas del zoroastrismo Zend-Avesta. En los siguientes siglos los escitas asocian el cannabis con la muerte y entierran a sus muertos con bolsas de cuero y semillas de la planta. Este ritual fue descubierto en una tumba a finales de 1940 en las montañas de Tien Shan (actualmente Kazajistán). Por esas mismas fechas —700 y 600 a. C.— llegó a Europa, donde se propagó su uso en los siglos siguientes.

Hacia el año 430 a. C. Herodoto hace descripciones de su uso recreativo y ritual entre los escitas, y en el año 100 a. C. sus propiedades trópicas reaparecen en los textos de herbolaria china. Durante los dos primeros siglos de la era cristiana, el cannabis fue utilizado en Roma como medicamento. Galeno hacía alusión a su efecto psicoativo y lo utilizaba como fármaco.

En los siglos siguientes y hasta el año 1000, el uso del cannabis y del hachís se difundió por Europa y Asia, y su consumo se incrementó a tal punto que los sabios debatían acerca de los beneficios y perjuicios que la planta podía ocasionar. Hasta esa fecha, el cannabis y el hachís se comían.

Los efectos tóxicos que produce el hachís son descritos en Persia, donde se decía que Hasan Ibn al Sabbaj, el Viejo de la montaña, reclutaba a sus seguidores para cometer delitos, relato que años más tarde recogió Marco Polo en sus viajes por la región.

A Egipto llegó el cannabis durante el siglo XII y rápidamente se extendió entre la población. Cuando las fuerzas napoleónicas invadieron este país en 1798, Napoleón Bonaparte descubrió el uso indiscriminado del hachís y prohibió su uso. El decreto publicado el 8 de octubre de 1800 decía:

> Queda prohibido en todo Egipto hacer uso del brebaje fabricado por ciertos musulmanes con el cáñamo, así como fumar las semillas del cáñamo. Los bebedores y fumadores habituales de esta planta pierden la razón y son presa de delirios violentos que los llevan a excesos de toda especie.

Gran parte de sus tropas regresó a Francia con este hábito; en Egipto la norma fue rápidamente derogada, pero el hachís se convirtió en un producto de alto consumo en Francia, especialmente entre la comunidad artística. De allí surgen textos como *Los paraísos artificiales*, de Charles Baudelaire. Pero al mismo tiempo se comienzan a estudiar sus efectos medicinales. Un dato es importante: la población mundial a mediados del siglo XIX es de 1000 millones de personas, y se estima que unos 200 millones consumían derivados del cáñamo, especialmente hachís o marihuana. El consumo se instaura no sólo en Europa, sino sobre todo en el mundo musulmán, en la India, Asia, África y en América. El propio George Washington era uno de los principales productores de cáñamo de Virginia, donde se lo privilegiaba junto con el tabaco.

En México se ha utilizado la marihuana desde su introducción en América. Se adaptó particularmente bien en la Sierra Madre y, si bien durante años su consumo estuvo destinado a los sectores más pobres de la sociedad, con el paso del tiempo, y particularmente desde los años sesenta, se ha convertido en una de las drogas de mayor consumo en México. La prohibición de su consumo en Estados Unidos (dictada en 1937), se volvió en términos políticos muy similar a la prohibición de la cocaína: si ésta fue identificada como la droga de la que derivaba la violencia de los negros sureños, la marihuana fue identificada como la causa de la violencia y el desenfreno de los inmigrantes mexicanos en Estados Unidos.

Hasta terminada la ley seca, el consumo de marihuana no estaba prohibido en Estados Unidos. Si bien el Convenio de Ginebra había incluido la marihuana y el hachís en la lista de sustancias que debían tener un control internacional, el hecho es que aún se consumía libremente. La marihuana se relacionó directamente con la migración mexicana en el sur de Estados Unidos, desde Luisiana hasta California. La primera presión en su contra ocurre en Nueva Orleans, durante una campaña antimexicana que identifica esa droga como la que hace despertar el carácter criminal de los "aborígenes" y provoca la pérdida de sus inhibiciones sexuales. Esas acusaciones van de la mano con el estallido de la gran depresión, pues sirven como justificación para que sea expulsada la mano de obra inmigrante en un país en el que repentinamente el paro se había vuelto una norma.

El *New York Times* publicó un texto el 15 de septiembre de 1939 titulado "Mantengamos a América americana". Decía que "la marihuana es quizá el

más insidioso de los narcóticos y es consecuencia de
la inmigración mexicana. Han detenido a traficantes
mexicanos regalándoles cigarrillos de marihuana a
los niños en la escuela. [A los mexicanos no los nece-
sitamos], a nuestra nación le sobra mano de obra".
En 1936, la principal organización prohibicionista
del país publica un folleto alertando sobre la marihuana que, dice, "provoca una rápida degeneración
física y mental, depravación lujuriosa e inclinaciones
a la violencia y al asesinato sin motivo". Aunque se
pueden analizar los efectos nocivos de los derivados
del cáñamo, en realidad esos estudios prácticamente sostenían lo contrario, como lo hacía un famoso
informe del ejército inglés sobre el consumo de cannabis y sus efectos en la India, o un informe del ayun-
tamiento de Nueva York realizado en 1936, pero que
se mantuvo en secreto hasta 1969. La prohibición
en aquellos años no se vinculaba con los verdaderos
efectos de la droga, sino con una discriminación ino-
cultable, particularmente contra los mexicanos.

Además de ser consumida en muy alto grado entre los combatientes de los años revolucionarios en
México y luego entre la tropa, la marihuana también
registraba un uso similar entre soldados estadounidenses que estaban fuera de su país. En 1932 y 1933,
el ejército de Estados Unidos elaboró un amplio estudio sobre el consumo de marihuana entre sus tropas, el cual concluyó que no afectaba la disciplina
militar ni generaba adicción. Entre esa fecha y 1944
se produjeron por lo menos tres informes militares
que llegaron a las mismas conclusiones. Finalmente,
la ley contra la marihuana fue aprobada por el Con-

greso estadounidense el 1 de octubre de 1937, pese a la oposición, que no deja de ser significativa, de la Asociación Médica Americana, representada por el doctor W. Woodward.

La prohibición no acabó con el consumo de marihuana, sino que incorporó la droga a las redes del tráfico de opio y la cocaína. A partir de los años setenta Estados Unidos se convirtió en el mayor consumidor de marihuana en el mundo y, desde mediados de los ochenta, en el mayor cultivador de cannabis, produciendo más de la mitad de la hierba que se cultiva en el mundo.

El compuesto principal del cannabis es el tetrahidrocanabinol. El dronabinol, compuesto sintético con propiedades de tipo canabinoide, se utiliza con fines médicos, pero la Agencia para el Control de Drogas (Drug Enforcement Administration, DEA por sus siglas en inglés) lo coloca en clase II: sustancias con potencial para generar adicción entre los consumidores. Sin duda es una de las drogas ancestrales más socorridas durante generaciones con diversos fines. Los grupos dedicados a defender sus propiedades médicas intentan conseguir su uso legal, argumentando que es útil para el tratamiento de enfermedades como el cáncer y el glaucoma, y ciertos síntomas como la náusea y la falta de apetito, entre otros. En los hechos, en varios países y estados de la Unión Americana se la acepta como complemento para reducir los síntomas en tratamientos de quimioterapia. En Asia y África sigue siendo considerada como medicamento y se la utiliza para combatir casi todo, desde la disentería hasta la tuberculosis. Sus opositores sostienen que no hay evidencia que demuestre claramente esos beneficios y, por el momento, sigue considerándose como sustancia ilegal que debe continuar bajo control. Quizá es la droga ilegal más debatida en la actualidad porque, si bien se han descubierto efectos perniciosos en ella, también se asume que es la de menor toxicidad y de las que genera menor adicción, inferior incluso a la del tabaco y el alcohol. A lo anterior se agrega que se ha convertido en una muy rentable industria dentro de Estados Unidos, gracias, paradójicamente, a su prohibición.

ALUCINÓGENOS

También conocidos como drogas "visionarias", son diversos compuestos que comparten similares propiedades, pero actúan en forma muy diferente a las drogas analizadas hasta ahora. Si las anteriores tienen un nivel de adicción más o menos elevado y su ausencia provoca el llamado síndrome de abstinencia, esto no suele suceder con los alucinógenos. Su efecto es sobre todo psicológico. El famoso "viaje" que suelen provocar, de acuerdo con la personalidad del consumidor y el producto, puede ser un viaje sin retorno: el consumidor queda encerrado en los laberintos de su psiquis. Históricamente se han utilizado en innumerables rituales religiosos como una forma de comunicación con los dioses, y desde que sus componentes se pudieron producir en forma sintética ha surgido más de un millar de alucinógenos de las más diversas categorías. En general todos actúan en forma similar sobre el sistema serotoninérgico, que es el principio de su acción; las alucinaciones son sus manifestaciones clínicas.

La psilocibina (contenida en algunos hongos), la mescalina (presente en cactos como el peyote) y el LSD (dietilamida del ácido lisérgico, compuesto sintético) son los principales ejemplos de este tipo de drogas, pero se han desarrollado innumerables productos con los mismos componentes. Paradójicamente su utilización ha partido originalmente de dos vertientes disociadas entre sí: durante siglos fueron utilizados en prácticamente todos los continentes por brujos o chamanes para adquirir poderes y establecer algún tipo de comunicación con los dioses. Su manejo constituía la base de su poder, y si en ocasiones el consumo era generalizado, el control sobre él lo tenían estos hombres o mujeres que habían logrado dominar esas drogas. La otra gran vertiente que generalizó su uso surgió de otro ámbito completamente diferente durante la guerra fría: al conocerse el efecto disociador sobre la psiquis que producían estas drogas, la mayoría de los grandes servicios secretos del mundo las trataron de utilizar —creando incluso varios de sus derivados sintéticos ahora comunes— para encontrar sueros de la verdad o sucedáneos similares, una especie de arma que venciera la voluntad y la conciencia.

Desde el año 1000 al 500 a. C., los pueblos de Sudamérica edificaban templos y hacían esculturas dedicadas a los diversos dioses de los hongos. En la cultura mixteca, Piltzintecuhtli era el principal de siete dioses que recibían veneración como divinidades vegetales. Entre los aztecas se le rendía culto a Xochipilli, considerada diosa de las flores, mediante una variedad de plantas que incluían el tabaco y los hongos. Su uso permitía a los chamanes entrar en trances alucinatorios como parte de los rituales de comunicación con los dioses.

A su llegada a América, los europeos tuvieron acceso a los hongos de manera secreta, pero los efectos que provocaban hicieron que rápidamente se prohibiera su uso. Durante esta época también se decía que el peyote era consumido desde aproximadamente el año 300 a. C.

Las propiedades alucinatorias de las sustancias contenidas en estas plantas se mantuvieron en las culturas prehispánicas como parte de los rituales en que participaban sus chamanes. Los efectos duraderos en algunos de ellos permitían concentrar las fuerzas de la naturaleza como un regalo de los dioses. La llegada de los españoles disminuyó el consumo con la imposición del cristianismo y la disminución de los ritos en honor de los antiguos dioses. Sin embargo, en la actualidad persisten comunidades indígenas cuyas fiestas giran en torno al consumo de peyote, como los huicholes de Nayarit.

El interés en las propiedades del peyote llevó, en el año 1897, a que el químico alemán Arthur Heffter aislara la mescalina, que en 1919 fue sintetizada en un laboratorio por Ernst Spath. Ello permitió conocer más acerca de sus características y la información se publicó en *Der Meskarlinrausch* (*The Mescaline High*). Estos conocimientos fueron utilizados por los alemanes durante la Segunda Guerra Mundial y hay registros de su aplicación en los campos de concentración nazis.

En 1912 se sintetiza, en forma casi accidental, la molécula denominada MDMA, de la que años después surgiría el llamado éxtasis. En 1914 se patenta y luego queda en la oscuridad durante los siguientes años. En forma paralela, desde 1938 crece el interés por los hongos y permite que R. E. Schultes y B. P. Reko viajen a México y recolecten especies que son llevadas a la Universidad de Harvard para su estudio. En Suiza, Albert Hofmann sintetiza el LSD-25 como estimulante sanguíneo, aunque su investigación quedó frenada en los siguientes años y sólo se reanudó en 1943, cuando de manera accidental Hofmann ingirió una pequeña dosis del compuesto y sufrió sus poderes alucinatorios.

Los estudios clínicos sobre la mescalina tienen su lugar en la historia. En el año 1947, el ejército de Estados Unidos inicia sus investigaciones bajo los auspicios del "Project Chatter", y se publica el primer artículo sobre los efectos mentales producidos por el LSD, a partir de estudios realizados por Werner Stoll. En 1949, el doctor Max Rinkel lleva el LSD a Estados Unidos para iniciar investigaciones en la ciudad de Boston, dando paso a que se publiquen en el siguiente año cientos de trabajos acerca de sus cualidades y experiencias sobre su uso. En 1952 el doctor Humphrey Osmond, trabajando con alucinógenos en el hospital de Saskatchewan (Canadá), reconoce la similitud entre las moléculas de mescalina y adrenalina. Al año siguiente, el gran novelista inglés Aldous Huxley ingiere por primera vez la mescalina bajo la supervisión y cuidado del doctor Osmond y luego escribe *The Doors of Perception* (1953).

Hacia 1951 la CIA comienza a mostrar interés en el LSD, pensando que podría ser utilizado por los servicios secretos enemigos para producir ansiedad y terror indistinguibles de la psicosis. En 1953, el Centro de Química del Ejército de Estados Unidos inicia las pruebas sobre la toxicidad producida por el MDMA en ratones, monos y perros y, ese mismo año, Charles Savage publica los primeros resultados relacionados con el LSD en el tratamiento de la depresión. Aldous Huxley toma por primera vez LSD y después publica una obra que parece relacionada con su experiencia: *Heaven and Hell.*

También ese año, el conocimiento acerca de los hongos se incrementó: R. Gordon Wasson, banquero internacional y micólogo aficionado, viajó a Huautla de Jiménez, en el estado de Oaxaca, a pasar la noche en compañía de uno de los personajes más importantes de la cultura mexicana de los hongos: María Sabina. Chamán, gran conocedora de las propiedades alucinógenas de diversos hongos, María Sabina se hizo famosa mundialmente. Entre los mazatecas, ella era respetada y venerada como la persona que dirigía los caminos de su comunidad. Lo que sabía de la actividad psicoactiva de los hongos permitió a Wasson mostrar sus efectos en un número de la revista *Life* de 1957. Entonces comenzaron las peregrinaciones de innumerables personajes de la vida cultural a Huautla de Jiménez para ser iniciados por María Sabina, al tiempo que pocos años después Carlos Castaneda, en su libro *Las enseñanzas de don Juan,* colocó el mundo de los chamanes y el peyote en el centro de varios de los movimientos culturales más importantes de su época (sus efectos, por cierto, subsisten hasta hoy).

Hacia 1960, se concentra gran cantidad de investigaciones y conocimientos históricos sobre estos alucinógenos. Timothy Leary establece en la Universidad de Harvard el conocido proyecto de investigación psicodélica y, a la vez, el laboratorio Sandoz sintetiza la psilocibina. Ese año, Albert Hofmann realiza un viaje a Huautla para compartir con María Sabina la psilocibina sintética.

La década de los sesenta trae hechos importantes en la difusión de este tipo de drogas. En 1963 el LSD aparece en las calles y se difunde rápidamente; en 1967 surgen los primeros cargamentos secretos de MDMA sintetizado y se inicia la prohibición del LSD y la psilocibina, mientras que en los setenta son declaradas ilegales la mescalina y el MDMA. A finales de esa década, Albert Hofmann escribe el libro LSD: *My Problem Child*, donde relata sus problemas con este alucinógeno.

En la actualidad, si bien en ocasiones siguen consumiéndose hongos o peyote, tantos éstos como el LSD están viendo reducido su uso, al tiempo que se experimenta una virtual explosión en el consumo de MDMA en sus muy distintas presentaciones. La más popular de ellas es el denominado éxtasis, convertido en la droga "recreativa" más consumida entre los jóvenes en Estados Unidos y Europa. Provoca un efecto desinhibidor, diferente al del alcohol porque se basa mucho más en lo que algunos psicólogos llaman "apertura del corazón" o de los sentimientos; genera en ocasiones efectos catárticos en las personas que lo utilizan, aunque el consumo excesivo tiende a producir los mismo efectos de rigidez muscular y tensión nerviosa que las anfetaminas. Suele ocasionar sed, por lo que se lo asocia con un alto consumo de agua o de las llamadas bebidas energizantes. Su combinación con alcohol es contraproducente (sobre todo porque la persona que ha consumido MDMA no es consciente de lo que le está causando el alcohol), y su efecto es mucho más dañino cuando se combina con opiáceos, somníferos o estimulantes, incluyendo el café. En general los casos fatales derivados del consumo de esta droga ocurren cuando se combina MDMA o cualquiera de sus derivados con altas dosis de alcohol y otras drogas. Uno de los problemas graves, que se reproduce en casi todas las drogas ilegales, es que en realidad "no se sabe" qué se consume: la facilidad con que se puede producir el éxtasis (si se tiene los precursores, se puede elaborar en cualquier espacio casero) lleva a que en la mayoría de los casos se trate de drogas muy adulteradas o combinadas con productos que suelen tener efectos más dañinos para la salud que la droga misma.

Anfetaminas

Son psicoestimulantes producidos sintéticamente en laboratorios químicos desde finales del siglo XIX y provienen de la efedrina. Fueron objeto de distintos usos, entre los que cabe destacar su profusa utilización en los conflictos bélicos del siglo xx para superar el cansancio de los soldados y mejorar su disposición durante las batallas.

Hasta el día de hoy se utilizan en buena parte de los jarabes para la tos y antigripales; también en tratamientos contra la obesidad y los mareos. Incluso son un importante componente en muchos antidepresivos. En los últimos años se las comenzó a utilizar, bajo prescripción médica, para niños hiperactivos, en los cuales provoca efectos tranquilizadores. Empezaron a comercializarse como efedrina en 1930, y en 1938 ya se vendía uno de sus principales derivados, la metanfetamina.

Las anfetaminas son drogas estimulantes del sistema nervioso central; a quien se administran permanece despierto y activo durante prolongados periodos, ya que producen sensaciones de alerta y confianza, y aumentan los niveles de energía y autoestima, además de hacer desaparecer la sensación de hambre y de sueño. Su efecto es muy similar al de la cocaína, aunque en vez de impedir la reabsorción de ciertos neurotransmisores, los liberan. Actúan básicamente sobre el sistema límbico y el hipotálamo. Las anfetaminas pueden generar alta dependencia. Se ingieren vía oral, por inhalación e inyección. Su consumo más habitual es en forma de pastillas o comprimidos, y a menudo son una de las sustancias con las que se cortan las drogas sintéticas.

Los efectos provocados por el consumo de anfetaminas recuerdan en gran medida a los producidos por la cocaína (euforia, verborrea, agresividad, taquicardia, aumento de la presión arterial), pero sus efectos físicos son mayores: el deterioro visceral de jóvenes que fallecieron por sobredosis de anfetaminas (quienes en general se inyectaban altas cantidades de la droga durante un periodo relativamente prolongado) mostró que su corazón y su hígado, lo mismo que la mayoría de sus vísceras, eran comparables a los de un anciano. En el caso de mujeres embarazadas pueden provocar malformaciones en el feto. La duración de los efectos de las anfetaminas y metanfetaminas también es más prolongado que el de la cocaína y su efecto, entre cinco y diez veces superior.

El síndrome de abstinencia se presenta con un cuadro muy grave de depresión, letargo y cansancio, lo que puede llevar a tomar grandes dosis para mitigar este estado. El consumo excesivo de anfetaminas puede generar delirio de persecución.

Una de las anfetaminas más frecuentes en el mundo de las drogas ilícitas es el sulfato de anfetamina, conocido en lenguaje callejero como *speed*.

El *speed* se presenta generalmente en forma de polvo y se consume por inhalación, como la cocaína, por lo que comparte con ella los riesgos asociados a esta vía de administración (daños sobre la mucosa nasal).

Las metanfetaminas también se suelen comercializar clandestinamente bajo el nombre de cristal. Existe la errónea creencia de que el uso y abuso de estas sustancias no ocasiona ningún riesgo para la salud física y mental, pero el daño cerebral y psíquico puede ser grave. Cuando se toma por vía oral, dura entre tres y seis horas. Sus efectos inmediatos son excitación psicomotora y sensación de euforia, aunque la respuesta al cristal puede ser impredecible; sobre todo, como hemos dicho, si se combina con distintos estimulantes.

Estudios recientes de la Universidad de Harvard, reseñados por el investigador mexicano Alonso G. Montoya, han mostrado que el uso ocasional, no crónico, de esta sustancia puede dañar de manera significativa al cerebro. Al observar que los efectos psíquicos negativos pueden durar varias semanas, los investigadores estudiaron el cerebro con diversas técnicas, incluyendo la resonancia magnética y la tomografía de emisión de positrones. Se encontró que después de una sola dosis, el flujo sanguíneo de los lóbulos frontales disminuye y puede dañarse el sistema de la serotonina: la reducción de ésta predispone a trastornos depresivos en el futuro. Otros hallazgos neuropatológicos incluyen la posibilidad de trombosis venosa, vasculitis cerebrales y leucoencefalopatía tóxica.

Inhalantes

Los inhalantes más antiguos son el éter y el óxido nitroso o gas hilarante; luego apareció el nitrito de amilo o *popper*. Hay una amplia gama de productos con una característica común: al entrar en contacto con la atmósfera liberan diversos compuestos químicos, cuya inhalación altera de manera transitoria y reversible el funcionamiento del cerebro.

Son productos de uso doméstico o industrial, como gasolina, pegamentos, pinturas, lacas, quitaesmaltes, gas para encendedores, líquido de frenos o aerosoles de todo tipo. Probablemente la forma de experimentar con mayor rapidez sus efectos sea inhalar dichas sustancias en una bolsa de plástico o papel. Este procedimiento lo emplean especialmente los inhaladores de pegamento.

La intoxicación por inhalantes es similar a la embriaguez producida por el alcohol: sensación de bienestar, habla confusa, visión borrosa, desorientación, torpeza mental, somnolencia, etcétera. Al igual que el alcohol, actúan como depresores del sistema nervioso central. Primero desinhiben al consumidor, para sumirlo progresivamente en una depresión general que puede dar lugar a sueño, estupor o coma.

Los inhalantes provocan, además, alucinaciones, irritabilidad y disminución de la concentración; en el aspecto orgánico causan trastornos neuronales, gastrointestinales, renales y hepáticos, así como arritmias y alteraciones respiratorias; pueden llegar a provocar la muerte por paro cardiaco, aspiración de vómito o arritmias ventriculares. Estas sustancias son consumidas generalmente por niños y jóvenes sin posibilidades económicas de acceder a otra droga. El consumo de solventes volátiles, como gasolina o aguarrás, daña la capa que protege al sistema nervioso en el cerebro y el sistema nervioso periférico. Esta destrucción de las fibras nerviosas es clínicamente similar a la esclerosis múltiple.

Drogas médicas sin prescripción

Si regresamos a la definición que desde los tiempos de los griegos se ha utilizado para el *phármakon*, que puede ser, según la dosis, veneno o medicina, ello se aplica sobre todo a las medicinas legales pero utilizadas fuera de prescripción médica. Incluso en muchas ocasiones sus efectos suelen ser más perniciosos que los de ciertas drogas ilegales. La línea divisoria entre una y otra en muchas ocasiones se desvanece, hasta hacerse prácticamente imposible diferenciarlas. Recordemos que buena parte de las medicinas actuales contienen derivados de productos sintéticos que en otras presentaciones son considerados drogas ilegales. Por lo tanto, éste es uno de los capítulos más controversiales en el debate sobre las drogas. A continuación haremos una muy rápida síntesis de los productos medicinales que, utilizados sin prescripción médica, pueden generar distintos tipos de adicciones, asumiendo que sería imposible en este espacio hacer una lista de todos ellos y de sus consecuencias cuando se consumen en exceso o sin control médico. En muchas ocasiones se asegura que algún medicamento no es necesariamente adictivo (como ocurre con algunas drogas ilegales), pero su consumo cotidiano los transforma, casi siempre, en tales.

Opioides

Los opioides son generalmente prescritos como analgésicos para el dolor, la diarrea o la tos; van desde la morfina hasta los más modernos: OxyContin, Darvon, Vicodin, Dilaudid, Demerol y Lomotil, usado para diarreas, y la codeína, para la tos.

Los opioides bloquean la transmisión del dolor al cerebro y causan somnolencia, estreñimiento y, según la cantidad ingerida, mala respiración. También pueden causar euforia. Estas sustancias con el tiempo causan dependencia física y adicción; la suspensión ocasiona insomnio, dolor de huesos y músculos, vómito, temblor y movimiento involuntario de las piernas. Sin embargo, muchos estudios han demostrado que la prescripción de estas sustancias bajo control médico es segura, y son efectivas para controlar el dolor. No es conveniente mezclarlas con sustancias que deprimen el sistema nervioso central como alcohol, antihistamínicos, barbitúricos, benzodiacepam y anestésicos en general, porque pueden aumentar el riesgo de baja respiración.

Depresores del sistema nervioso central

Se utilizan para tratar la ansiedad y problemas de insomnio; los más comunes son los barbitúricos (Mebaral, Nembutal) y el benzodiacepam (Valium, Librium, Xanax y Alción). Con o sin prescripción médica son altamente adictivos. Otro problema es que el organismo desarrolla tolerancia al medicamento, lo que lleva a que después de un tiempo deba tomarse en mayor cantidad para obtener los mismos resultados y genere cada vez mayor dependencia física.

Estimulantes

Comúnmente se prescriben Dexedrine y Ritalin para tratamientos contra la narcolepsia, problemas de déficit de atención, hiperactividad y depresión. También se emplean para suspender el apetito en tratamientos de obesidad y pacientes con asma. Las consecuencias del abuso suelen ser adictivas, por lo que los individuos las llegan a consumir compulsivamente. En grandes cantidades pueden causar sentimientos de hostilidad y paranoia. Son peligrosas porque pueden provocar fiebre muy alta, arritmia y, potencialmente, un ataque al corazón.

El abuso de drogas médicas fuera de prescripción es más común en adultos y, sobre todo, entre ancianos. También se ha detectado que las mujeres las consumen más que los hombres.

Alcohol y tabaco

Ni el alcohol ni el tabaco son drogas prohibidas, aunque el exceso en su consumo provoca, sin duda, graves daños a la salud personal y pública. Hacer una historia de ambos excedería, con mucho, los objetivos de este libro. Pero deben ser reseñados por las consecuencias que ambos pueden producir, aunque su tratamiento y la reacción social ante ambos sea muy diferente de los que suscitan las drogas ilegales. En el caso del tabaco, ha comenzado una fuerte corriente para limitar su consumo en varios países, particularmente en Estados Unidos. El alcohol adopta otras características, incluso culturales, aunque en muchas naciones el consumo "social" de alcohol está siendo regulado y obviamente el alcoholismo es considerado un grave problema de salud pública. En nuestro caso, quizá el punto más importante sea la utilización del alcohol en adolescentes e incluso niños como primer paso en el consumo de otras drogas y catalizador, en muchas ocasiones, de los principales casos de adicciones. El alcohol, por sí mismo, no provoca de modo automático ese efecto, pero es evidente que personalidades predispuestas por razones físicas o psicológicas a convertirse en consumidores habituales de drogas o adictos a ellas pueden ser disparadas por el consumo excesivo de alcohol.

Alcohol

Una de las sustancias más antiguas es el alcohol. Los primeros datos conocidos los registran los griegos y romanos. En la *Odisea*, Homero habla del vino que "hacía olvidar cualquier pena a todo aquel que gustara de él". En realidad, si nos basamos en los textos históricos, sobre todo en sus primeras épocas, los vinos griegos o romanos eran tan poderosos que con unas copas se podía llegar a situaciones de delirio, por lo que se cree que, como no se conocían entonces los procesos de destilación, serían productos fermentados naturalmente pero mezclados con otros vegetales, sobre todo derivados del opio o del cáñamo. El origen de la mezcla sería Egipto, donde los consumían por lo menos desde el siglo XVII a. C. La historia de la utilización del vino y el alcohol es casi tan antigua como la humanidad: aparece en prácticamente todos los textos históricos y continúa hasta nuestros días. Incluso las principales religiones, incluyendo la católica, terminan estableciendo alguna relación con el vino en sus procesos rituales: desde el culto a Dioniso entre los griegos o Baco entre los romanos, hasta la comunión católica en nuestros días, el alcohol, y particularmente el vino, siempre han estado presentes en algún momento de la liturgia. El debate sobre el consumo de alcohol es uno de los más importantes en nuestra era: sin duda, los procesos de destilación se han refinado tanto que hoy la producción y el consumo de ciertas bebidas alcohólicas se ha transformado, para muchos, casi en un arte y una refinada forma de expresión cultural. Por eso es notable cómo en el caso del alcohol se establecen diferenciaciones muy concretas respecto de la personalidad de los consumidores y el entorno social en el que se da ese consumo.

Durante el primer milenio de esta era no había técnicas de destilación que hicieran posible obtener un derivado más puro del alcohol. Hacia el año 1250 d. C. dichas técnicas comenzaron a ser conocidas en Europa, lo que produjo bebidas más puras y potentes en relación con su contenido de alcohol. Sin embargo, su alto costo hizo que sólo se utilizaran con fines medicinales, lo que les ganó el nombre de *aqua vitae*, "agua de la vida". Durante los siguientes siglos, las mejoras en las técnicas de destilación permitieron la elaboración de otras bebidas.

Las primeras menciones referentes al alto consumo de alcohol considerado como un crimen se atribuyen a Isabel de Inglaterra, de quien se cree que también abusaba de bebidas destiladas. Su empleo frecuente en Inglaterra y Estados Unidos trajo aparejada la proliferación de tabernas, lo que repercutió en los índices de mortalidad y violencia. La aparición de la ginebra tuvo gran repercusión en la sociedad inglesa. Debido a su alto contenido de alcohol, las borracheras eran más frecuentes y prolongadas, lo que ocasionaba problemas serios en las comunidades. La lucha contra esta bebida, como ocurrió con prácticamente todas las bebidas alcohólicas, no fue ganada por el gobierno.

Hacia el siglo XVIII hicieron su aparición nuevos destilados, como el ron y el whisky. Estas bebidas, obtenidas de fuentes diferentes de las del vino, generaron un fuerte impacto entre los consumidores, y su distribución por los gobiernos mercantes permitió su propagación internacional en poco tiempo.

Las leyes contra el uso de bebidas alcohólicas se emitieron en diversos países, como Finlandia, Estados Unidos e Inglaterra, y siempre fracasaron. La más importante, empero, fue la impuesta por el gobierno estadounidense durante el periodo de la ley seca, tiempo durante el cual el tráfico ilegal de alcohol se intensificó, la violencia aumentó y el uso de otras sustancias, como los derivados opiáceos, se hizo más evidente. Una consecuencia indirecta fue el surgimiento del crimen organizado, de grupos que se encargaron de surtir de alcohol a todo el país, a costos mucho más altos y con grados de calidad decrecientes. Para muchos, lo sucedido con la ley seca debería ser una experiencia a tomar en cuenta a la hora de analizar las políticas antidrogas.

Desde tiempos de los griegos y romanos el alcoholismo ha sido un problema de salud pública que la sociedad ha buscado regular, sobre todo por el fracaso de las prácticas prohibicionistas. En la actualidad, el uso indiscriminado de bebidas alcohólicas y su consumo desde edades tempranas, junto con otras sustancias adictivas, representan un verdadero problema social, quizá el mayor de los derivados de su consumo excesivo. Cuando existen verdaderos excesos en el consumo de alcohol, el delirio alcohólico produce estados de completa desorientación mental con alucinaciones terroríficas, conocidas como *delírium trémens.* Cuando se producen situaciones de este tipo —que pueden durar hasta más de una semana— se ocasiona un deterioro mental irreversible. Difícilmente una persona puede pasar por más de tres trances de estas características sin perder la vida. En los hechos, las consecuencias y el deterioro de este tipo de ataques, en consumidores que han desarrollado un alto grado de dependencia al alcohol, son incluso más violentos y dañinos física y mentalmente que los de la mayoría de las drogas ilegales.

Tabaco

Nicotina tabacum es el nombre científico de la planta del tabaco. Originaria de América, se esparció por todo el mundo a partir del descubrimiento del nuevo continente.

Relata Wolfrang Schivelson en su *Historia de los estimulantes* cómo vio John Joachim von Rusdorff, embajador de la corte palatina en los Países Bajos, la aparición de la moda de fumar en 1627:

> No puedo evitar censurar con unas cuantas palabras esta nueva y extraña moda que hace pocos años ha llegado de América a nuestra Europa, y que podríamos denominar la borrachera de nubes, mucho mayor que todas las ebriedades conocidas hasta hoy. Con increíble avidez e insaciable ardor, las gentes depravadas beben e inhalan el humo de una planta que denominan nicotina o tabaco.[8]

Sostiene el autor, con razón, que de todos los estimulantes adoptados por la civilización europea en la edad moderna, el tabaco fue el más original, porque implicaba formas de consumo completamente nuevas para esas sociedades: el café, el chocolate y el té eran bebidas familiares. Inhalar tabaco era algo nuevo y diferente, tanto que la palabra que describía esa acción se impuso bien entrado el siglo XVII. Hasta entonces se hablaba de "beber tabaco".

Se introdujeron en Europa primero como planta medicinal, y con este propósito fue enviada a la corte francesa por Jean Nicot (embajador francés en Portugal, que dio su nombre a la nicotina). A Inglaterra llegó en 1565, pero su uso inhalable se propagó a partir de que sir Walter Raleigh, en 1570, lo comenzara a fumar en la corte inglesa. A finales del siglo

---

[8] Véase Wolfgang Schivelbusch, *Historia de los estimulantes*, Barcelona, Anagrama, 1995.

XVI los usos del tabaco eran prácticamente medicinales; Nicolás Monardes escribe en su libro *Plantas del Nuevo Mundo*[9] un capítulo dedicado exclusivamente a los remedios elaborados con esta planta, lo que le ganó el nombre de *herba panacea*. Un texto médico de aquella época sostiene que "beber tabaco elimina la flema y el humor flemático; actúa contra la hidropesía, lo que se explica por el hecho de que este humo elimina la humedad, adelgazando el cuerpo". Este humo, continúa el texto, "inhalado por medio de pipas, es un acertado medicamento para combatir las sofocaciones y las dificultades de la respiración, la consunción y la tos vieja, así como todos los flujos y humedades viscosas y espeas flemáticas". Otro texto francés del siglo XVI le otorga otras virtudes: "Por su efecto desecador debilita los ardores de Venus y de este modo evita los miles de pensamientos lúbricos que ocupan a tantos hombres ociosos".

El consumo del tabaco con estos fines se extiende a diversos países a través de los comercios marítimos, pero su uso inhalable no era tan generalizado hasta la creación, primero, del puro, y sobre todo, después, del cigarrillo, aunque en Asia, especialmente en China, India y Turquía, se utilizaba contra la malaria, el resfriado y el cólera y, en Inglaterra, se fumaba como medida contra la peste. Durante este siglo, el empleo de tabaco varía según los diferentes países: en Inglaterra se trata de frenar su utilización porque le encuentran más efectos placenteros que curativos. La aplicación de altas tasas de impuestos limita

---

[9] Véase Nicolás Monardes, *Plantas del Nuevo Mundo*, México, Redacta, 1990.

el consumo, pero no lo detiene. En Japón, Francia, Italia y Rusia el consumo es mucho más importante, y en Turquía su uso inicial rápidamente es abatido por el islam. En algunas comunidades italianas se establecen los primeros monopolios en la fabricación de tabaco. Se revocan leyes contra su prohibición en China, y en otras partes se emiten leyes para prohibir su uso y castigar a los infractores con la pena de muerte, como en Rusia. Los cambios en los siguientes siglos fueron paulatinos, y hasta finales del siglo XIX la mercadotecnia, basada en una propaganda masiva, propició el consumo de tabaco.

En el siglo XX esta gran estrategia hace que surjan leyes reguladoras en cuanto a su consumo, aunque tienen pocas repercusiones en cuanto a las ventas generadas. Desde entonces se conocen las alteraciones relacionadas con el uso crónico del tabaco y su relación con la capacidad de generar enfermedades pulmonares y cáncer. Sin embargo, la nicotina, principal sustancia contenida en el tabaco, también estimula receptores nicotínicos de ciertas áreas cerebrales que tienen que ver con los procesos de atención y aprendizaje y, por ende, de la memoria. Los mecanismos de adicción son plenamente entendidos y las acciones sobre el sistema nervioso central han permitido en la actualidad contar con medicamentos que bloquean específicamente ese tipo de receptores. A pesar de los años y de las prohibiciones a las que el tabaco se ha enfrentado, hoy en día es una de las adicciones más importantes de la humanidad.

CLASIFICACIÓN, TIPO, FARMACOLOGÍA Y EFE

* Agradecemos a los Centros de Integración Juvenil por permitir la reproducción de este cuadro.

DEPRESORES

SUSTANCIA[a]	NOMBRE COMÚN / DE CALLE	USO MÉDICO	DEPENDENCIA	DURACIÓN DE LOS[b] EFECTOS	VÍA DE CIÓN ME
Alcohol	Varios	No tiene	Sí	2-3 horas	
Opio / E	Opio, *chocolate, cruz, goma, dormidera*	No tiene	Sí	3-6 horas	Ora
Morfina / E	Analfin®, Graten®	Analgésico	Sí	3-6 horas	Oral aspirad
Heroína / E	Heroína, *chiva, tecata, vidrio, manteca, cajeta, chicloso, morena*	No tiene	Sí	3-6 horas	Oral aspirad
Meperidina / E	Demerol®	Analgésico	Sí	3-6 horas	Oral,
Codeína / E	Coderit®	Antitusivo	Sí	3-6 horas	
Oxicodona / E	Oxicontin®, Endocodil®, Plexicodim®, *oxy, Ocs*	Analgésico	Sí	6-8 horas	

174

#84   05-10-2012 10:58AM
Item(s) checked out to p15596941.

TITLE: 1984 : a novel
BARCODE: 33029068065325
DUE DATE: 05-31-12

TITLE: El enemigo en casa : drogas y nar
BARCODE: 33029071409650
DUE DATE: 05-31-12

TITLE: El cartel de los sapos
BARCODE: 33029065313504
DUE DATE: 05-31-12

As of 5/1, a PIN will be required for
self-check. See staff with questions.

E ALGUNAS SUSTANCIAS DE ABUSO Y ADICCIÓN*

SÍNDROME DE INTOXICACIÓN	SÍNDROME DE ABSTINENCIA
Desinhibición, actitud discutidora, agresividad, labilidad del humor, deterioro de la atención, juicio alterado, marcha inestable, di⋯⋯ para mantenerse en⋯⋯ (farfullante), n⋯⋯ ciencia dismin⋯⋯ coma), enrojecim⋯⋯ conj⋯	Temblor de la lengua, párpados o manos extendidas, sudoración, náuseas o vómitos, taquicardia o hipertensión, agitación psicomotriz, cefalea, insomnio, malestar o debilidad, ilusiones o alucinaciones transitorias auditivas, visuales o táctiles, convulsiones de gran mal, sueños sin descanso.
Euforia inicial seguida de ap⋯ disforia, agitación o inhibición psicomotoras, alteración de la capacidad de juicio, somnolencia o coma, lenguaje farfullante, deterioro de la atención o de la memoria.	⋯ogas opiáceas (craving), ⋯nudos, lagrimeo, dolores musculares o calambres, calambres abdominales, náuseas o vómitos, diarrea, dilatación pupilar, piloerección o escalofríos, taquicardia o hipertensión, bostezos, sueño sin descanso.

SUSTANCIA[a]	NOMBRE COMÚN / DE CALLE	USO MÉDICO	DEPENDENCIA	DURACIÓN DE LOS EFECTOS[b]	VÍA
Fentanilo / E	Fentanest®	Analgésico	Sí	1-2 horas	
Nalbufina	Nubain®	Analgésico	Sí	5-8 horas	
Dextropro-poxifeno / E	Darvón®	Analgésico	Sí	4-5 horas	
Barbitúricos / IV	Alepsai®	Anticon-vulsivo, hipnótico	Sí	1-16 horas	
Benzodiazepi-nas / III	Valium®, Ativan®, Tafil®, Rohypnol®, *soldados*, *rebotes*, *pingas*, *quesos*, *reinas*, *pinochas*, *ruedas*, *roncha*, *roche-10*, *R2*	Ansiolítico, sedante, relajante muscular, anticonvul-sivo	Sí	4-24 horas	
Disolventes volátiles	Thinner, pegamentos de contacto, marcadores permanen-tes, líquidos correctores, *mona*, *Fz10*, *toncho*, *chemo*, *flan*, *flexo*, *bolsazo*, *bimbo*, *acordeón*, *cha-patina*, *activo*, *agua de coco*	No tiene	No	1-2 horas	

D
E
P
R
E
S
O
R
E
S

ACIÓN	SÍNDROME DE INTOXICACIÓN	SÍNDROME DE ABSTINENCIA
	Euforia inicial seguida de apatía, disforia, agitación o inhibición psicomotoras, alteración de la capacidad de juicio, somnolencia o coma, lenguaje farfullante, deterioro de la atención o de la memoria.	Deseo imperioso de drogas opiáceas (*craving*), rinorrea y estornudos, lagrimeo, dolores musculares o calambres, calambres abdominales, náuseas o vómitos, diarrea, dilatación pupilar, piloerección o escalofríos, taquicardia o hipertensión, bostezos, sueño sin descanso.
da da	Comportamiento sexual inapropiado o comportamiento agresivo, labilidad del estado de ánimo, deterioro de la capacidad de juicio, lenguaje farfullante, incoordinación, marcha inestable, nistagmo, deterioro de la atención o de la memoria, estupor o coma.	Taquicardia, sudoración, temblor de manos, insomnio, náuseas o vómitos, alucinaciones visuales, táctiles o auditivas transitorias, o ilusiones, agitación psicomotora, ansiedad, crisis de gran mal.
	Apatía, letargo, actitud discutidora, agresividad, labilidad del humor, juicio alterado, deterioro de la memoria y atención, retardo psicomotor, marcha inestable, dificultad para mantenerse en pie, habla farfullante, nistagmo, somnolencia, estupor o coma, debilidad muscular, diplopía.	No se ha descrito

SUSTANCIA[a]	NOMBRE COMÚN / DE CALLE	USO MÉDICO	DEPENDENCIA	DURACIÓN DE LOS EFECTOS [b]	VÍA
Nitrato de amilo	Poppers, *aroma de hombre, climax, bopers, putazos*	No tiene	No	1-2 min	
Gamma hidroxibutirato (GHB)	**Éxtasis líquido, Vita G**	Cataplejía de difícil control	Sí	3-6 horas	
Fenciclidina / II	Polvo de ángel, *PCP, niebla*	Uso veterinario	Sí	14-24 horas	
Ketamina	*Special "K", Kat, vitamina K, kit kat, especial K, cri cri*	Anestésico	Sí	1-2 horas	Or
Nicotina	Tabaco, *cigarro, tabiro, puro, rapé*	No tiene	Sí	1-2 horas	F
Cocaína / E	Cocaína, *crack, piedra, doña blanca, cabello, nieve, caspa del diablo, perico, yeyo, soda*	No tiene	Sí	2-4 horas	F in
Anfetamínicos/II	Benzedrina®, Dexedrina®, *periquitos, bombitas, naranjas, rosa, anfetas*	Narcolepsia, trastorno por déficit de atención	Sí	2-4 horas	
Metanfetaminas (MDMA)/ I	Éxtasis, tachas, cristal, *droga del abrazo*	No tiene	Sí	4-8 horas	Or
Biperideno/ IV	Akineton®, Kinex®	Antiparkinsoniano	Sí	4-6 horas	

D E P R E S O R E S

E S T I M U L A N T E S

ACIÓN	SÍNDROME DE INTOXICACIÓN	SÍNDROME DE ABSTINENCIA
	Cefalea, enrojecimiento facial, hipotensión, taquicardia, mareo, náusea, vómito, relajamiento de músculos involuntarios (especialmente los vasculares y el esfínter anal), colapso circulatorio, muerte.	No se ha descrito
	Alteración de la capacidad de juicio o deterioro social o laboral, somnolencia o coma, lenguaje farfullante, deterioro de la atención o de la memoria.	Ansiedad, insomnio, temblor, taquicardia, *delírium trémens*, agitación psicomotriz.
a nyec-	Distorsión de la percepción visual y auditiva, sensación de aislamiento o disociación del medio ambiente y de sí mismo (no son alucinaciones), beligerancia, heteroagresividad, impulsividad, comportamiento imprevisible, agitación psicomotriz, deterioro de la capacidad de juicio, nistagmo horizontal o vertical, hipertensión, taquicardia, hipoalgesia, ataxia, disartria, rigidez muscular, crisis convulsivas, coma, hiperacusia.	Vocalizaciones, bruxismo, hiperactividad oculomotora, diarrea, piloerección, somnolencia, temblor, convulsiones.
ada,	Insomnio, sueños extraños, labilidad del humor, náusea, desrealización, vómito, sudoración, taquicardia, arritmias cardiacas.	
ada, tada nyec- da	Euforia o sensación de aumento de energía, hipervigilancia, creencias o actos grandiosos, agresividad, actitud discutidora, labilidad del humor, conductas repetitivas y estereotipadas, ilusiones auditivas, visuales o táctiles, alucinaciones normalmente con la orientación conservada, ideación paranoide, taquicardia, arritmias cardiacas, hipertensión, sudoración y escalofríos, náusea y vómitos, pérdida de peso evidente, dilatación pupilar, agitación psicomotriz, debilidad muscular, dolor en el pecho, convulsiones.	Deseo imperioso de consumir la sustancia, humor disfórico, letargo y fatiga, enlentecimiento o agitación psicomotriz, aumento de apetito, insomnio o hipersomnia, sueños extraños o desagradables, dificultad para la concentración.

SUSTANCIA[a]	NOMBRE COMÚN / DE CALLE	USO MÉDICO	DEPENDENCIA	DURACIÓN DE LOS EFECTOS [b]	VÍ
ESTIMULANTES Metilfenidato / E	Ritalin®, *ritas, vitamina R*	Trastorno por déficit de atención	Sí	4-6 horas	
Cafeína	Café, té, bebidas energizantes	No tiene	No	4-6 horas	
ALUCINÓGENOS Psilocibina / I	Hongos, *hombrecitos, las mujercitas*	No tiene	No	8-12 horas	
Mescalina / I	Peyote	No tiene	No	10-12 horas	
Dietilamida del ácido lisérgico (LSD) / I	LSD, *Ácidos*	No tiene	No	12-48 horas	
MIXTOS Cannabinoides / E	Mariguana, Hashish, *mota, churro, marley, yerba, caca de chango, gallo, ganja, sinsemilla, café*	No tiene	Sí	2-4 horas	

...CIÓN	SÍNDROME DE INTOXICACIÓN	SÍNDROME DE ABSTINENCIA
	Euforia o sensación de aumento de energía, hipervigilancia, creencias o actos grandiosos, agresividad, actitud discutidora, labilidad del humor, conductas repetitivas y estereotipadas, ilusiones auditivas, visuales o táctiles, alucinaciones normalmente con la orientación conservada, ideación paranoide, taquicardia, arritmias cardiacas, hipertensión, sudoración y escalofríos, náusea y vómitos, pérdida de peso evidente, dilatación pupilar, agitación psicomotriz, debilidad muscular, dolor en el pecho, convulsiones.	Deseo imperioso de consumir la sustancia, humor disfórico, letargo y fatiga, enlentecimiento o agitación psicomotriz, aumento de apetito, insomnio o hipersomnia, sueños extraños o desagradables, dificultad para la concentración.
	Inquietud, nerviosismo, excitación, insomnio, rubefacción facial, diuresis, alteraciones digestivas, contracciones musculares, logorrea, taquicardia, arritmias cardiacas, sensación de infatigabilidad, agitación psicomotora.	
	Ansiedad o depresión marcada, ideas de referencia, miedo a perder el control, ideación paranoide, deterioro del juicio, intensificación subjetiva de las percepciones, despersonalización, desrealización, ilusiones, alucinaciones, sinestesias, taquicardia, sudoración, diplopia, dilatación pupilar.	No se ha descrito
...l	Euforia y desinhibición, ansiedad o agitación, suspicacia o ideación paranoide, enlentecimiento temporal (sensación de que el tiempo pasa muy despacio o la experiencia de un rápido flujo de ideas), juicio alterado, deterioro de la atención y del tiempo de reacción, ilusiones auditivas, visuales o táctiles, alucinaciones con la orientación conservada, despersonalización, desrealización.	No se ha descrito

	SUSTANCIA[a]	NOMBRE COMÚN / DE CALLE	USO MÉDICO	DEPENDENCIA	DURACIÓN DE LOS EFECTOS[b]	VÍ
O T R O S	Anabólicos esteroides	Sostenon®, Despamen®, Primovolan®	Terapias de sustitución androgénica	No	15-30 días	

a: E = estupefaciente; considerado como tal en el artículo 234 de la Ley estos medicamentos según el artículo 245 de la LGS.

b: La duración de los efectos dependerá de factores como la tolerancia, con otras sustancias.

Referencias: Ley General de Salud de los Estados Unidos Mexicanos. Úl Organización Mundial de la Salud (OMS), Ginebra, Suiza, 1992.

Diagnostic and Statistical Manual of Mental Disorders, 4th Edition, text

CIÓN	SÍNDROME DE INTOXICACIÓN	SÍNDROME DE ABSTINENCIA
la	En ocasiones se han reportado alucinaciones, irritabilidad, agresividad, hipertrofia cardiaca.	Ocasionalmente se han reportado síntomas depresivos.

alud (LGS). Los números romanos se refieren al grupo en el cual se han colocado

erida, metabolismo de cada individuo, así como de si se consume en combinación

ación, 24 de abril de 2006. Capítulo de trastornos mentales de la CIE-10.

erican Psychiatric Association, Washington, DC, 2000.

6
EL CONSUMO DE DROGAS EN MÉXICO

Durante muchos años se pensó que el consumo de drogas era un problema que afectaba particularmente a Estados Unidos, y que nuestro país era simplemente un proveedor o un territorio de paso para las sustancias ilegales. Hoy, sin embargo, la realidad es muy distinta: en México se ha incrementado de manera alarmante el consumo de estupefacientes. Según datos de la última Encuesta Nacional de Adicciones de 2002, 5.03 por ciento de los mexicanos ha consumido drogas alguna vez en su vida.

Nos enfrentamos a una sociedad mexicana que cada vez demanda más estupefacientes. Lo cierto es que, en tanto existan consumidores, los vendedores de drogas al menudeo seguirán proliferando; en tanto no se ataque la causa, cada día habrá más organizaciones dedicadas a la venta de drogas ilegales en nuestro país. Parte del problema es que, precisamente por la demanda de drogas, el narcomenudeo sigue siendo un negocio muy rentable. Sin lugar a dudas, el problema está íntimamente ligado al alarmante incremento en el consumo de drogas en nuestro país.

Parte del problema al que hoy nos enfrentamos es precisamente que ni las autoridades locales ni el gobierno federal quisieron enfrentarlo; de alguna manera se cegaron ante una realidad que prácticamente decidieron ignorar durante mucho tiempo. Y es que, aunque se había identificado que el consumo de drogas crecía cada día y se generalizaba, la administración de Vicente Fox no quiso atacar o no supo dónde hacerlo; ni siquiera se atrevían a aceptar que México pasó de ser un país de traspaso, producción y venta a gran consumidor en poco tiempo. Con dificultad tuvieron que hacer un cambio de discurso para reconocer que el consumo en México era peligroso. Todavía en 2002 las autoridades locales y federales no se atrevían a reconocer que el problema del consumo de drogas ílicitas se estaba disparando; hoy sabemos que en los últimos ocho años ese consumo creció en México un 66 por ciento, según cifras extraoficiales. Sin embargo, y probablemente por razones políticas, se negaba el fenómeno, y lo único que se logró con esta absurda negación fue que, mientras que las autoridades servían de tapadera a los consumidores, los narcomenudistas fueron instalándose de manera sigilosa y con un crecimiento exponencial.

El problema es serio y hace falta una estrategia de salud pública más agresiva contra las adicciones. En el 2006, para el programa de TV *Seguridad Total*, Guillermo Bustamante, presidente de la Unión Nacional de Padres de Familia, aseguraba que el fenómeno nos había tomado por sorpresa:

Hemos insistido en el consejo de esta Unión Nacional sobre el compromiso social que debemos establecer para mejorar la calidad de la educación y vemos necesario que se ponga en marcha un programa de escuela para padres, porque es la mejor manera para prevenir el consumo y el delito. Insistimos: esto es una cuestión de corresponsabilidad; la familia, las escuelas, la sociedad en su conjunto deben participar con el fin de disminuir el consumo y evitar que los niños y jóvenes caigan en la red de las adicciones.

¿Cuántos consumen?

Los últimos datos acerca del consumo de drogas los dio a conocer la Oficina de las Naciones Unidas contra la Droga y el Delito (ONUDD) en 2007. En su informe sobre el panorama mundial de estupefacientes, el organismo reporta que 4.8 por ciento de la población mundial, es decir, 200 millones de personas entre 15 y 64 años, consumieron algún tipo de sustancia ilegal en el último año.

Este mismo informe señala que el problema de las drogas en el mundo empieza a estabilizarse, pero el argumento es válido sólo si analizamos las tendencias por país y obtenemos una media. Aunque Estados Unidos reporta una disminución en el consumo de cocaína y en Colombia se redujo el cultivo de la hoja de coca, la realidad es que en países europeos, particularmente España, se ha triplicado el consumo de esa sustancia en los últimos cinco años. En Afganistán se ha registrado un aumento considerable del cultivo de opio.

El panorama nacional lo da la Encuesta Nacional de Adicciones de 2002, el cual revela que 0.44 por ciento de la población en México presentaba síntomas de dependencia por consumir drogas ilícitas. La región norte del país es la que presenta el porcentaje más elevado, con 7.45 por ciento; le siguen la región centro, con 4.87, y el sur, con 3.08 por ciento.

Pero estamos hablando de datos que arrojó un estudio realizado hace más de cinco años y, aunque existen diversos estudios y estadísticas locales, estatales o de organismos independientes, falta una encuesta nacional oficial que refleje la realidad actual y la gravedad del consumo de drogas en nuestro país. Las autoridades nos comentaron que esperan llevar a cabo una nueva Encuesta Nacional en 2008, algo que claramente urge. Pero es importante señalar que es muy difícil decidir políticas públicas para enfrentar el incremento de adicciones si se tienen datos obsoletos sobre el fenómeno, que cambia con mucha rapidez en el país. Una demanda ciudadana deberá ser que este tipo de encuestas se haga por lo menos cada dos años hasta que se estabilice el problema. Uno de los retos más difíciles para escribir esta obra fue la falta de encuestas recientes que reflejaran la realidad del caso en nuestro país.

El Consejo Nacional Contra las Adicciones (Conadic), por ejemplo, según sus últimos datos, estima que en México hay cerca de 600 mil personas adictas. Los Centros de Integración Juvenil reportan la atención en materia de prevención de 3 millones 800 mil personas en 2006.

De acuerdo con la última encuesta nacional[10] (ENA 2002), en México existen 3.5 millones de personas entre los 12 y 65 años de edad que han usado una droga ilegal por lo menos una vez en su vida; de éstas, casi 3 millones se ubican en zonas urbanas; 911,359, esto es, 1.31 por ciento de la población, usaron drogas en el año previo al estudio, y se estima que 570 mil personas las consumen de manera regular. En términos de porcentajes, estas cifras traen como resultado que 5.57 por ciento de la población urbana ha usado drogas; y en el caso de la población rural, el porcentaje es de 3.34.

El principal vector del uso inicial de drogas son los amigos (para la marihuana, 57.3 por ciento; la cocaína, 69.6 por ciento, y los alucinógenos, 66.5 por ciento); sin embargo, cabe destacar que una parte importante mencionó haber obtenido las drogas en la calle, proporción que llega a representar casi la mitad de los usuarios de heroína (46.4 por ciento) y de estimulantes de tipo anfetamínico (46.3 por ciento). La fuente principal en el caso de los inhalables fue la calle (59.2 por ciento).

---

[10] El capítulo sobre drogas de la Encuesta Nacional de Adicciones que se realizó en 2002 se basa en las respuestas de la población urbana y rural del país entre 12 y 65 años, acerca del consumo de 10 tipos de sustancias con efectos psicotrópicos, sin incluir tabaco o alcohol. Incluye estimaciones sobre consumo de marihuana, inhalables, alucinógenos, cocaína y otros derivados de la hoja de coca, heroína, estimulantes tipo anfetamínico y drogas con utilidad médica usadas fuera de prescripción: opiáceos, tranquilizantes, sedantes y estimulantes.

En una serie de entrevistas hechas para *Seguridad Total,* adictos que habían dado pasos para enfrentar su problema revelaron que en la mayoría de los casos los adolescentes con problemas de adicción tuvieron contacto con las drogas por influencia del grupo de amigos al que pertenecían, como prueba de lealtad al grupo y para ser aceptados por los miembros de la "banda". Muchos de estos jóvenes, además, presentan problemas de depresión, aunados a conflictos familiares. Otro aspecto importante que surgió de estas entrevistas es que el nivel socioeconómico, aunque es un factor que contribuye en las adicciones, no es el único. Es importante romper el estereotipo de que los pobres son los adictos: puede suceder en cualquier familia. El problema que sí se asocia con el consumo de drogas ilegales es el del crimen organizado, narcomenudeo y los robos y atracos, ya que la delincuencia es de las pocas formas en que los jóvenes pueden financiar su adicción o conseguir la droga que consumen.

¿Quiénes consumen?

Tenemos claro que el consumo de drogas ilegales en este país se ha convertido en un fenómeno alarmante, pero ¿quiénes están consumiendo, qué están consumiendo y en qué zonas lo están haciendo? Lo que es cierto es que la incursión de mujeres y jóvenes de menor edad es cada vez mayor. Al comparar el índice de consumo en México encontramos que es inferior al observado en otros países. Según estimaciones hechas por la Organización de las Naciones Unidas (ONU) en 2007, existen en el mundo cerca de 200 millones de usuarios de drogas, que representan 4.8 por ciento de la población mayor de 15 años; en México, según la ENA (2002), la proporción de usuarios de la población de 12 a 65 años es inferior a 1.31 por ciento.

Distribución del consumo por edad

Edad	Mujeres	Hombres
Adolescentes (12 a 17 años)	48,049	167,585
Adultos jóvenes (18 a 34 años)	449,439	1,351,138
Adultos (35 a 65 años)	317,708	1,177,683

El mayor índice de consumo se observa entre los varones de 18 a 34 años.
Fuente: ENA, 2002.

El consumo entre adolescentes

Más de 200 mil adolescentes de entre 12 y 17 años (215,634) han usado drogas. De este grupo de usuarios, sólo 55.3 por ciento continuaba usándolas en el último año y, de éstos, 37 por ciento las había usado en el mes previo a la encuesta. La proporción por sexo entre los usuarios es de 3.5 hombres por cada mujer, proporción muy similar a la observada en la población de 18 años en adelante (3.31 hombres por cada mujer).

Tal vez uno de los fenómenos que provoca mayor preocupación en este país es que cada día disminuye la edad en la que se inician los consumidores o adictos. Hoy podemos ver pequeños de ocho años que ya entraron en el terrible mundo de las drogas. La edad más frecuente para iniciar el uso de inhalables son los catorce años; la marihuana muestra la máxima elevación alrededor de quince años, y la cocaína a los 16. La edad en que se inicia la experimentación con estimulantes tipo anfetamínico es entre los catorce y los dieciséis años. Según informes de los Centros de Integración Juvenil, 78.2 por ciento de los pacientes empezó a consumir drogas ilegales entre los diez y los diecinueve años, lo que da un promedio de 17.1 años.

El ritmo de vida y las mayores libertades a edades más tempranas han traído consecuencias en el consumo y, aunque la ENA (2002) apunta que la edad promedio en el inicio es de 14 años, las edades que reportan las instituciones que dan tratamientos son verdaderamente alarmantes. "Nosotros tenemos registros de pacientes que empezaron a consumir drogas alrededor de los diez años", declaró a *Seguridad Total* Jaime Quintanilla, director de Tratamiento y Rehabilitación del Centro de Integración Juvenil en 2007.

Y hablando de tendencias, no podemos obviar las consecuencias que ha traído la igualdad de género. Según la ENA (1998), la proporción era de una mujer consumidora por cada trece hombres; esto ha cambiado totalmente. Tan sólo de 1991 a 2006 el consumo de drogas por parte de las mujeres pasó de 2.8 a 8.5 por ciento, según informes de la Encuesta Escolar de Adicciones 2006, elaborada por el Observatorio del Delito de la ONUDD.

El caso de las mujeres con problemas de adicción debe ser tratado de diferente manera que el de los hombres. Socialmente hablando, las mujeres que consumen algún tipo de droga deben soportar una doble carga moral; en la sociedad se las describe de una forma más peyorativa que a los hombres, incluso cuando se trata de las drogas legales. Además, fisiológicamente hablando también hay diferencias entre el hombre y la mujer adictos.

Si analizamos los estudios sobre consumo de drogas, podríamos decir que una tendencia es la experimentación; no obstante, y aunque muchos jóvenes reportan haber consumido sólo para experimentar, la realidad es que ese ejercicio es el inicio y representa un riesgo latente para caer en un uso prolongado y, como consecuencia, en una adicción. Además, estudios realizados por la reconocida especialista María Elena Medina Mora en 2002 demuestran que un adolescente que haya empezado a fumar tabaco a los catorce años o antes presenta 12.6 veces mayor riesgo de usar drogas ilícitas que los que no lo han hecho.

¿Qué consumen?

Según la ENA (2002), la droga más usada, si omitimos el tabaco o el alcohol, es la marihuana; la han probado alguna vez una proporción de 7.7 hombres por cada mujer. La cocaína ocupa el segundo lugar en las preferencias de la población; 1.44 por ciento de la población urbana la ha usado, y por cada cuatro hombres que la consumen hay una mujer. De la población total, 1.23 por ciento del uso se da en forma de polvo; 0.04 por ciento, en forma de pasta, y 0.10 por ciento en forma de *crack*. La mayor proporción de usuarios de cocaína tienen entre 18 y 34 años.

Después de la marihuana y la cocaína, siguen en orden de preferencia los inhalables y los estimulantes de tipo anfetamínico, y, en último lugar, la heroína y los alucinógenos. Sin embargo, en el grupo de doce a diecisiete años el índice de consumo de inhalables es ligeramente superior al de la cocaína.

Si se analiza la evolución del consumo de drogas en los años entre la encuesta nacional de 1998 a 2002 y la anterior, se observa que los inhalables, la cocaína, los alucinógenos y la heroína han mantenido su nivel de consumo; en el caso de la marihuana, se obtuvo una ligera disminución; el consumo de cocaína se ha estabilizado: no ha decrecido pero tampoco aumentó. Estos datos no cuadran con la forma desorbitada en que se ha incrementado el tráfico de la cocaína que se queda en el país para su venta al menudeo.

Según información de los Centros de Integración Juvenil, en el segundo semestre de 2006, 24 por ciento de los pacientes de nuevo ingreso a tratamiento en este centro refiere haber usado cocaína durante el primer año de consumo, en tanto que 10.6 por ciento consumió *crack*. Cabe esperar que en la siguiente ENA (2008) se habrá incrementado considerablemente el consumo de cocaína y metanfetaminas por parte de la población mexicana.

En el programa televisivo *Seguridad Total* tuvimos la oportunidad de entrevistar a expertos y funcionarios, quienes hablaron de su preocupación por el tema. Eduardo Medina Mora, secretario de Seguridad Pública durante la administración de Vicente Fox, explicaba que el problema del consumo persistió e incluso creció en los años consecutivos al último estudio. "Es una situación preocupante; aunque tenemos una base menor que la de otros países, el consumo de drogas per cápita está por encima de 20 por ciento anual".

Al contrario de lo que indicaba la encuesta nacional, el consumo de cocaína se ha incrementado según el funcionario, quien declaraba en 2006:

En el país se registra una disminución en el consumo de solventes, pero tenemos un aumento significativo en el de cocaína y de metanfetaminas, sobre todo en las zonas del norte del país. Emulando al mercado americano, el riesgo del aumento del consumo de drogas en México tiene que ver con cambios estructurales en Estados Unidos, porque están dejando de consumir cocaína, los precios están bajando y, como consecuencia, los grupos criminales están empujando un mayor volumen de este producto a nuestro país.

Lo que sí aumentó en ese mismo lapso fue el consumo de metanfetaminas. Asimismo, se incrementó el índice de consumo de alcohol entre los adolescentes: de 27 por ciento en 1998 a 35 por ciento en 2002 entre hombres, y de 18 a 25 por ciento entre mujeres. En los hombres aumentó el número de menores que reportaron beber mensualmente cinco copas o más por ocasión de consumo de 6.3 a 7.8 por ciento.

Los alucinógenos continúan siendo una droga experimental: 73 por ciento de sus usuarios los han usado de una a dos veces; la mitad de las personas que han fumado marihuana se han limitado también a experimentar con sus efectos una o dos veces; esto ocurre con menos frecuencia entre quienes han experimentado con inhalables (39 por ciento) o cocaína (40 por ciento), en tanto que sólo una quinta parte de los usuarios de heroína y de estimulantes de tipo anfetamínico se limitó a un uso experimental.

La heroína es la principal droga que se inyecta en nuestro país (72.5 por ciento del total de consumidores de drogas), a diferencia de la cocaína, cuyo uso más común es inhalada. Cabe destacar que quienes más se inyectan drogas son hombres, en su mayoría de zonas urbanas y relativamente jóvenes (de diecisiete a veintidós años); no se detectó inyección de heroína en zonas rurales.

En cuanto al consumo de drogas médicas sin prescripción, destacan los tranquilizantes, con 0.68 por ciento; en segundo lugar están las anfetaminas y otros estimulantes (0.34 por ciento); en tercer lugar, los sedantes (0.24 por ciento), y por último, los opiáceos (0.09 por ciento). Estas sustancias se consumen principalmente en zonas urbanas y la proporción es similar por sexo. Los individuos entre 35 y 65 años de edad son quienes principalmente consumen tranquilizantes, sedantes y anfetaminas. La tasa de continuidad mayor se observó en el caso de los sedantes: 79 por ciento de las personas que reportaron su uso en el último año continuaban haciéndolo en el mes más reciente. En segundo lugar están los tranquilizantes, con una tasa de 67 por ciento, y finalmente las anfetaminas y otros estimulantes, con una de 48 por ciento. La edad media para el inicio de estos productos fuera de prescripción es muy similar, alrededor de treinta años.

Es necesario abordar el problema de la adicción desde la perspectiva de que es una enfermedad, más allá de los factores socioeconómicos y familiares que puedan incidir en ella. Existen varios factores de riesgo que contribuyen de manera importante a la drogadicción: el pertenecer a una familia disfuncional, el consumo de drogas por parte de familiares o amigos, la deserción escolar y, por supuesto, la disponibilidad de las sustancias. Desgraciadamente, uno de los factores más peligrosos es tal vez que algunos jóvenes llegan al consumo de drogas ilegales mediante las legales, como el alcohol y el tabaco, en busca de una aceptación social.

7
Nuevas tendencias en el consumo de drogas en México

Hoy en día las tendencias en el consumo de drogas han cambiado. Esto no significa precisamente que los mexicanos se droguen con sustancias nuevas o distintas; el hecho es que el consumo de estupefacientes ilegales se ha generalizado y llegado a sectores que antes no consumían o simplemente no aceptaban hacerlo. La imagen que se tenía sobre las personas que consumían drogas, sobre los adictos, se ha perdido: cambió el estereotipo del drogadicto desaliñado y considerado un rebelde o desadaptado social. Aunque siempre han existido los estudiantes modelo y los ejecutivos que usan drogas, lo cierto es que se ha incrementado no sólo la cantidad de consumidores, sino la cantidad de drogas que consumen.

Drogas de moda

Como ya se vio, hay datos que señalan la aparición de una nueva generación de sustancias químicas, conocidas como metanfetaminas, que sin duda representarán una verdadera pesadilla en unos años, según José Manuel Castrejón, presidente de la Junta de Custodios de la Central Mexicana de Servicios Generales de Alcohólicos Anónimos, quien aseguró en *Seguridad Total*:

Viene una ola que ya se estaba registrando desde la zona norte del país hacia toda la república. Estamos hablando de las metanfetaminas, que son sustancias químicas que se producen con relativa facilidad, por lo que también se distribuyen y se comercializan de manera muy fácil. Son de costo muy bajo, de un alto potencial adictivo y con efectos devastadores para la salud, sobre todo entre los jóvenes, que son quienes las consumen, pues se están convirtiendo en una moda, particularmente asociada a espacios de diversión. Estamos hablando de un serio problema de salud pública.

Las metanfetaminas son precisamente una de las nuevas tendencias de consumo y son extremadamente peligrosas; se producen muy fácilmente, incluso con productos que se pueden conseguir en el ámbito comercial regular, y difícilmente las pueden detectar los maestros o médicos. A diferencia de sustancias como el alcohol, cuyo proceso de adicción a veces lleva décadas, los efectos de estas drogas son altamente tóxicos, y la dinámica de la adicción se desarrolla muy rápido: en pocos años, e incluso con pocas ocasiones de consumo, las consecuencias son terribles.

Advierte José Manuel Castrejón:

Aquellos que están consumiendo reportan serias consecuencias, tanto en el aspecto físico como en la parte conductual; tienen alteraciones que llevan a una conducta de riesgo con manifestaciones como relaciones sexuales de alto riesgo, violencia y pérdida de control. La adicción provoca que se vayan trastocando todos los aspectos del individuo: su desarrollo emocional y educativo, la dinámica con la propia familia. Es algo altamente destructivo, sobre todo entre jóvenes; no sólo afecta su cerebro, sino sus relaciones y su proyecto de vida.

Entre las drogas sintéticas actualmente disponibles, las que están creciendo de manera alarmante son los componentes metanfetamínicos, y sus efectos son cada vez mas dañinos, ya que pueden causar psicosis. Son drogas ingeridas, como el cristal, que se quema y al inhalarse los vapores se manifiesta muy rápido en el cuerpo, en sólo cuestión de segundos. Además son sustancias que se mantienen durante más tiempo en el organismo.

"Si esto es ingerido por vía oral puede empezar el efecto alrededor de los treinta minutos; en cuanto al tiempo de duración, es mucho más prolongado el de las sustancias sintéticas que el de la cocaína, por eso se está incrementando su consumo", afirma Castrejón.

Coctel de drogas

Hay una tendencia cada vez más preocupante y es precisamente que el consumo de las sustancias se realiza en forma combinada. En la actualidad, difícilmente encontramos personas que consuman una sola droga; por el contrario, las combinan con otras sustancia: alcohol y cocaína, anfetaminas y cocaína… y en algunos casos utilizan depresores del sistema nervioso central para equilibrar el estado de euforia que provocan los estimulantes.

Explica Castrejón:

Actualmente el consumo se caracteriza por el uso de diversas sustancias. Ya no encontramos al alcohólico puro: las nuevas generaciones de alcohólicos son jóvenes, entre ellos una gran cantidad de mujeres, y encontramos como característica particular que han asociado el consumo de alcohol con otro tipo de sustancias psicotrópicas y que están encontrando en AA la respuesta a su problema de adicción.

Además asegura que los riesgos muchas veces no van ligados ni siquiera con la intención de los propios jóvenes de consumir algún tipo de droga, toda vez que, en ocasiones, sin saberlo o sin quererlo están consumiendo algo:

Hay ciertos grupos que consumen de una forma inducida sin que se den cuenta. Por ejemplo, toman la droga diluida. Por ello es importante que, cuando acudan a fiestas o bares, se fijen que no les den las bebidas abiertas, porque pueden incluir algún tipo de sustancias de este tipo, que son fácilmente diluibles y que no tienen sabor.

De consumidores a consumidoras

Hoy vemos cómo cada día son más las mujeres que se enredan en el peligroso mundo de las adicciones. Como ya se dijo, la proporción antes era de una mujer consumidora por cada catorce hombres, pero según la ENA (1998), ha cambiado totalmente. Esto lo confirma Jaime Quintanilla, director de Tratamiento y Rehabilitación del Centro de Integración Juvenil: "Actualmente tenemos a una mujer por cada siete hombres que asisten a nuestros programas de tratamiento".

Tan sólo de 1991 a 2006 el incremento en el consumo de drogas ilegales y médicas por parte de las mujeres pasó desde 2.8 a 8.5 por ciento, según informes de la Encuesta Escolar de Adicciones 2006, elaborada por el ONUDD. El estudio se realizó en el último trimestre de 2006 entre jóvenes de catorce a diecisiete años de Nuevo León, el Estado de México y Colima.

Para la doctora Cornelia María Moreno Robles, directora general de Avalon, la razón se debe a que antes la mujer escondía más su consumo de alcohol, y hoy cada día son más las mujeres que piden ayuda por problemas de alcoholismo. En *Seguridad Total*, ella comentó:

En los setenta esto no era muy común y los centros de tratamiento eran básicamente para hombres; sin embargo hoy hay más apertura para las mujeres desde muy temprana edad. Hay más igualdad, pero también más igualdad en el consumo de sustancias, y no hay una orientación para evitarlo.

Algo muy preocupante para la doctora Moreno es que actualmente hay mujeres que padecen alcoholismo o drogadicción pero no consumen en círculos socialmente permitidos, sino a solas, en sus casas. "Son amas de casa, profesionales, productivas. Pero es muy difícil que puedan ser identificadas como adictas, porque generalmente son funcionales; es decir, si son profesionales asisten a su trabajo y rinden, pero hay algo en ellas que, de no ser atendido, va a provocar que poco a poco sean incapaces de cumplir con sus tareas".

Como si el incremento en el consumo por parte de las mujeres no fuera suficiente, se ha encontrado una relación entre el consumo de drogas y alcohol con los trastornos de la alimentación, específicamente con la bulimia: "El consumo de alcohol o drogas y los trastornos son conductas que no se dan al azar, tienen que ver con rasgos de la personalidad", explica la doctora Moreno. De hecho, la Junta Internacional de Fiscalización de Estupefacientes (JIFE) advierte, en su informe anual de 2007, de una tendencia al uso indebido de drogas que exacerban la obsesión por adelgazar.

Las drogas que han reportado un alarmante incremento en su consumo, particularmente en países latinoamericanos, son los llamados anorexígenos. Son sustancias que suprimen el apetito y se recetan como parte de los tratamientos contra la obesidad; el problema de consumirlas indiscriminadamente radica en los riesgos a la salud que traen consigo, principalmente porque son medicamentos adictivos y, en casos de sobredosis, causan efectos parecidos a otros tipos de drogas, como las metanfetaminas, pues también afectan el sistema nervioso central.

Para la JIFE, aunque este tipo de medicamentos se utilizan con buenos resultados en tratamientos para casos de obesidad potencialmente mortal o incluso para trastornos de la concentración, deben ser recetados bajo estricta vigilancia médica, sobre todo porque hoy en día las tendencias al adelgazamiento extremo en búsqueda de cumplir con los estereotipos de belleza creados por los medios masivos llevan, en particular entre la población joven, a recurrir al uso indiscriminado de drogas que pueden causar la muerte a quien las consume.

Más jóvenes que nunca

La doctora Cornelia Moreno explica que una de las tendencias que preocupa, por el riesgo que supone, es el uso de alcohol, que "está siendo más prematuro, alrededor de los 13 años, y el alcohol es la entrada para otro tipo de drogas".

Sin lugar a dudas, parte del problema es que, aun con la cantidad de información que hay al respecto, en las familias mexicanas todavía existe mucha desinformación y miedo o negación ante un posible problema de consumo o adicción a las drogas por parte de un miembro de la familia. Las nuevas generaciones de jóvenes cuentan con mayores libertades que las anteriores. El rápido desarrollo social y la independencia de los adolescentes los pone en riesgo mayor; por ello es importante que, sin coartar su independencia, exista una estricta vigilancia y se tomen medidas de prevención para que no caigan en las drogas. Y es que éstas se hallan cada vez más disponibles y son más baratas, por lo que se incrementan las posibilidades de que los jóvenes las consuman.

Jaime Quintanilla, director de Tratamiento y Rehabilitación del Centro de Integración Juvenil, explica que en las últimas dos décadas es muy evidente el incremento en el consumo de cocaína y metanfetaminas:

La cocaína, en los primeros años de los noventa, era una droga que apenas se comenzaba a difundir, y ahora ha mantenido unos niveles muy elevados de consumo entre los pacientes que acuden a esta institución. En forma paulatina, el consumo de metanfetaminas se ha dispersado a partir de estos años. Hay una tendencia, como suele ocurrir con estas sustancias que entran por la frontera norte; así pasó con la cocaína y con los estimulantes anfetamínicos: se van incrementando los componentes anfetamínicos y, al mismo tiempo, ha disminuido la edad de inicio del consumo. Hay población cada vez más joven que está comenzando a utilizar drogas, de manera experimental, inicialmente, pero posteriormente las van consumiendo de manera más intensa. Es el caso de las anfetaminas y las metanfetaminas, que son altamente adictivas, como la cocaína.

8

Tratamientos contra las adicciones

Cómo identificar si alguien de su familia o cercano a usted tiene una adicción

Debe saberse que hay drogas estimulantes y relajantes. Las primeras suprimen el cansancio y permiten seguir por más tiempo la fiesta, mientras que las relajantes provocan que el organismo disminuya su ritmo. Los jóvenes combinan las drogas para "equilibrar" sus efectos. Si las drogas por sí solas dañan el organismo, imaginemos lo que hacen combinadas. Además, esto hace aún más difícil identificar los síntomas; sin embargo, se debe poner especial atención en las actitudes y hábitos de familiares y amigos.

Expertos que participaron en el programa *Seguridad Total* y en el libro *Drogas: las 100 preguntas más frecuentes,* publicado por los Centros de Integración Juvenil, subrayan algunos puntos clave que resumimos ahora y que deben considerarse. Quienes se hacen adictos:

• Cambian sus prioridades: el consumo reemplaza trabajo, amigos, familia, relaciones sociales y amorosas.

- Muestran desinterés y descuido. Esto puede manifestarse mediante síntomas de depresión o de enojo. Es importante observar si hay deterioro de la relación familiar y social, y del desempeño escolar o laboral.
- Cambian su rutina, a menudo de manera abrupta. Las actividades de consumo sustituyen a las que antes realizaban.
- Dejan rastros o evidencias de sustancias: pueden dejar señales como pipas, jeringas, polvos o pastillas que parezcan drogas, y esto es evidencia de que consumen algún tipo de droga.
- Muestran evidencias de intoxicación: tienen la mirada perdida, caminan con dificultad, hablan incoherencias, entre otros síntomas.
- Experimentan aislamiento o euforia: los consumidores pueden aislarse debido a una posible depresión. Los cambios abruptos de personalidad son señales latentes: quien era sociable se vuelve reprimido, o quien era muy reservado de pronto se convierte en el alma de la fiesta.
- Sufren alucinaciones: escuchan voces, ven diablos, animales o personas que no existen o no están ahí.

Pero para poder identificar correctamente un posible problema de adicción es importante considerar varios factores; por ejemplo, la edad. Los adolescentes se caracterizan por sufrir cambios en su comportamiento que podrían asociarse al uso de drogas; por el contrario, si existe un problema de adicción puede pasar inadvertido debido a que muchos padres creen que sus hijos están cambiando por la edad. De ahí la importancia de identificar áreas muy particulares del comportamiento y de las actividades para deducir un posible problema y no confundirlo con los cambios propios de la adolescencia.

La mayoría de los muchos expertos que entrevistamos en *Seguridad Total* nos señaló que actualmente en nuestro país hay cada vez más niños y mujeres que consumen algún estupefaciente, y resulta alarmante que el consumo de drogas denominadas sintéticas vaya en aumento. Aquí hay otras señales que pueden indicar el uso de drogas:

- Cambios intensos de ánimo: pasar de la alegría al llanto o a la agresividad.
- Alteraciones emocionales: enojarse con facilidad, estar muy nervioso o muy triste.
- Comportamiento infantil: reírse sin motivo.
- Actitud de aprobación a las drogas, como usar ropa con logotipos o leyendas en pro del consumo.
- Dejar de interesarse en sus actividades.
- Bajar de calificaciones sin motivo aparente, mostrar falta de interés por la escuela o deseos de abandonarla.
- Tener dificultades para mantenerse en un trabajo.
- Cambiar de amistades.
- Mostrar aislamiento extremo.
- Dejar ver falta de atención en su higiene y arreglo personal.[11]

---

[11] Luis R. Solís, Alejandro Sánchez Guerrero y Rafael Cortés, *Drogas: las 100 preguntas más frecuentes*, México, Centros de Integración Juvenil, 2003; entrevistas para *Seguridad Total* (2006-2007).

Qué hacer si algún familiar o persona cercana a usted presenta síntomas de alguna adicción

Si cree que tiene un hijo con adicciones, conoce a un familiar que consume drogas ilícitas, tiene problemas de alcoholismo o necesita información porque usted siente que tiene un problema de adicciones, puede hablar al Consejo Nacional de Adicciones (01-800-911-2000) o a la línea de apoyo psicológico de la Cruz Roja Septel (01-800-472-78-35). En esta línea de ayuda, operadores altamente capacitados le darán información confidencial que podría cambiar su vida. También puede visitar los siguientes portales: www.conadic.gob.mx y www.ayudemostodos.org.mx. Además, hemos incluido en esta obra una lista de sitios que pueden visitarse para obtener más información. Recuerde que no existen salidas rápidas ni fáciles. El tratamiento de adicciones requiere atención especializada de profesionales, tiempo y, sobre todo, apoyo de la familia.

Prevención

En México hay diferentes programas de prevención emprendidos por las secretarías de Educación y de Salud, así como de otros organismos públicos y privados. Según un informe publicado por la Secretaría de Educación Pública de Baja California Sur, como parte del Programa Estatal Educativo Vive y Crece

Plenamente, "el consumo de una sustancia psicoactiva depende de una relación entre factores asociados con las características personales del sujeto, las del entorno y de la sustancia que se consume".

Este documento, publicado en 2005, explica que, al querer intervenir ante un posible problema de adicción, "es necesario constatar la interdependencia entre el sujeto, el contexto y la sustancia, de manera que se deben considerar en la prevención aspectos relacionados con estos tres elementos básicos".

El sujeto. Este aspecto se refiere a las características de la persona, es decir, lo que la hace vulnerable o resistente al consumo de drogas. Esta capacidad tiene relación con factores biológicos (constitución física, edad, sexo, estado nutricional y de salud, factores genéticos, etcétera) y psicológicos (rasgos de personalidad como autoestima y autoimagen; habilidades interpersonales como asertividad y capacidad de toma de decisiones autónomas; necesidad de pertenencia y aceptación; actitudes y valores, etcétera).

El contexto. Son las condiciones socioculturales del ambiente en que se desarrolla el consumo, del medio cercano al sujeto y de la familia (calidad de las relaciones, expresión de la afectividad, modelos familiares, estilo de comunicación, normas y límites, etcétera), el grupo de pares (valores y actitudes hacia el consumo) y la institución a la que pertenece, además del medio macrosocial geográfico y cultural (la existencia de culturas de consumo de ciertas sustancias, es decir, el significado cultural que determinados grupos dan al consumo, por ejemplo, asociando con él la cohesión de grupo o expectativas de felicidad), la aceptación o sanción sociales, las leyes y la disponibilidad (esta última se refiere al tráfico y microtráfico, la oferta y facilidad de acceso a la droga que existen en determinadas poblaciones).[12]

La sustancia. Toda droga presenta sus particularidades en cuanto a efectos y poder adictivo, por lo que cada una de ellas implica problemas diferentes:respecto a la oferta, la relación que se establece con la sustancia —tanto en el ámbito individual como en el sociocultural— y los efectos que ésta produce.

Cualquier programa de prevención de adicciones busca precisamente anticipar un problema de consumo. No sólo es importante la participación de todos los sectores (educativo, gubernamental y social), sino sobre todo de la familia. Y es que en el seno familiar es donde debe iniciarse la prevención.

Lo cierto es que, ante el grave problema del incremento en el consumo de drogas ilícitas en este país, queda claro que no existe una cultura de la prevención; las números no mienten y si cada día son más los jóvenes que caen en una adicción, esto indica que es necesario poner en práctica medidas de prevención más eficaces.

Según este mismo documento del estado de Baja California Sur, es posible realizar la prevención en tres niveles principales:

Prevención primaria: tiene como población destinataria a las personas no consumidoras de drogas. Su objetivo es evitar que se inicien en estos consumos.

---

[12] "Vive y crece plenamente", Programa Estatal Educativo 2005-2011, México, Secretaría de Educación Pública de Baja California Sur en www.sepbcs.gob.mx.

Prevención secundaria: se dirige a consumidores de drogas en fases iniciales, donde todavía no están consolidados los problemas de abuso. Su objetivo es lograr una detección precoz y prestar una atención temprana.

Prevención terciaria: se dirige a personas que ya presentan problemas de abuso o dependencia de las drogas. Su objetivo es prestar atención a estas personas y reducir posibles daños asociados con el consumo; busca tanto la rehabilitación como la reinserción social.

Es muy importante detectar qué nivel de prevención corresponde a la persona que presenta el consumo, pues no todos los problemas deben atacarse de la misma manera. Muchas veces los jóvenes inician un consumo sólo para experimentar y ahí se quedan; otras, se vuelve un consumo ocasional que no necesariamente afecta su vida y trabajo o estudios, sin embargo, en casos ya graves, podemos hablar de una dependencia o adicción. Por ello es importante diferenciar el tipo de consumo.

Consumo experimental

- La persona desconoce los efectos de la droga.
- Consume para experimentar, para saber qué se siente.
- Generalmente consume en el marco de un grupo que invita a probarla.
- Consume los fines de semana o en las fiestas.

Consumo ocasional

- La persona continúa utilizando la droga en grupo.
- Es capaz de llevar a cabo las mismas actividades sin necesidad de consumir droga.
- Conoce los efectos de la droga en su organismo y por eso la consume.
- Aprovecha la ocasión, no la busca directamente.
- Se relaciona con grupos o personas que pueden proveerla.

Consumo habitual

- La persona consume en diversas situaciones.
- Consume tanto en grupo como en forma individual.
- Conoce el precio, la calidad y los efectos de las drogas (solas o combinadas).
- Establece un hábito de consumo.

Consumo abusivo o perjudicial

- La persona consume en situaciones grupales o individuales concertadamente.
- Consume en forma selectiva una o más drogas.
- Pierde la capacidad para detener o abstenerse del consumo.
- El consumo le genera cambios en sus conductas y relaciones interpersonales.

- Conoce la calidad de las sustancias, así como sus efectos físicos y psicológicos (solos o combinados).
- Consume en situaciones de riesgo o peligro para sí mismo o para otros, y no mide las consecuencias de sus conductas.
- Por su forma de consumo, comienza a tener problemas con su familia, trabajo, etcétera.

Consumo dependiente

- El consumidor utiliza mayor cantidad de drogas, por un periodo más largo de lo que pretendía.
- Toma conciencia sobre la dificultad para controlar su uso de drogas.
- Realiza actividades relacionadas con la obtención y consumo de drogas.
- Presenta intoxicación frecuente y síntomas de abstinencia.
- Reduce considerablemente o abandona las actividades sociales, laborales, educativas o recreativas.
- Usa continuamente las drogas, a pesar de estar consciente de los problemas que le causan.
- Recurre a las drogas para aliviar el malestar provocado por su falta.
- Muestra incapacidad de abstenerse y detenerse.[13]

Debe quedarnos claro que el nivel en el que esté una persona es una llamada de atención. El consumidor

---

[13] "Vive y crece plenamente", Programa Estatal Educativo 2005-2011, México, Secretaría de Educación Pública de Baja California Sur en www.sepbc.gob.mx.

puede empezar por curiosidad y para experimentar, pero puede convertirse en adicto, incluso perder su trabajo, estudios y familia. De lo que se trata es, precisamente, de actuar antes de que el problema nos rebase.

La prevención del consumo de drogas es una tarea que debe llevarse a cabo en varios niveles, desde el personal hasta las acciones que una nación debe realizar para evitar que los jóvenes caigan en la peligrosa red de las drogas. Al pensar en medidas de prevención, muchas veces nos preguntamos: ¿qué podemos hacer como sociedad para contribuir en esta importante labor? Veamos.

MEDIDAS DE PREVENCIÓN EN EL ÁMBITO PERSONAL Y FAMILIAR

Existen muchas medidas que los padres, de manera individual y en pareja, pueden tomar para proteger en cierta forma a sus hijos. La comunicación es la base de una buena educación, pero también es la mejor manera de proteger a su familia y amigos. Hablar de todo con sus hijos, mantenerlos informados y alerta de los peligros que existen, es vital. Los padres deben adoptar factores de protección como el fomento de actividades escolares, deportivas y sociales: mientras que el niño o joven tenga intereses y actividades sanas, estará en menor riesgo de iniciarse en el consumo de drogas. Y desde luego deben estar muy al tanto de los lugares y amistades que frecuentan sus hijos. Mientras más apego y empatía logren con los jóvenes, mayor será la confianza que tengan para acercarse a platicarles sobre situaciones de riesgo que puedan enfrentar.

Recomendaciones

- Hable con sus hijos.
- Explíqueles los riesgos y peligros que representan las drogas.
- Trate, en la medida de lo posible, de que haya comunicación abierta y clara con sus hijos.
- Fortalezca la autoestima de sus hijos.
- El intercambio afectivo y la atención son clave para el buen desarrollo de un niño o joven.
- Procure estar al tanto de las amistades y círculos sociales en los que se desarrolla su hijo.
- Motive actividades deportivas o sociales en sus hijos.
- Evite conductas adictivas que pudieran servir de ejemplo negativo.
- Infórmese acerca de los tipos de drogas, sus efectos y consecuencias.
- Si ve usted algún indicio de consumo, hable con sus hijos, no los juzgue ni se alarme; tal vez sea algo experimental.
- Si el consumo va más allá de la etapa experimental, infórmese acerca de los centros de tratamiento más adecuados.
- Recuerde que las adicciones son una enfermedad y deben ser tratadas como tal.

He aquí algunos puntos de vista calificados por expertos entrevistados en *Seguridad Total*.

José Manuel Castrejón, presidente de la Junta de Custodios de la Central Mexicana de Servicios Generales de Alcohólicos Anónimos:

Primero, que la población esté informada y que tengan claro que no existe una droga que no provoque daño. Esto es algo con lo que se influye a la gente más joven: les dicen que cierto tipo de droga no provoca ningún daño, y la realidad es totalmente contraria: el consumo cada vez más prolongado de cualquier droga puede llegar a causar trastornos irreversibles en el sistema nervioso central porque llega a destruir las neuronas, y una intoxicación aguda puede provocar un paro cardiaco, hipertensión arterial o un golpe de calor que lleve a crisis convulsivas que no se puedan controlar, por lo que la persona puede llegar a fallecer. Entonces, si acaso asisten a estas fiestas (*raves*) o van a los antros, que se abstengan de tomar cualquier bebida que les den sin que ellos adviertan cómo está preparada y que no esté en botellas cerradas.

Doctora Cony Moreno, directora general de Avalon (Centro de Tratamiento para la Mujer):

Hay que tener los ojos abiertos. Generalmente los padres quieren creer que no está pasando nada, que todo es cuestión de edad, que se va a pasar, que si no se junta con ciertos grupos no va a ocurrir. Mi recomendación primero es vencer el miedo a hablar con honestidad, a decir: "Te estoy viendo de esta manera y me preocupa", y en función de la respuesta hay que poner límites a su conducta. Si los rebasa, es claro que el joven está en una conducta adictiva instalada. Lo que paraliza a los padres y favorece que la enfermedad emocional y las adicciones continúen es que tienen mucho miedo a enfrentarse a los hijos hablando con honestidad.

Medidas de prevención en la comunidad

Debemos ver la oferta de drogas como una consecuencia del problema. Hoy los narcomenudistas operan en todo el país con impunidad, ayudados por la ingenuidad y curiosidad de los jóvenes. Por ello, la comunidad debe tomar conciencia y actuar en consecuencia; el poder de la denuncia en estos casos puede derivar en operativos importantes para limpiar un vecindario de vendedores de drogas al menudeo. De lo que se trata es de hacer ver a los criminales que la comunidad sabe que están ahí, que no pasan inadvertidos y que están siendo vigilados.

Los padres y maestros desempeñan un papel importante: pueden instituir programas de vigilancia en las escuelas y sus alrededores a fin de evitar la venta y distribución de drogas. Pero tal vez más importante sea la labor de educar a los jóvenes, inculcarles la cultura del "no a las drogas", explicarles y hacerles entender los daños irreversibles que causan en el organismo y en la vida familiar.

Medidas nacionales de prevención

Nos queda claro que, hasta el momento, ni los gobiernos locales ni el federal han hecho lo suficiente en materia de prevención. Deben poner en práctica programas de salud y prevención de las adicciones más eficientes, pero lo importante es que para prevenir el problema deben atacar su fuente. Y, aunque hemos visto que los operativos contra el narcotráfico han resultado en detenciones y aseguramientos importantes, la realidad es que no han sido suficientes y falta mucho por hacer.

Hoy nuestro país tiene una gran tarea: la lucha contra el narcotráfico es prácticamente una batalla perdida toda vez que no se puede erradicar esta actividad; sin embargo, las acciones en materia de salud y educación para los jóvenes pueden hacer la diferencia.

Pruebas antidoping

Los altos índices en el consumo de drogas han llevado a diferentes empresas e instituciones educativas, así como al sector público, a interesarse cada vez más en los importantes riesgos que pueden derivar del consumo de drogas entre sus estudiantes y empleados. Prueba de ello es la aplicación de programas preventivos y de rehabilitación que usan como base las de pruebas antidoping. Sin embargo, hay un amplio debate sobre el tema. Quienes están a favor de las pruebas aseguran que no sólo previenen el consumo, sino que incluso ayudan, en gran medida, a quienes tienen problemas graves de adicción. Pero las voces en contra argumentan que son una violación a la intimidad y a los derechos de quienes son expuestos al escrutinio luego de resultar positivos en una de estas pruebas; aseguran que la medida coloca a los examinados en una situación de vulnerabilidad, a quedar marcados, estigmatizados y condenados al rechazo.

¿En qué consiste la prueba?

Las pruebas antidoping son aleatorias. Consisten en extraer una muestra de orina que luego es analizada, ya sea por un laboratorio clínico o por una empresa que provea este servicio. Las pruebas detectan cinco tipos de drogas: marihuana, cocaína, anfetaminas, metanfetaminas y todos los derivados de los opiáceos. Según la institución que los realice serán las consecuencias de resultar positivo. Por ejemplo, habrá empresas que lo soliciten como requisito para obtener un empleo, otras que consideren un resultado positivo como causa de despido y, en el caso de las escuelas y universidades, forman parte de programas contra las adicciones, por lo que los estudiantes con resultados positivos serán canalizados a centros de apoyo o clínicas especializadas.

Independientemente de las consecuencias, no sólo las de las pruebas sino del consumo mismo, lo que se debe analizar es la raíz del problema, y ése es precisamente uno de lo argumentos de los opositores de las pruebas: que se atacan las consecuencias del consumo y no la causa, que en este caso es la proliferación de la venta de drogas al menudeo. Pero el problema no debe minimizarse y, aunque las pruebas podrían considerarse una invasión a la intimidad, su utilidad está en la prevención. Tan sólo en México, según la XIV Asamblea General de la Fundación Mexicana para la Salud, cinco de cada cien empleados, de entre dieciocho y sesenta años, aceptan haber consumido estupefacientes alguna vez en su vida (www.fisac.org.mx). Según informes de la Secretaría de Salud, más de dos millones de mexicanos consumen marihuana y 400 mil usan cocaína. En tanto, el Senado de la República reporta que más de 32 millones de personas son afectadas de manera directa o indirecta por el alcoholismo. Esto no deja duda de la gravedad el asunto.

Hay quienes se pronuncian totalmente en contra de los programas que incluyan exámenes de detección de drogas, pero lo cierto es que estos exámenes pueden significar una importante disminución de riesgos laborales. David Robillard, presidente de Kroll México, explicó en *Seguridad Total*, en 2007, la situación en Estados Unidos:

Los sectores que tienen mayor impacto del consumo de drogas y consumo de alcohol crónico son el transporte, la construcción y el sector salud; 40 por ciento de los accidentes fatales están ligados al consumo de alcohol o de drogas. Según estadísticas de la Secretaría de Salud de Estados Unidos, 20 por ciento de los médicos en Estados Unidos ha consumido drogas prohibidas en el último año.

El sector empresarial

En México, 90 por ciento de los adictos se concentra en tres sectores: el de transportes encabeza la lista con 43 por ciento, seguido del restaurantero con 25 y el hotelero con 22. Esto nos habla de la importancia de convenir con los propios empleados, aunque hasta el momento cerca de 95 por ciento de los empresarios o dueños de compañías en México no se han cuestionado si en su planta productiva se consumen drogas y alcohol, lo que podría constituir un factor de baja productividad. Veremos cómo, con el tiempo, más empresas incluirán en sus contratos cláusulas que obliguen a los empleados a someterse a exámenes de detección de drogas y alcohol. ¿Por qué? Es muy sencillo: según la Organización Internacional del Trabajo, 95 por ciento de los accidentes laborales se relacionan con intoxicación alcohólica aguda. Y hay más: estudios realizados en diversas empresas de todo el país revelan que, de los adictos detectados, 33 por ciento consume marihuana, 29 anfetaminas, 18 cocaína, 12 metanfetaminas y 8 por ciento otro tipo de drogas, según la Fundación de Investigaciones Sociales (www.fisac.org.mx).

Óscar Cantú, empresario que provee el servicio de pruebas antidoping a escuelas y empresas privadas, declaró a *Seguridad Total* que en México no hay todavía una cultura de la prevención, pero la iniciativa privada está cada vez más abierta y solicita estos servicios: "Esto ayuda a reducir importantes riesgos de trabajo, incluso asociaciones delictuosas, fraudes, ausentismo y accidentes; por esta misma razón, algunas empresas en México ya lo han adoptado de manera legal". De hecho, explica, el artículo 47 de la Ley Federal del Trabajo lo faculta.

El problema no queda ahí. Al existir una recurrencia de accidentes ligados al consumo, hay más consecuencias. Por ejemplo, según informes del Instituto Mexicano del Seguro Social, el costo anual por atención a empleados accidentados por abuso en el consumo de alcohol y drogas es de cerca de 50 millones de pesos al año.

Por ello la importancia de que las empresas se aseguren de que sus empleados no tengan problemas de adicciones, sobre todo cuando hablamos de empresas que proveen servicios como trasporte o seguridad. Recordemos que el riesgo no sólo lo corre quien consume un estupefaciente, sino todos los que lo rodean, sean compañeros de trabajo, clientes o consumidores de un servicio.

El doctor Cristóbal Ruiz Gaytán, Secretario Técnico del Consejo Nacional Contra las Adicciones durante el sexenio de Vicente Fox, opinó en *Seguridad Total* que este tipo de exámenes debe ser voluntario: "No puede hacerse una intervención a tu organismo que sea obligatoria, que atente contra tu privacidad". Sin embargo, explica que se debe buscar un equilibrio en cuanto al riesgo que se puede estar generando al utilizar una sustancia negativa:

Un piloto de un avión, por estar desvelado, puede empezar a consumir anfetaminas o metanfetaminas, inclusive para estimularse en su actividad. Si de repente su curva de la dosis empieza a decaer, puede crear un verdadero riesgo. Está pasando con los transportistas terrestres, quienes de repente, por cumplir largas jornadas, tienen que ingerir una cantidad de pastillas para mantenerse alertas, las cuales afectan su salud y merman su atención. Aunque ellos se sienten despiertos, en realidad su sistema neurológico está sufriendo una presión tal, que puede llegar un momento de crisis y ocurrir un accidente con riesgo para su vida y la de los demás.

Ruiz Gaytán explicó que hay que balancear este tipo de situaciones con el derecho que todos tenemos como seres humanos de no ser intervenidos sin nuestra voluntad;

tal vez lo que deberíamos hacer aquí son acuerdos en ciertos medios laborales. La ley establece que no se puede tener una intoxicación por sustancias adictivas en el medio laboral. Lo que no se define muy bien en los reglamentos es cómo demostrar si el empleado está o no intoxicado con una sustancia. Algunos trabajadores firman una autorización para que se les apliquen los exámenes necesarios para garantizar su seguridad y la de terceros.

El sector educativo

Aquí el debate es aún más complejo, sobre todo cuando hablamos de menores de edad. Silvia Ortega, quien fue administradora federal de Servicios Educativos para el Distrito Federal, rechazó en *Seguridad Total*, en 2006, la aplicación de exámenes antidoping en las escuelas.

> Yo estoy totalmente en desacuerdo porque me parece un exceso que violenta la privacidad a la que tienen derecho los adolescentes; nosotros hemos experimentado en el Distrito Federal con el programa "Escuela Segura, Sendero Seguro", en donde llevamos a cabo la operación mochila, que consiste en revisar las mochilas. Lo que hemos aprendido es que los adolescentes se sienten agredidos. No hemos dejado de revisar las mochilas, siempre y cuando esta tarea las asuman los mismos padres de familia y se haga de común acuerdo con los estudiantes; sólo han mantenido el programa algunas escuelas.

Pero hay escuelas que ya hacen pruebas antidoping; de hecho, universidades como el Tecnológico de Monterrey incluyen en su reglamento artículos según los cuales los estudiantes están obligados a realizarse exámenes de detección de drogas cuando la institución se los requiera. También en el nivel medio superior son cada vez más los planteles educativos que realizan pruebas antidoping a sus estudiantes.

Humberto Ugalde, director del Instituto Acatitlán, una preparatoria del Estado de México en donde realizan continuamente pruebas antidoping, aseguró en 2006 para *Seguridad Total* que decidieron aplicarlas porque los jóvenes están en una edad muy riesgosa, en la que tienen inquietudes y están expuestos a problemas de adicciones. "Llevamos a cabo este plan desde hace 4 años con muy buen resultado; nació también por la preocupación de los mismos padres de familia. Así fue como se creó un comité de prevención de adicciones".

Pero uno de los grandes problemas de estos programas, según quienes se oponen a ellos, es que el estudiante queda marcado, estereotipado o incluso puede sufrir una exclusión no sólo social, sino de la misma escuela.

El doctor Lino Díaz Barriga, de los Centros de Integración Juvenil, no está muy convencido de la efectividad de este programa, toda vez que, como explicó en *Seguridad Total*, es una medida que debe considerar aspectos muy importantes, sobre todo la edad: "Si es para menores de edad se debe tener autorización por parte de los padres y, sobre todo, saber para qué se van a usar estas pruebas antidoping". Su mayor temor es que quien realice estas pruebas no sepa diferenciar al joven que está experimentando del que usa en forma regular algún tipo de droga, y esto pueda llevar a expulsar al estudiante equivocado.

Si consideramos a la escuela como un elemento de tipo protector, entonces estamos privando a esta persona de una oportunidad para seguir con su aprendizaje escolar. Entonces me parece que utilizarlo de una manera indiscriminada puede resultar peligroso para la persona que tuviera un resultado positivo.

Para el doctor Díaz, en nuestra cultura latina y en muchas otras partes del mundo una persona que usa drogas es considerada viciosa, una persona sin voluntad, que prácticamente es un criminal. Esta interpretación, asegura, es errónea.

Una persona que experimenta y hace uso de sustancias está enferma y requiere de un tratamiento especializado; entonces, en lugar de hacer estas pruebas de manera indiscriminada, deberían hacerlas formar parte de un programa integral de prevención y tratamiento, y realizarlas en un contexto en el cual pueda darse una respuesta satisfactoria a esta situación.

Para responder a esta inquietud, debemos saber que las escuelas que realizan estas pruebas tienen como finalidad prevenir las adicciones: se trata de detectar un problema y canalizar al estudiante, no de impedir su desarrollo académico.

Denisse Ugalde, psicóloga del Instituto Acatitlán, detalló para el auditorio de *Seguridad Total* el procedimiento que se sigue cuando un estudiante resulta positivo en una prueba antidoping:

Se les da un seguimiento a los que salen positivos en las pruebas: se les llama e informa que salieron positivos y se habla con ellos. Lo que intentamos es indagar más sobre la situación, esto es: cuántas veces han consumido, cuál es la situación familiar en cuanto a los factores de riesgo... Después de la plática se manda llamar a los padres para informarles de la situación; luego se hace un análisis del entorno familiar para identificar las causas del problema y se hace una evaluación de qué tan real es, porque hay muchachos que sólo lo hacen una vez, como hay quienes siguen y se vuelven adictos. Dependiendo del problema, se les canaliza al Centro de Integración Juvenil o a alguna clínica para las adicciones y se les pide que comprueben mes con mes que están acudiendo a las terapias o programas de apoyo. A los tres meses se les aplica otra prueba anti-doping para descartar que sigan consumiendo.

Al igual que en esta preparatoria, en otras institucio-nes educativas se sigue el mismo procedimiento: a los estudiantes que salen positivos se los integra a un programa, no se les da de baja. Ahí ven a psicólogos que determinan si tienen una adicción y cómo ayu-darlos a salir de ella.

Aunque las pruebas antidoping pueden ser una herramienta útil para prevenir que los jóvenes cai-gan en adicciones, es importante subrayar que, más que depender de lo que hagan los maestros, los pa-dres deben tener comunicación con sus hijos, ayu-darlos antes de que caigan en las drogas, prevenir el problema antes que enfrentarse a la necesidad de superar una adicción.

Aunque durante mucho tiempo las escuelas pú-blicas se resistieron a la puesta en marcha de progra-mas preventivos que incluyeran realizar pruebas anti-doping a los estudiantes, la realidad es que, ante los altos índices de consumo, en algunas demarcaciones del Distrito Federal se ha considerado esta medida como imprescindible en los programas de prevención de adicciones.

Ejemplo de ello es la Delegación Iztapalapa, que en junio de 2007 comenzó con pruebas antidoping no sólo a los funcionarios de la delegación sino en algunas de las escuelas secundarias de la demarcación. A decir del delegado político Horacio Martínez, se incrementaron los puntos de venta: de cuatrocientos a más de mil en los últimos años. Esto refleja un alto consumo de drogas en la zona, ya que el fenómeno responde a una demanda por parte de los jóvenes. Según el funcionario:

> Una de las mayores preocupaciones es que la marihuana ya no es la principal droga de consumo, sino que la cocaína, el *crack* y las drogas sintéticas se están consumiendo más. A la par descubrimos, con información de los Centros de Integración Juvenil, que las edades en que los jóvenes están comenzando a consumir son cada vez menores, y por ello deberíamos atacar el problema en las escuelas secundarias, donde se incrementa la población que está consumiendo.

Este programa funcionará de una manera en que se proteja la integridad de los alumnos; no se busca evidenciarlos sino ayudarlos, si es que tienen un problema de adicciones. Las pruebas se llevarán a cabo a petición de los padres de familia y no se realizarán en los planteles educativos. Ni las autoridades delegacionales ni las escolares tendrán conocimiento de los resultados; serán los padres quienes deberán acudir con los estudiantes a recoger sus exámenes y, de resultar positivos, se canalizarán al Consejo Nacional de Adicciones, en donde se analizará su nivel de adicción para iniciar un proceso de rehabilitación.

Y, como ya se mencionó, aunque la Secretaría de Educación Pública y la Comisión de Derechos Humanos no vieron con buenos ojos la propuesta, se lograron acuerdos para garantizar la integridad de los estudiantes sometidos al antidoping. De lo que se trata, aseguró el delegado, es de "proteger la integridad del estudiante", porque el niño no es el culpable:

> Hemos platicado con todas las instancias, ya que se quiere creer que estamos estigmatizando al niño o joven y, por el contrario, buscamos protegerlo. Además tenemos que tomar en cuenta que, al ser jóvenes que no trabajan, si su adicción es muy fuerte, los acerca a actividades delincuenciales para obtener dinero y poder adquirir drogas.

El debate sobre la aplicación y efectividad de las pruebas antidoping en el ámbito escolar y laboral continuará. Pero más allá de su efectividad como mecanismo para reducir las adicciones en el país, lo importante es recordar que estas herramientas deberían considerarse como parte de un programa integral, con la participación de la sociedad civil y el desarrollo de políticas efectivas respaldadas con recursos del gobierno.

México cuenta con diversas modalidades terapéuticas para atención de las adicciones. Hay decenas de opciones públicas y privadas, la mayoría basadas en la filosofía de los doce pasos de Alcohólicos Anónimos.

Sin importar el tipo de tratamiento que la familia y el enfermo decidan adoptar, es importante estar informado acerca de las opciones que existen. Así como hay asociaciones, hospitales y clínicas serias, donde el adicto está bajo supervisión constante, existen otras que no cuentan con ningún tipo de regulación y donde incluso se lacera la integridad física y emocional de los internos. Por ello es importante que ante un problema de adicciones se cuente con toda la información necesaria para encontrar el mejor tratamiento, que debe ser integral, esto es, abarcar áreas médicas, psicológicas y terapéuticas a fin de lograr un recuperación efectiva. Sin embargo, no hay que olvidar que siempre está de por medio la voluntad de la persona adicta.

Así cómo existen distintos lugares, clínicas y centros de rehabilitación para tratar las adicciones, también hay distintos programas de tratamiento. No todos los enfermos (debe quedar claro que cuando hablamos de una persona adicta a cualquier sustancia, debemos referirnos a él o ella como un enfermo) necesitan el mismo tratamiento: cada problema debe ser atacado de manera diferente, tomando en cuenta las circunstancias, el tipo de drogas e incluso la personalidad del paciente. Es importante, antes de iniciar cualquier proceso de recuperación, definir el programa al que será sometido.

Desintoxicación

Antes de iniciar cualquier tratamiento, es importante que el adicto esté consciente de que es necesario que se someta a un proceso de desintoxicación: es el primer paso para tratar cualquier problema de adicción. Sea cual sea el tipo de droga a la que una persona es adicta, lo primero y más importante es limpiar su organismo de las sustancias que contaminan su cuerpo y su mente. El adicto debe someterse a un proceso con el que su cuerpo expulse en definitiva las sustancias tóxicas; esta etapa del tratamiento es muy difícil para los enfermos, ya que en la mayoría de los casos presentan síntomas de abstinencia. De lo que se trata es de que el cuerpo supere la dependencia física a las sustancias adictivas.

Existen diversos medicamentos que se utilizan en este difícil proceso. Cuando la adicción a un estupefaciente es muy fuerte, es necesario ayudar a los enfermos en esta etapa, considerada probablemente la más difícil de superar, tratándolos con algún tipo de medicamento para calmar la ansiedad, y quizá con algún otro que induzca el sueño, para que puedan descansar. Es muy importante suprimir esa sustancia para avanzar.

Hay medicamentos disponibles para la desintoxicación de opiáceos, nicotina, ansiolíticos, alcohol, barbitúricos y otros sedantes. La abstinencia sin tratamiento puede ser peligrosa desde el punto de vista médico, o hasta mortal, particularmente con el alcohol y el Valium.[14]

Sin embargo, el uso de medicamentos no es muy común, ni tampoco totalmente necesario; muchos de quienes logran superar una adicción lo hacen sin necesidad de medicarse. En muchos casos, la simple voluntad y el deseo de recuperarse son más que suficientes para dejar las drogas.

---

[14] www.laantidroga.com.

1. Grupos de autoayuda

Este tipo de tratamiento es muy común. El enfermo acude a sesiones individuales o grupales, ya sea en clínicas o en grupos de ayuda como Alcohólicos Anónimos. Se trata de que el adicto participe en sesiones regulares con el fin de mantenerse en la abstinencia:

> Diseñado mayormente para personas con historiales cortos de abuso de sustancias controladas, el tratamiento ambulatorio es más adecuado para quienes tienen un empleo. Algunos programas ambulatorios también pueden tratar a pacientes con problemas médicos o mentales además de su problema de drogas.[15]

Muchos de estos grupos se basan en la filosofía de los doce pasos. Este tratamiento es tal vez uno de los más importantes; el tratamiento de todas las enfermedades de tipo obsesivo-compulsivo: neurosis, anorexia, bulimia, depresión y grupos de comedores compulsivos se basan en esta filosofía. Son doce pasos a seguir que llevan al conocimiento y entendimiento de los errores para cambiar juicios y actitudes.

a) Alcohólicos Anónimos

En 1935, dos alcohólicos de Ohio, un corredor de bolsa llamado Bill Wilson y un médico —ambos con

---

[15] *Idem.*

serios problemas de alcoholismo y varios intentos de salir de ellos—, encontraron que compartiendo su experiencia entre ellos lograban manejar y controlar su problema de beber. A partir de entonces se dedicaron a sistematizar lo que hoy se conoce como el programa de los doce pasos de recuperación, un programa que se usa en todo el mundo para atender muchos problemas emocionales.

El programa de AA consta básicamente de cinco fases. En una primera etapa, el adicto hace un análisis que lo lleva a aceptar que tiene un problema de alcoholismo; a partir de este reconocimiento, empieza a cambiar sus relaciones hacia los demás; después desarrolla una profunda seguridad en sí mismo, que lo lleva a una vida espiritual, lo que se conoce como la dependencia de un poder superior; posteriormente podrá transmitir la experiencia y ayudar a otros a recuperarse.

Durante mucho tiempo, AA tuvo restricciones para dejar entrar en sus programas adictos a sustancias diferentes del alcohol; sin embargo, con el tiempo se aceptó la entrada de otros adictos a estos grupos, pues al final lo que se maneja es un programa para combatir una adicción, sea al alcohol, la marihuana, la cocaína o cualquier otro tipo de droga.

Cuando se siguen estos pasos, las personas logran crear un sentido fuerte de voluntad y de seguridad en sí mismos, que los lleva a alejarse del alcoholismo.

En el mundo existen alrededor de 3 millones de personas que participan en el programa de AA; en México, son alrededor de 300 mil quienes han encontrado, gracias al programa de los doce pasos, una manera diferente de vivir sin adicciones. En la página electrónica de AA se delinean así los doce pasos:

1. Admitimos que éramos impotentes ante el alcohol, que nuestras vidas se habían vuelto ingobernables.

2. Llegamos a creer que un poder superior a nosotros mismos podría devolvernos el sano juicio.

3. Decidimos poner nuestras voluntades y nuestras vidas al cuidado de Dios, como nosotros lo concebimos.

4. Sin miedo hicimos un minucioso inventario moral de nosotros mismos.

5. Admitimos ante Dios, ante nosotros mismos y ante otro ser humano la naturaleza exacta de nuestros defectos.

6. Estuvimos enteramente dispuestos a dejar que Dios nos liberara de todos estos defectos de carácter.

7. Humildemente le pedimos que nos liberara de nuestros defectos.

8. Hicimos una lista de todas aquellas personas a quienes habíamos ofendido y estuvimos dispuestos a reparar el daño que les causamos.

9. Reparamos directamente a cuantos nos fue posible el daño causado, excepto cuando el hacerlo implicaba perjuicio para ellos o para otros.

10. Continuamos haciendo nuestro inventario personal, y cuando nos equivocábamos lo admitíamos inmediatamente.

11. Buscamos a través de la oración y la meditación mejorar nuestro contacto consciente

con Dios, como nosotros lo concebimos, pidiéndole solamente que nos dejara conocer su voluntad para con nosotros y nos diera la fortaleza para cumplirla.

12. Habiendo obtenido un despertar espiritual como resultado de estos pasos, tratamos de llevar este mensaje a los alcohólicos y de practicar estos principios en todos nuestros asuntos.[16]

El programa es altamente efectivo, según José Manuel Castrejón, presidente de la Junta de Custodios de AA, quien comentó en *Seguridad Total*:

Tenemos datos que arrojan que, si una persona acude a un programa de Alcohólicos Anónimos y se mantiene durante tres meses, tiene 90 por ciento de probabilidades de permanecer un año en total abstinencia. El secreto de los programas de ayuda mutua radica en eso, en un ambiente en donde el anonimato permite una expresión de la confianza. No es un asunto de vergüenza: esta confianza permite la expresión de las emociones y de los propios problemas.

Asegura también que en un programa de Alcohólicos Anónimos no se infunden ni se implantan creencias ni determinados pensamientos, sino que simplemente se comparte la propia experiencia de quien ha logrado dejar de beber y la comparte con el que está llegando. Esto, afirma, se convierte en un mecanismo de gran poder terapéutico que permite, antes que nada, romper con ese resorte de la negación

---

[16] www.alcoholics-anonymous.org.

que sostiene a alguien en una adicción. Cuando el adicto llega a un grupo de Alcohólicos Anónimos se sustituye esta negación por la aceptación y el reconocimiento.

Los grupos de AA se distinguen por un logotipo: un círculo y un triángulo que dice "Alcohólicos Anónimos, Central Mexicana de Servicios Generales de Alcohólicos Anónimos". Son grupos que funcionan diariamente, los 365 días del año, durante hora y media; cualquier grupo que no tenga estas características o tenga anexos servicios de internamiento, clínicas o de otro tipo, no es de Alcohólicos Anónimos. Estos grupos sólo funcionan durante hora y media y con puertas abiertas; cualquier persona es recibida, no se obliga a nadie a asistir ni se impone ninguna manera de creer o pensar. De lo que se trata es de convivir en un ambiente terapéutico donde las personas crean un espacio de confianza, en donde pueden escuchar su problemática y contar la de los demás y cómo están trabajando para resolver el problema de las adicciones.

b) Narcóticos Anónimos

Las mismas restricciones que durante años tuvo AA para dejar ingresar en sus grupos a adictos a sustancias diferentes del alcohol hizo que surgiera un grupo especializado en tratar a personas con problemas de consumo de drogas.

Narcóticos Anónimos (NA) es una organización internacional formada por adictos en recuperación.

Se inició en 1953 en Sun Valley, California. Actualmente se han realizado más de 40 mil reuniones semanales y la organización tiene presencia en más de 125 países.

Su sistema es muy parecido al de Alcohólicos Anónimos. El único requisito para ser miembro es el deseo de dejar de consumir. Estos grupos ofrecen apoyo a cualquier adicto que ha asumido tener un problema de adicciones y quiere liberarse de las drogas; cuentan con centros en todos los estados del país y el Distrito Federal. El programa consiste en mantener la abstinencia de todo tipo de drogas. La filosofía de estos grupos está basada en la ayuda mutua entre los propios adictos: "Nos ayudamos mutuamente a permanecer limpios. Creemos que nuestro método es práctico, ya que pensamos que el adicto es la persona que mejor puede entender y ayudar a otro adicto".[17]

Fui a NA por primera vez porque mi familia me exigió que lo hiciera. Recaí cinco veces en un periodo de un año y medio. Tras la quinta recaída, llegué a una reunión y mis compañeros seguían esperándome. Ese día, sentí algo diferente y decidí quedarme en NA. Ese día, en aquella sala y con esos adictos, nació en mí el deseo de dejar de consumir. (Alfredo D., de Sonora).[18]

[17] Presentación de Narcóticos Anónimos, región México: www.namexico.org.mx.

[18] *The NA Way Magazine. The Internacional Journal of Narcotics Anonymous*, vol. 24, núm. 1 de enero de 2007 en www.namexico.org.mx.

c) Drogadictos Anónimos

Este grupo adoptó ese nombre porque su filosofía se apega a los doce pasos. Sin embargo, funciona de manera distinta, ya que quien acude a estos grupos debe someterse a internamientos gratuitos de tres meses. Ahí se les enseña la filosofía de la responsabilidad.

Aunque este tipo de grupos ha ayudado a miles de adictos, la realidad es que no son tratamientos integrales. Se trata de internamientos que incluyen un proceso de desintoxicación y ayuda mutua mediante pláticas; sin embargo, no cuentan con los fondos necesarios para incluir terapias psicológicas y para hacerse responsables de cuestiones médicas. En el grupo de Drogadictos Anónimos el tratamiento es mental y espiritual, pero no se encargan de problemas de salud. Los internos reciben terapia emocional donde se les invita a contar su vida. El tratamiento consiste en cinco sesiones grupales diarias de hora y media cada una; son sesiones fuertes, ya que las emociones pueden ser alteradas de manera muy severa.

Elías González, custodio de Drogadictos Anónimos, explicó en *Seguridad Total* que a la persona que ingresa la acompaña un familiar, y que en estos centros

son los enfermos quienes tienen que solicitar la ayuda. Hacemos una labor de convencimiento para que se animen, para que encuentren la confianza y se den cuenta de que van a tener un trato digno y que no se les va a obligar a nada ni atentar contra su dignidad física ni mental. Los enfermos firman una responsiva junto con su familiar y permanecen ahí tres meses. Lo que buscamos es que la persona se sienta en confianza, tranquila, relajada, ya que sabemos que llega cargada con demasiados problemas. Tratamos de que se encuentre en un ambiente de armonía, de familiaridad, que se vaya integrando a las actividades. Por ejemplo, debe realizar actividades de limpieza.

Muchas personas han encontrado una solución a sus problemas de adicción en centros como este. Uno de ellos es César Dante, de 30 años de edad, interno del grupo Liberación de Drogadictos Anónimos por problemas con "la piedra" (cocaína), quien asegura: "Permanezco en el grupo porque he experimentando muchas cosas; me he conocido tal cual y estoy dándome a la tarea de conocerme mejor". La realidad es que son terapias basadas únicamente en la parte emocional y sustentadas en la fe. No cuentan con médicos ni psicólogos especialistas para tratar el problema.

d) Otros grupos

- Jóvenes Oceanía.
- Fundación Sergio Berumen Torres.
- Grupo Compañeros Uno.
- Centro de Rehabilitación Nuevo Impacto.
- Grupos Primer Paso de AA para Jóvenes Adictos.
- Grupo Jóvenes AA 24 Horas de Servicios Gratuitos.

- Centro de Integración y Recuperación para Enfermos de Alcoholismo y Drogadicción "Mario Camacho Espíritu" (CIRAD).
- Centro de Recuperación y Rehabilitación para Enfermos de Alcoholismo y Drogadicción (CREAD).

2. *Tratamientos ambulatorios*

Estos tratamientos pueden variar, tanto en la intensidad como en la frecuencia, dependiendo de la clínica y del tipo de servicios que ofrezca. Normalmente en este tipo de tratamientos las personas acuden a una clínica, pública o privada, a intervalos regulares. Ahí pueden recibir consejería individual y participar en grupos o talleres de educación sobre las drogas y prevención de recaídas; también tienen acceso a terapias psicológicas, revisiones médicas o incluso medicamentos que disminuyen los síntomas de abstinencia.

Este tipo de tratamiento es recomendado para personas cuyo abuso de sustancias tóxicas no ha sido muy prolongado, pero han estado a debate en la sociedad médica de todo el mundo, sobre todo por la prescripción de drogas sustitutas para tratar la adicción.

La Secretaría de Salud atiende casos de adicción dentro de sus servicios ambulatorios de salud mental. Los adictos pueden acudir a cualquiera de los 26 consultorios de psiquiatría y 50 de psicología ubicados en hospitales generales, centros de salud, Centros Comunitarios de Salud Mental en el Distrito Federal y los hospitales de psiquiatría de todo el país.

En el Distrito Federal se cuenta con más opciones para la desintoxicación, de corta estancia y con apoyo psicológico, como los Centros de Atención Toxicológica Jóvenes por la Salud, de las delegaciones Xochimilco y Venustiano Carranza, y varios hospitales de urgencias de la ciudad.

Los Centros de Integración Juvenil también brindan servicios de tratamiento ambulatorio del uso de drogas. Se dará una descripción a detalle de esta organización más adelante.

3. Clínicas de tratamiento integral

Estas clínicas también son conocidas como comunidades terapéuticas. En ellas el enfermo debe internarse y convivir con otros adictos; recibe terapias y apoyo psicológico, así como cuidado y vigilancia durante toda su estancia:

> Las comunidades terapéuticas son programas residenciales sumamente estructurados con estadías planificadas de 6 a 12 meses o más. Se concentran en reintegrar a la persona en la sociedad con un estilo de vida libre de drogas y de actividad delictiva, usando a otros residentes del programa, el personal y el contexto social como componentes activos del tratamiento. Los programas que ofrecen servicios a los jóvenes también requieren que los pacientes asistan a clases, para que no se atrasen en su educación. Para los adultos, podría haber disponible adiestramientos de trabajo y otros servicios de apoyo.[19]

---
[19] www.laantidroga.com.

a) Tratamiento residencial de largo plazo

Existen en nuestro país diferentes clínicas privadas de rehabilitación como Monte Fénix y Oceánica, entre otras. El inconveniente de este tipo de instituciones es que, por su naturaleza corporativa, no son accesibles para toda la población. Lo cierto es que cuentan con tratamientos integrales, que incluyen internamiento en instalaciones de lujo y cuidados por parte de profesionales en las áreas psicológica, médica y terapéutica.

Roberto, quien prefiere guardar el anonimato, nos dio su testimonio. Él fue a una clínica de rehabilitación privada en donde recibía terapia psicológica profesional. "Hay psicólogos y psiquiatras especialistas en la materia", explica, y relata su caso:

Cuando llegué a la clínica fue porque ya dormía en la calle, en parques; andaba deambulando por las calles como un indigente, descalzo, orinando y defecando. Al llegar a la clínica tenía mi camita, mis tres alimentos al día, un gimnasio donde podía hacer ejercicio y, además, estaba rodeado de gente que tenía el mismo problema que yo. Por ello me sentí aceptado y cómodo para empezar con mi tratamiento. Vi además que no era el único que tenía ese problema ni el único que había sufrido, y eso me reconfortó. A mis familiares en la clínica lo primero que les dijeron fue: "Su hijo no es un vicioso, sino un enfermo", y eso libera mucho de las culpas, porque uno siempre está etiquetado como un vicioso, un malviviente, lo peor: una escoria de la sociedad. Cuando llega uno a una clínica y le dicen: "Mire, lo que tiene su hijo es una enfermedad, no es que sea un vicioso, hay un tratamiento para ello y ésta es la medicina que debe de tomar", eso es muy reconfortante y ayuda, porque te hace entender que tienes una enfermedad progresiva y mortal.

Monte Fénix

Ésta es una clínica de tratamiento integral para las adicciones. Surgió en 1980 con el fin de ofrecer tratamientos para rehabilitar a personas que padecían alcoholismo; sin embargo, en 1985, el problema de la dependencia a otro tipo de sustancias los llevó a ampliar sus tratamientos también a problemas de consumo de otras drogas: "La adicción al alcohol y a otras drogas es una enfermedad que requiere de atención integral proporcionada por un equipo multidisciplinario formado por terapeutas especialistas en adicciones, terapeutas familiares, médicos y enfermeras que dan a los pacientes un trato digno y respetuoso".[20]

Tienen como fundamento los principios de los doce pasos de Alcohólicos Anónimos: "Creemos en un poder superior como fuente de vida, fortaleza y aceptación para dar lo mejor de nosotros a quienes servimos".[21]

El tratamiento consta de 35 días de internamiento y un año de tratamiento continuo. El objetivo es iniciar el proceso de rehabilitación de la persona que

---

[20] www.montefenix.com.mx.
[21] *Idem.*

padece adicciones y de su familia, mediante el reconocimiento de la enfermedad y la recuperación de valores personales, familiares, espirituales y laborales. Consiste en tres fases:

Fase 1: valoración, diagnostico y desintoxicación. Consiste en la evaluación de las necesidades físicas y emocionales del paciente para desarrollar un plan de tratamiento individual. Se lleva a cabo la desintoxicación con una supervisión médica constante. Se detectan también las áreas sobre las que tanto el paciente como su familia necesitan trabajar en el área terapéutica.

Fase 2: tratamiento de rehabilitación. Consta de la participación del enfermo en terapias individuales y grupales, actividades terapéuticas y dinámicas con su familia, pláticas educativas y grupos de autoayuda.

Fase 3: tratamiento continuo. El adicto debe seguir participando en sesiones de terapia grupal durante un año; los familiares inscritos en el programa familiar deben hacerlo durante seis meses.

Clínica Campo Renacimiento

Ésta es otra clínica que ofrece tratamientos integrales para personas adictas a cualquier tipo de drogas. Se fundó en 1996 en Guadalajara, Jalisco. Brinda servicios profesionales y atención especializada en el tratamiento de alcoholismo y dependencia a las drogas. Comparte con muchas otras clínicas la filosofía de los doce pasos e introduce al paciente en grupos de autoayuda.

El tratamiento tiene una duración aproximada de dos años, pues además del internamiento de alrededor de 35 días, cuenta con un programa de seguimiento en que el enfermo debe acudir a sesiones grupales semanales de hora y media, coordinadas por un terapeuta, para dar seguimiento a su recuperación.

Dentro del internamiento, el tratamiento tiene varias fases:

1. Manejo médico de desintoxicación y estabilización. Consiste en la revisión y evaluación médica del enfermo, que incluye estudios de laboratorio para saber el tipo de daños ocasionados por el uso de sustancias tóxicas. En esta fase hace el primer contacto con su terapeuta personal. El objetivo es liberar el cuerpo de toda sustancia tóxica, siempre bajo una estricta supervisión médica.

2. Manejo familiar. Dado que la familia es un factor importante en los tratamientos contra las adicciones, este tratamiento incluye terapias semanales con el enfermo y su familia, moderadas por un terapeuta familiar.

3. Manejo psicoterapéutico grupal. Esta terapia es la base del tratamiento en Clínica Campo Renacimiento. Como hacen los grupos de autoayuda, encuentran que el intercambio de experiencias de quienes han superado la enfermedad ayuda en gran medida a la recuperación de los adictos.

4. Manejo psicoterapéutico individual. Consiste en terapias individuales que buscan un análisis de los logros obtenidos con las otras fases del tratamiento. Se manejan conflictos individuales y estrategias para solucionarlos.

El tratamiento incluye también el manejo de emociones y la educación para la salud, así como apoyo espiritual.

***

Hay opciones más accesibles para quien no cuenta con un presupuesto alto. Son lugares donde se abordan las adicciones desde un área médica, psicológica y de terapia individual, grupal y familiar, muchas de ellas basadas en la filosofía de los doce pasos.

Centro de Tratamiento para la Mujer

Desgraciadamente, en los últimos años hemos visto un incremento en el consumo de estupefacientes por parte de las mujeres. La igualdad de oportunidades y la equidad, así como han benefiado al sexo femenino, también han traído consecuencias negativas como el consumo excesivo de drogas y alcohol. Hoy las mujeres beben y se drogan a la par o incluso más que algunos hombres, según comentarios hechos por expertos a *Seguridad Total*.

Aunque grupos como AA o las clínicas de recuperación aceptan a mujeres y hombres, hay grupos que se encargan de atender sólo a este grupo de la población. Y es que muchas mujeres se sienten inhibidas al tener que exponer sus problemas frente a grupos mixtos.

El Centro de Tratamiento para la Mujer es uno de los primeros centros de tratamiento y de internamiento en su tipo fundados en Latinoamérica. La doctora Cornelia Moreno, directora general, explica:

El tratamiento que damos es de mujer a mujer, pues todo el equipo clínico es femenino: la nutrióloga, la endocrinóloga, las psiquiatras, las psicólogas, la terapeuta de actividades físicas. El enfoque que tenemos es multidimensional. ¿Qué quiere decir esto? Que cuando llega una mujer con algún síntoma, sea adicción a sustancias ilícitas, alcoholismo, codependencia, depresión crónica o algún trastorno de alimentación, no vemos sólo el síntoma, sino que el síntoma está hablando de que hay un sufrimiento emocional, una falta de valores, de creencias espirituales, que han llevado a esa mujer a buscar una falsa salida en todas estas conductas.

Considero y es un hecho que compartimos la dimensión espiritual, emocional, física, cognitiva; sin embargo, por el tipo de cultura que tenemos, los tratamientos mixtos lo que hacen es limitar. El tipo de espacio en el que se comparte con hombres a veces hace que la mujer tenga que callar aspectos que son intrínsecos a sus síntomas o que tienen que ver con su identidad como mujer, aspectos que tienen que ver con su sexualidad y con sus frustraciones. A veces no pueden hablarlos y compartirlos con hombres compañeros de terapia, porque pueden existir obstáculos como el miedo o la vergüenza, al no querer exponerse a ser rechazadas. En un tratamiento como el que nosotras impartimos estas resistencias no se generan; se pueden producir otras, pero de entrada la mujer se siente en un ambiente donde sabe que va a ser escuchada y comprendida por otras que son como ella, y en donde además está rodeada de profesionales.

Otros ejemplos del modelo de comunidad terapéutica

- Fundación Hogar Integral de Juventud.
- Comunidad Terapéutica para Mujeres, de la Fundación Ama la Vida.

b) Tratamiento hospitalario

También hay hospitales públicos y privados que ofrecen servicios de rehabilitación, por lo que esta opción se vuelve más accesible, dependiendo siempre del presupuesto de la familia del enfermo.

Estos programas de tratamiento y recuperación incluyen una estancia prolongada con servicios profesionales y un programa de recuperación inspirado en los doce pasos de AA; también brindan atención a la familia y prevención de recaídas. Son tratamientos que cuentan con terapias psicológicas, servicio y supervisión médica dentro de un hospital o clínica. Los tiempos aproximados de internamiento van de tres a seis semanas. Al término de este tratamiento, el paciente debe seguir acudiendo a terapias ambulatorias o bien integrarse a un programa de ayuda.

Algunos hospitales y clínicas que ofrecen esta opción de tratamiento son el Hospital Español, la Clínica San Rafael, el Centro de Rehabilitación Terapéutica para las Adicciones (CRETA) y la Clínica Especializada en Solucionar Alcoholismo y Dependencias (CESAD), todos en la ciudad de México; también se puede acudir a los hospitales de psiquiatría del país.

En la ciudad de México, los 26 consultorios de psiquiatría y 50 de psicología ubicados en hospitales generales y centros de salud y los tres Centros Comunitarios de Salud Mental (CECOSAM) atienden problemas de este tipo.

4. Centros de Integración Juvenil

En 1969, un grupo encabezado por Kena Moreno, preocupado por la creciente tendencia e incremento en el consumo del drogas en México, fundó los Centros de Integración Juvenil (CIJ), para hacer frente al uso de estupefacientes en nuestra sociedad. El 2 de marzo de 1970 abrió sus puertas el primer centro de tratamiento, denominado Centro de Trabajo Juvenil en el Distrito Federal.

Los CIJ son una asociación civil no lucrativa incorporada al Sector Salud. Sus actividades se encaminan a la prevención, tratamiento, rehabilitación e investigación científica sobre el consumo de drogas en México. Actualmente cuentan con 101 unidades operativas: 92 centros de prevención y tratamiento, siete unidades de internamiento y dos clínicas para la atención a heroinómanos. Para su operación, cuentan con una plantilla de 1200 trabajadores, en su mayoría profesionales de la salud mental, apoyados por más de 11 mil voluntarios, lo que permite atender anualmente a casi

2 millones y medio de personas en programas preventivos y de sensibilización, así como dar tratamiento a más de 55 mil pacientes y sus familiares.[22]

Para iniciar el tratamiento lo debe solicitar el paciente o la familia. Primero se hace un diagnóstico médico mediante una entrevista; luego se realiza el estudio socioeconómico para determinar los costos de tratamiento y no afectar la economía familiar, además de un examen físico y una historia clínica del paciente. Posteriormente, y ya con un diagnóstico y determinadas las condiciones del paciente, se procede al tratamiento, tanto individual como familiar o con otros pacientes. También se recurre a la acupuntura o auriculoterapia, a fin de reducir los síntomas provocados por la abstinencia.

Esta institución tiene centros en todo el país y sus servicios estan abiertos a la ayuda de niños y jóvenes con problemas de adicciones. Eduardo Riquelme, subdirector de Hospitalización y Proyectos Clínicos de los Centros de Integración Juvenil del país, explica que el tratamiento que ofrecen los CIJ incluye unas semanas de desintoxicación, dependiendo de la droga utilizada:

El primer módulo es la desintoxicación; en el segundo entran las modalidades psicoterapéuticas, la terapia individual, la grupal y la familiar, pues la familia tiene un papel muy importante; después deben ir incorporándose a las actividades que tienen las unidades residenciales, deportivas, culturales, sociales y de convivencia con los demás internos.

---

[22] www.cij.gob.mx.

Asegura que los tratamientos son muy eficaces ante un problema de adicciones; sin embargo, advierte que su efectividad a largo plazo está en manos tanto de la familia como del propio adicto: "Hay que dar seguimiento, saber qué pasa a los seis meses y al año; esto tiene que ver con la historia natural del trastorno adictivo, pues la enfermedad tiene altas, bajas y recaídas".

Los tratamientos en los CIJ están abiertos a la comunidad en general, buscan como objetivo primordial reducir o inhibir el consumo o uso de drogas, además de identificar padecimientos asociados con este mal.

Hoy el papel que desempeñan es fundamental, pues brindan apoyo a un sector de la sociedad que no cuenta con los recursos necesarios para rehabilitarse de las adicciones. Destaca su labor informativa ante la amenaza latente sobre uno de los sectores más vulnerables de la sociedad: la niñez.

El trabajo fundamental, como ya se mencionó, es prevenir, pero la labor más asidua es ayudar a que personas que hayan caído en el infierno de las drogas salgan de estos problemas, dando ayuda integral al paciente y a la familia, tanto jóvenes como adultos.

Un antecedente común en mujeres consumidoras de drogas es el abuso sexual en la infancia, de manera repetida y por algún familiar. Además, mujeres con parejas que consumen drogas frecuentemente son objeto de violencia. Asimismo, los usuarios de drogas provienen a menudo de contextos familiares violentos, situación que los constriñe a reproducir las pautas de relaciones de violencia que constituyen un serio factor de riesgo para el abuso de alcohol y otras drogas. En este sentido, la institución ha impulsado el desarrollo de modelos de prevención y tratamiento para la atención articulada de la violencia familiar y las adicciones. Como menciona Carmen Fernández, directora general de operación de los cij,

> es hora de hacer visible la violencia; de hacer valer los derechos de mujeres y niños; de denunciar la violencia en casa; de cuestionar las normativas culturales que mantienen el dominio como parte de lo masculino y la subordinación como parte de lo femenino; de lograr acuerdos a través de la negociación, la no violencia, la equidad y la responsabilidad compartida entre hombres y mujeres.

Kena Moreno, quien ha mantenido su labor voluntaria en cij durante casi cuarenta años, promovió la firma de una Alianza de Mujeres en contra de las adicciones y la violencia para prevenir estos problemas sociales y atenderlos. A ella se sumaron funcionarias y líderes de la sociedad civil en las áreas de defensa de los derechos humanos, atender a menores en situación de calle, equidad de género, violencia familiar, trata de menores y seguridad pública.

5. *Tratamientos controvertidos*

Existen en México diversos grupos o residencias para tratar las adicciones, que de alguna forma tratan de utilizar la marca de Alcohólicos Anónimos o de Drogadictos Anónimos para ofrecer sus servicios. Pero han sido cuestionados por diversos organismos, ya que son tratamientos donde está de por medio la agresión física psicológica y verbal. Este tipo de tratamiento está condenado al fracaso, pues una de sus características es que el adicto está resentido con la familia por obligarlo a ir a ese lugar; puede estar internado tres o cuatro meses, mas cuando salga, su resentimiento será mayor. Entonces, recaerá en la adicción y será más difícil tratarlo.

Anexos o granjas

No todos tienen la fortuna de acudir a clínicas privadas ni la información suficiente sobre los grupos reglamentados, donde la atención es muy distinta a la de los denominados anexos o granjas. Hay muchos rumores acerca de maltrato físico y emocional hacia los internos en estos centros de rehabilitación. Es importante aclarar que son centros que utilizan sin autorización los emblemas de AA para ofrecer sus servicios y no cuentan con reglamentación alguna.

Los tratamientos en estas granjas o anexos consisten en confinamientos prolongados, caracterizados por el lenguaje fuerte, la alimentación escasa y el trato indigno hacia el adicto. Según sus principales críticos, el trato es inhumano. Así se confronta al adicto con su realidad para ponerlo en contacto con el fondo de su sufrimiento; sin embargo, no cuentan con profesionales que ayuden al enfermo en este viaje emocional, que puede resultar peligroso y derivar en una profunda depresión e incluso en el suicidio.

Erasto, adicto recluido en una granja de la ciudad de México, denuncia en *Seguridad Total* la existencia de abuso y maltrato físico y mental en los llamados anexos y relata:

> Llegué, me desvistieron, me metieron a bañar con agua fría, estuve parado sin zapatos ochos días, me dieron un café hirviendo con sal y un taco de rajas. Primero me dieron lo que llaman bombones: te pegan en el cachete y te lo abren. Luego ya te dan el café y el taco de rajas. Estuve ochos días sin dormir, y en cada uno me dieron un baño frío. Llegas supuestamente a una junta de información y la realidad es que son cinco minutos de golpes: te hincan en corcholatas, te cuelgan... Yo perdí una muela ahí, es terrible.

José Manuel Castrejón de AA asegura que esos tratamientos no son efectivos ni mucho menos dignos:

> Los encierran en una especie de cárcel: las puertas tienen candados, es un área de castigo. Ahí empieza realmente un secuestro: secuestran a las personas, se les priva del contacto con el exterior, no permiten que la familia los visite y menos que se acerquen para ver qué está pasando con esta persona, a la que se empieza a acusar de una serie de cosas.

Y agrega:

Sucede cualquier tipo de atrocidades, desde la violencia verbal continua hasta la violencia física y todo tipo de amenazas. Es peor si alguien recae; de hecho, se han dado casos de golpizas donde la gente termina muerta. Como no tienen un régimen de supervisión médica, ahí llegan personas con alguna complicación y mueren por falta de atención. Si se trata de mujeres, se han dado casos de violaciones.

Eduardo Riquelme, de los CIJ, explica: "Ha habido todo un intento de normar estos centros, y vamos ganando terreno en el sentido de que esos anexos puedan contar con el personal capacitado o al menos con una red de apoyo que pueda brindar ese servicio".

José Luis, adicto que estuvo recluido en uno de estos anexos, nos aseguró que quienes entran en ellos los enferman más, porque salen resentidos con su propia familia y con el mundo entero.

Los grupos del Cuarto y Quinto Paso

Hay otros grupos que, aun cuando se basan en la ideología de AA, nada tienen que ver con ellos. Se hacen llamar los Grupos del Cuarto y Quinto Paso y están cobrando cada vez más fuerza. En realidad no atacan un problema de adicción y los especialistas no los recomiendan; son llamados también "retiros espirituales para tratar las adicciones". Durante dos o tres días, confinados en cuatro paredes sin descanso y con el alimento básico, los adictos trabajan las emociones de episodios del pasado con la idea de liberarse de las cadenas que los atan a su adicción.

José Manuel Castrejón de AA explica en *Seguridad Total* que existe preocupación porque estas asociaciones están utilizando técnicas que llaman aplicaciones o terapias dirigidas:

Se caracterizan por el uso de la violencia: se contratan a grupos que secuestran a las personas, esto es, van a su domicilio a pesar de que las personas no sean alcohólicas y las encierran en estos grupos, en donde existe una especie de cárcel con candados, es un área de castigo y a partir de ahí empieza un secuestro. Van desde la violencia verbal continua, la violencia física y todo tipo de amenazas.

Roberto, de 31 años, adicto al alcohol y a la cocaína que se sometió a este tratamiento, explica: "Tuve un tratamiento para dejar de consumir y permanecer limpio. Viví tres días y dos noches sin dormir, alimentándome de lo más básico para poder trabajar con mi problema y mis emociones. Trabajé mis siete defectos de carácter y resalté siete virtudes".

Pero José Manuel Castrejón asegura que estos grupos, que hacen retiros en algunas haciendas o lugares lejanos, "someten a las personas a una continua situación de estrés, de presiones emocionales, de culpas, y sabemos que muchos de ellos ahí caen en brotes psicóticos. Algunos de ellos, al regresar se suicidan por ese manejo de las emociones sin control que hace gente que no tiene la capacidad". Advierte que "acercarse a este tipo de agrupaciones puede representar riesgos serios a la integridad o a la salud emocional".

José Luis, de 41 años, adicto a la piedra, da su testimonio en *Seguridad Total:* "Me decían ahí que no es la varita mágica, eso de 'pum' tú ya estás sanado no es cierto, es sólo un principio".

Erasto, de 17 años, adicto al alcohol y a varias drogas, no recomienda a estos grupos, y relata su caso: "De entrada a mí me dijeron 'ven, te invitamos, vas a conocer a Dios, vas a hablar con él, va a haber albercas, vas a andar en caballo'. Yo dije 'guau', o sea me lavaron el cerebro y dije: 'claro', y caí".

6. *Terapias alternativas*

Hoy en día las tendencias en el tratamiento para combatir las adicciones son cada vez más sorprendentes. Actualmente hay clínicas que ofrecen distintos tratamientos con base en el trato con animales o plantas y flores. Y, aunque resultan más costosos, quien tiene la posibilidad de costear este tipo de terapias encuentra en ellas no sólo una salida a sus problemas de adicción sino un lugar de esparcimiento. También es pertinente aclarar que estas formas de tratamiento son —deben ser— sólo parte de un tratamiento integral. La voluntad del adicto, acompañada de la supervisión médica y terapéutica, son fundamentales en cualquier programa de rehabilitación.

Acupuntura

Los doctores Humberto Brocca y Sandra Tovar, médicos especialistas en tratamientos con acupuntura para las adicciones desde hace diez años, usan la acupuntura como parte de un tratamiento para superar las adicciones a diferentes tipos de drogas. Esta práctica tiene en el mundo unos treinta años y fue descubierta por casualidad, como casi todos los grandes avances en la medicina.

¿Cómo funciona? "Existen puntos en la superficie corporal que están conectados con los órganos, y los órganos a su vez están relacionados con algunas energías emocionales e inquietudes y con toda una serie de frustraciones y deseos de la persona", explicó el doctor Brocca en entrevista para *Seguridad Total*.

El uso de las agujas funciona como un equilibrador natural de toda la química de los neurotransmisores cerebrales. Gran parte de los síntomas de abstinencia vienen por una baja en el nivel de dopamina; esa baja, sentida en el nivel del hipotálamo, produce ansiedad. La acupuntura eleva el nivel de dopamina y de endorfinas produciendo una sensación de bienestar surgida del organismo, y no de sustancias externas.

Para este tratamiento se ha establecido un protocolo en donde se emplean cinco puntos fundamentales, mediante los cuales se logra un estado armónico que funciona para los síntomas que produce la droga al ser retirada del organismo. Las agujas se colocan en las orejas para tranquilizar y lograr un efecto analgésico, pues se puede ver una representación de todos los órganos en la oreja.

Los cinco puntos estratégicos son:

- La puerta del espíritu, un punto relacionado con la tranquilidad y el espíritu, que es tranquilizante y analgésico.
- El punto del sistema simpático, un punto en la pared de la oreja que regula el sistema simpático, encargado de la respuesta de ataque huida del organismo. Así se reduce la agresión, la sudoración y muchos de los síntomas de abstinencia, así como la necesidad compulsiva de consumir droga nuevamente.
- El punto del riñón, sistema de eliminación que ayuda a desechar la droga acumulada y a favorecer procesos metabólicos del agua.
- El punto del hígado, que tiene una función muy importante en el metabolismo de todos los medicamentos y sustancias que entran en el cuerpo.
- El punto de pulmón, que en la medicina china se relaciona con el duelo y es un punto maestro de la energía.

Una de las grandes ventajas de este tratamiento, explica el doctor Brocca, es que "se puede aplicar en grupo y tiene un alto margen costo-beneficio: una semana de tratamiento en cualquier clínica convencional cuesta lo mismo que un año de tratamiento con acupuntura".

¿Qué tipo de adicciones pueden ser tratadas con acupuntura? Adicciones a cualquier tipo de droga o sustancia tóxica. También se usa para tratar problemas de estrés, íntimamente ligados con el consumo de sustancias enervantes. Pero en donde resulta más efectivo es en el tratamiento de las adicciones a las drogas más duras. Según Brocca,

> el tratamiento de un adicto difícilmente se termina; no se puede decir que se dé de alta a una persona que tiene una enfermedad crónica de este tipo. La adicción tiene distintas fases. El retiro de la droga dura unas tres semanas. Luego, el proceso adictivo empieza a ser superado y comienza otro proceso que dura más o menos un año. Después se sigue dando seguimiento al estado del paciente.

Pero, como cualquier tratamiento médico, la acupuntura se ocupa de la parte física y debe acompañarse de una terapia psicológica.

Aunque este tipo de tratamientos están cobrando interés entre los familiares de adictos, la realidad es que sigue existiendo una descalificación hacia este tipo de medicina alternativa. Además, por tratarse de agujas, mucha gente teme resultar infectado de enfermedades como sida y hepatitis, aunque hasta hoy no existen registros de contagio por acupuntura.

Zooterapia

Cómo su nombre lo indica, esta terapia se lleva a cabo con animales. El tratamiento busca ayudar no sólo en la recuperación de los adictos a las drogas; trata incluso patologías físicas, psicológicas y espirituales.

La terapia asistida con animales proporciona, entre otras cosas:

1. Compañía, lo que ahuyenta el sentimiento de soledad y desesperación.
2. Responsabilidad, al tener a "alguien" a quien cuidar y algo que hacer para lograrlo.
3. El desarrollo de la comunicación verbal y no verbal (como movimientos y expresiones faciales, sonrisas, miradas, cambios de postura, orientación, sentido de la distancia, permisibilidad de contacto físico, gestos, etcétera).
4. Estímulos para hacer ejercicio.
5. Una disminución de la ansiedad.
6. Mejoría en la salud cardiovascular.
7. Relajación muscular.
8. Desarrollo de la estimulación multisensorial.
9. Sentimiento de utilidad.
10. Un aumento significativo de los niveles de autoestima.[23]

Equinoterapia y terapia asistida con caballos

Entre los tratamientos que emplean animales, uno ha cobrado mayor interés: el tratamiento con caballos. Los expertos explican que el caballo puede lograr ciertos estímulos en los pacientes y que con ellos se logra que el adicto llegue a puntos de relajación muy benéficos; además se eleva su autoestima y se incrementa su confianza, puntos esenciales para la recuperación.

---

[23] Clínica Nuevo Ser, Tratamientos: Zooterapia en www.drogasno.com.mx.

A diferencia de las terapias tradicionales —explicó a *Seguridad Total* la doctora Aracelia Sanmiguel Garza, psicóloga especialista en terapias con caballos—, "el adicto confronta su realidad y no puede negar sus conflictos emocionales, porque son evidenciados con las actitudes del caballo".

También explica que no cualquier persona puede tomar este tipo de tratamiento; si alguien no ha desarrollado una empatía con los animales, es mejor no tratarlo con equinoterapia. "No es la solución de todo, pero es mucho más efectiva que la tradicional porque es muy obvia, sólo que no es conveniente si no hay una buena relación con los animales", advierte la doctora.

La diferencia entre la equinoterapia y la terapia asistida con caballos radica en los resultados que busca cada una. En la equinoterapia el objetivo es que la persona aprenda y reciba un beneficio mediante el contacto con un caballo, ya sea de relajación o para disminuir la ansiedad. La terapia asistida busca poner en evidencia los problemas y conflictos emocionales que están orillando a la tendencia adictiva; el caballo siente los conflictos personales de quien lo monta y los expresa con sus movimientos. De ahí que el terapeuta pueda confrontar al adicto con su realidad.

Un punto importante es que los caballos deben estar sanos y entrenados. Deben ser animales sanos, tranquilos y flexibles porque también transmiten el factor motriz a los enfermos. Es vital que los animales cuenten además con cierto carácter especial, porque en ocasiones hay quienes utilizan caballos denominados de desecho para este tipo de terapias, lo cual es un error. Sucede que, como ocurre con muchos servicios y nuevas tendencias médicas, podemos ver la incursión de charlatanes que en lugar de proporcionar un beneficio pueden provocar riesgos importantes. Hay personas que se dicen especialistas en equinoterapia y no están preparadas; utilizan caballos que no están sanos o tienen alguna deficiencia física y, al no contar con el entrenamiento adecuado, pueden causar accidentes en lugar de ayudar de una manera terapéutica. "Hay que conocer de caballos y tener una carrera relacionada con la salud mental".

Las recomendaciones de la doctora —quien también es delegada técnica y juez del comité de adiestramiento de la Federación Ecuestre Mexicana—, van en el sentido de buscar siempre organizaciones serias; sin importar el tipo de terapia que se busque, es importante acudir a los organismos especializados para obtener información de los centros que cuentan con la reglamentación y las capacidades para prestar un servicio efectivo y responsable. En este caso, quien pretenda seguir un tratamiento con caballos debe acudir a la misma federación, donde lo canalizarán con instructores u organizaciones que cuentan con profesionales de la salud especializados en terapias con animales.

El programa ofrece hipoterapia, monta terapéutica y psicoterapia asistida con caballos.

La equinoterapia ayuda a regenerar redes neuronales dañadas por el uso de drogas, además de otros beneficios:

- Fortalece los músculos.
- Mejora el equilibrio.
- Regenera la coordinación motriz gruesa y fina.
- Ayuda a la integración sensorial.
- Aumenta la autoestima y la seguridad en uno mismo.
- Eleva la capacidad de atención y memorización.
- Aumenta la responsabilidad.
- Reduce el estrés y la ansiedad.
- Ayuda a mejorar el manejo de la frustración, la comunicación y la disciplina.
- Mejora el funcionamiento de los sistemas respiratorio y cardiovascular y del aparato digestivo.
- Otorga autocontrol.
- Ayuda a la integración familiar.
- Fortalece el compañerismo y el trabajo en equipo.[24]

Terapia hortícola

Ésta es otra de las nuevas tendencias en tratamientos, sólo que aquí el continuo contacto con plantas y las actividades relacionadas con su cuidado y mantenimiento son la terapia principal. Los especialistas encargados de estas terapias aseguran que el paciente logra recuperar su independencia y además mejora sus habilidades manuales.

La Asociación Americana de Terapia Hortícola ha fomentado estos tratamientos ya que, afirma: "las plantas se usan porque crecen y cambian; responden

---

[24] Clínica Nuevo Ser, Tratamientos: Equinoterapia en www.drogasno.com.mx.

a los cuidados y no juzgan; estimulan la participación y los sentidos, y ofrecen esperanzas. Son capaces de elevar la autoestima, aliviar la depresión, relajar, mejorar las funciones motoras, la concentración, la motivación, la tolerancia al trabajo y la destreza manual de quienes las manipulan".

7. Uso de medicamentos en terapias de rehabilitación

La naltrexona es un medicamento muy utilizado en los tratamientos del alcoholismo o la drogadicción. Ha resultado ser muy efectivo en tanto el paciente se responsabilice de tomar el medicamento y seguir con el tratamiento.

La naltrexona disminuye el deseo por la sustancia tóxica al bloquear las partes del cerebro que sienten placer cuando se usa alcohol y narcóticos.[25] Algunos nombres de marca de este medicamento son Revia, Depade y Trexan. Aunque ayudan en los tratamientos para combatir las adicciones, deben ir acompañados de terapias y tomarse bajo supervisión médica. Tienen numerosas contraindicaciones; en dosis altas y con uso irresponsable pueden causar insuficiencia hepática.

Tratamiento de mantenimiento con metadona

Este tratamiento ambulatorio es adecuado para personas adictas a los opiáceos. Son programas en los

---

[25] Tratamiento con naltrexona en www.familydoctor.org.

que se recurre a la metadona, medicamento de opiáceo sintético de larga duración. Al ingerir metadona se evitan o disminuyen los efectos de la abstinencia, con lo que el enfermo poco a poco deja de consumir droga, al no sentir deseos de hacerlo.

El uso del medicamento a menudo está acompañado de orientación, terapia y otros servicios, y la duración del tratamiento puede variar de tres a seis meses. Para los usuarios de largo tiempo, el tratamiento puede durar toda la vida. Por lo general, no se administra metadona a jóvenes, y los que tienen menos de 18 años deben tener un permiso especial del Estado para participar.[26]

8. Nuevas tendencias en los tratamientos

La ciencia avanza a pasos agigantados y los estudiosos buscan maneras cada vez más eficientes para tratar el problema de las adicciones. Aunque pudiera sonar extraño, incluso se están desarrollando técnicas para atacar el consumo por medio de la genética y la neurociencia.

En el año 2001, en el marco de la reunión de la Comisión de Estupefacientes de la Organización de las Naciones Unidas que se llevó a cabo en Austria, México fue el país que propuso el uso del conocimiento científico de las neurociencias. Y es que esta ciencia pronto se ha convertido en algo esencial en el combate contra las adicciones.

[26] Tratamiento con Metadona en www.laantidroga.com.

Según un informe publicado por la Secretaría de Salud sobre las nuevas estrategias farmacológicas,

> se han identificado varias áreas del conocimiento en las que estos avances pueden ser útiles, y ha habido un incremento notable en el conocimiento de los neurotransmisores y receptores cerebrales que intervienen en los procesos adictivos, gracias a los avances en neuroquímica y neurofisiología. Se han identificado diversos receptores que incluyen el opiáceo, el dopaminérgico y el serotoninérgico.

Sin duda alguna, el fenómeno de las adicciones es muy difícil de comprender, y aunque diversos estudios apuntan que el entorno social y las amistades son factores de riesgo que generalmente contribuyen al consumo de sustancias adictivas, la realidad es que la propia genética de cada individuo lo hace vulnerable ante ciertas cosas, como en el caso de las drogas. No estamos hablando de una herencia genética que lleve al alcoholismo o la drogadicción; sin embargo, los antecedentes de adicciones en padres y familiares influyen de manera importante como factor de riesgo.

Las investigaciones han dado resultados importantes en todo el mundo. Según este mismo documento, publicado por quien fuera secretario de Salud durante la administración de Vicente Fox, Julio Frenk Mora, se explica que como consecuencia del conocimiento del mapa genético humano han aparecido dos nuevas ciencias: la terapia génica y la farmacogenómica.

La terapia génica es la identificación de los genes que intervienen en las adicciones para posteriormente intentar modificarlos. Aunque se esperan resultados impresionantes con estas técnicas, actualmente se encuentran en fase experimental en animales.

Se ha demostrado que hay personas con mayor vulnerabilidad a las adicciones. Posiblemente los niños con déficit de atención estén bajo un riesgo mayor de desarrollar adicción a la nicotina y otras drogas, así como quienes tienen una historia familiar de alcoholismo son más susceptibles de hacerse adictos al alcohol.[27]

Vacunas antidrogas

Se están desarrollando en varios países del mundo vacunas para el tratamiento de las adicciones. El tabaco, el alcohol y la cocaína son las principales drogas que se intentan atacar con estas investigaciones. Su objetivo es desarrollar medicamentos efectivos que inhiban los efectos de las sustancias a fin de que el consumidor se libere poco a poco de la adicción.

¿Cómo funcionan estas vacunas? Las sustancias adictivas son moléculas pequeñas que no generan anticuerpos por sí solas; sin embargo, si se combinan con una proteína transportadora producen anticuerpos que bloquean a las sustancias en la sangre antes de acceder al sistema nervioso central. Una estrate-

---

[27] Julio Frenk Mora, "Nuevas estrategias farmacológicas. El uso de los conocimientos en neurociencias como estrategia en la prevención y tratamiento de las adicciones y su uso en políticas de salud pública" en www.salud.gob.mx.

gia importante es el bloqueo de los receptores del cerebro en los pacientes adictos. Por lo menos dos vacunas van por buen camino: una es contra la nicotina (NicVax), actualmente en pruebas clínicas y que probablemente estará pronto en el mercado. La otra es contra la adicción a la cocaína, que se ensaya por lo menos en tres centros extranjeros. En nuestro país el grupo de Benito Antón y Philippe Leff está trabajando en este campo.[28] Se espera que para 2008 en España se lleve a cabo una prueba de la vacuna contra la cocaína en 150 adictos a esta sustancia. Información del periódico español *ABC* explica la manera en que esta vacuna pretende acabar con la adicción. Los pacientes recibirán cuatro dosis, y "la vacuna administrará una molécula muy parecida a la de la cocaína, pero adulterada para que sea reconocida por el sistema inmune como sustancia extraña". De lo que se trata, pues, es de evitar las sensaciones y efectos que el adicto siente cada vez que ingiere la sustancia, sea cual sea la vía que utilice, para que después de un tiempo y de manera paulatina vaya dejando de consumirla. Es claro que la vacuna deberá ser sometida a muchas pruebas, sobre todo tomando en cuenta que el organismo de cada individuo puede asimilar la sustancia de manera diferente.

Aunque se espera un resultado positivo y eficaz de esta vacuna hay especialistas que aún dudan de su efectividad, luego de que la vacuna contra la heroína no diera los resultados esperados, es decir, anular los efectos de la heroína y los opiáceos. Combinaba desintoxicaciones rápidas con implantes subcutá-

---

[28] Nuevos tratamientos farmacológicos empleados como posibles antiadictivos a psicoestimulantes en http://www.liberaddictus.org/pdf/0865-84.pdf.

neos que liberaban progresivamente naltrexona en el organismo. En teoría funcionaba, pero en la práctica no ha resultado tan exitosa.

9
¿Un problema de seguridad pública o de seguridad nacional?

En muy poco tiempo el narcomenudeo se ha convertido en una amenaza latente para nuestras comunidades. Hasta 2006, en el territorio nacional se tenían detectados más de 35 mil puntos de venta. El Distrito Federal encabeza la lista en la cantidad de las llamadas narcotienditas, con más de 10 mil; le siguen Baja California, Chihuahua, Sinaloa, Tamaulipas y Jalisco. El comercio de drogas al menudeo sigue aumentando de manera alarmante y esto se debe, sin duda, a otro problema igual o peor: el incremento tan acelerado en el consumo de estupefacientes en México. Estamos hablando de un aumento anual en el consumo de cerca de 40 por ciento, según datos dados a conocer por Eduardo Medina Mora, en entrevista como secretario de Seguridad Pública Federal.

El narcomenudeo y el consumo de drogas son problemas ligados, pues hay una corresponsabilidad; recordemos que, aun cuando es un problema aparte, el consumo es el último eslabón del narcotráfico. La solución no corresponde únicamente a las corporaciones policiacas; sin la participación de la sociedad, esta lucha está perdida. Por una parte, las autoridades deben atacar a los grupos criminales cada vez más cercanos a nuestra juventud y a la vista de todos. Por otra parte está la responsabilidad de las familias de alejar a sus niños y jóvenes del mundo de las drogas.

¿Cómo podemos identificar a un narcomenudista y entender cómo opera? Desgraciadamente hoy en día es muy difícil saber quién es delincuente y quién no lo es, pues los traficantes se han profesionalizado e incluso pasan inadvertidos. Pueden ser jóvenes bien vestidos, hasta confundirse con estudiantes o incluso serlo. La gravedad del asunto radica en que estos delincuentes acechan a niños y jóvenes dentro y fuera de los colegios, en los parques, en sitios donde supuestamente tendrían que estar seguros y lejos de estos peligros. Sin embargo, los vendedores de drogas están ahí, en ocasiones en contubernio con vendedores de dulces, juguetes, calcomanías, etcétera. Han desarrollado técnicas que resultan aterradoras; los padres ya no se sienten seguros ni de comprar un dulce en los puestos de fuera de los colegios por miedo a que vengan contaminados con algún tipo de droga.

Por momentos parecería que a las autoridades y al propio gobierno se les ha ido de las manos un problema que sin lugar a dudas traerá consecuencias graves en la calidad de vida de las familias mexicanas. El abogado David Garay explicó en *Seguridad Total*:

Las autoridades no estaban preparadas. El narcomenudeo ha proliferado como consecuencia de que ahora los grandes cargamentos de droga ya no se pagan en dinero por las dificultades inherentes para el lavado de dinero: ahora se pagan en especie. Son cantidades importantes de droga que los delincuentes tienen que distribuir de diferente manera, haciendo un mercado más accesible para ello. El fenómeno se ha pulverizado; ya no lo podemos ver sólo como un delito, sino como un hecho que viene aparejado con las comisiones que reciben y con el fomento de la adicción.

***

Hay un debate importante acerca del narcomenudeo: si debe ser atacado como un problema de seguridad nacional. Debemos saber, por ejemplo, que el narcomenudeo se ha incrementado en 762 por ciento y que el Distrito Federal es la entidad del país con mayor incidencia de este delito, siendo los jóvenes quienes más acuden a las narcotienditas. Para que una oferta crezca, así sea de drogas ilegales, debe haber un mercado que las exija. Aquí lo importante es primero aceptar que se está extendiendo de manera muy acelerada, debido a la incompetencia y a la falta de tacto político para identificar un fenómeno que el propio gobierno se resistía a aceptar.

El alto consumo de drogas de los mexicanos se había identificado ya: hace varios años que crece el consumo, particularmente de metanfetaminas y drogas sintéticas, aunque también ha habido un importante incremento en el consumo de cocaína y marihuana. No obstante, la administración de Vicente Fox, con mucha dificultad y obstinación, tuvo que aceptarlo e incluir en su discurso la peligrosidad del consumo de drogas en el país.

Ahora, aceptado el grave problema del consumo y por ende la proliferación del narcomenudeo, ¿es un problema de seguridad nacional? Tal vez no lo fue para la administración pasada, pero para Felipe Calderón es uno de los grandes retos. Siempre hay un debate acerca de cómo diferenciar entre seguridad nacional y seguridad pública. Ante los ciudadanos esa diferencia no existe, es un asunto de prioridades; entonces, aunque el Estado crea que deben existir otras prioridades de seguridad nacional, cuando el impacto social, político y económico es muy importante, debe manejarlo como un problema de seguridad nacional. Cuando se dice que hay un problema de seguridad nacional, se debe explicar cuánta gente va a morir si no se reacciona como debe ser, cómo va a afectarse la calidad de vida de los mexicanos o cómo se pondrá en jaque al Estado. Y aunque las grandes organizaciones criminales tienen un gran impacto en la sociedad debido a la ola de ejecuciones y la forma en que pueden amenazar y corromper a las autoridades, el narcomenudeo está a un lado de nuestras casas y es un fenómeno diferente, pero mucho más incidente en la vida diaria de los ciudadanos. El gobierno se verá forzado, debido a las presiones sociales, a considerar al narcomenudeo como una amenaza a la seguridad nacional.

De hecho, cada día habrá más demanda de que se involucren las fuerzas armadas; se deberá enfrentar no solamente el incremento del consumo, sino el impacto que tiene sobre la fuerza laboral, la violencia intrafamiliar, la criminalidad y la vida de los jóvenes. De no enfrentar esa amenaza, veremos rápidamente cómo se empieza a deteriorar la calidad de vida en muchas comunidades, lo que podría derivar, por supuesto, en una demanda para que las autoridades ataquen el problema del narcomenudeo, incluso de manera aún más severa que el del narcotráfico.

***

Con el anuncio del programa "Limpiemos México" en junio de 2007, parecería que por fin el gobierno mexicano se dio cuenta de que no puede abdicar en la lucha contra el consumo de drogas en México. Esta propuesta incluye la aplicación de pruebas antidoping a alumnos de escuelas públicas de educación básica, con la previa autorización de los padres. Como parte de una investigación sobre el tema en *Seguridad Total*, entrevistamos a diversas autoridades, padres de familias y estudiantes. La conclusión a la que llegamos fue que este tipo de programas, aunque muchos opinen que podrían ser incómodos para el menor, pueden ponerse en práctica de forma inmediata y requieren relativamente de pocos recursos (en comparación con otro tipo de programas de prevención). Además, podrían incidir en detener el tsunami de adicciones que enfrenta la juventud mexicana.

Sorprende que no haya surgido antes un debate público sobre los exámenes antidoping, pues ya hay en el país colegios y universidades privados que los aplican, para no hablar de los cientos de empresas que exigen estos exámenes a todas las personas que solicitan empleo. De, resultar positivo no victimizará al estudiante; al contrario, empujará a los padres y maestros a buscar ayuda antes de que surjan síntomas más severos como problemas de comportamiento y rendimiento escolar.

Cualquiera consideraría que tener que orinar en un vaso de plástico es una invasión de la privacidad. Un aspecto importante de los programas antidoping es crear un incentivo para que los muchachos pospongan lo más posible su experimentación con las drogas, que, según los expertos, ayuda a reducir la posibilidad de tener una adicción como adultos. Además, un programa escolar antidoping promovería una detección temprana de estudiantes que potencialmente tienen un problema de adicciones, lo que permitiría involucrar a los padres de familia que posiblemente estuvieran renuentes a aceptar que su hijo tiene un problema de adicciones.

Pero a la propuesta del presidente Calderón le faltó un aspecto importante. Además de los estudiantes, los maestros y directivos de las instituciones deberían ser sometidos también, en forma aleatoria, a estos exámenes. En Iztapalapa, el programa de prevención de adicciones que incluye la aplicación de pruebas antidoping a estudiantes, se arrancó en una primera etapa con una prueba a los funcionarios de la delegación; tal vez eso debería retomarse en el programa federal. Los adultos deberíamos predicar con el ejemplo.

***

El presidente Calderón ha emprendido una "guerra" contra el crimen organizado. Pero parece que decidió abdicar en la lucha en contra el consumo de drogas. El gran reto del presidente Calderón en su batalla contra el crimen organizado será detener y garantizar la desarticulación de estos grupos. El segundo reto será asegurar la capacidad del gobierno federal para continuar con una estrategia coordinada entre las secretarías, algo que no ocurrió en la administración pasada, y llevar a cabo los operativos civiles y militares para mantener la presión sobre las organizaciones durante todo el sexenio. Y el tercero, que determinará el éxito o el fracaso de la estrategia calderonista, tiene que ver con las reformas al sistema de justicia que incluyen, entre las más importantes, la unificación de los cuerpos policiales federales y el establecimiento de juicios orales en los procesos penales.

Y es que el gobierno mexicano ha dado prioridad a la lucha contra el narco, medida que por un lado puede ser aplaudida, pero que, por el otro, abandona o deja en segundo término la prevención ante esta ciega persecución de narcotraficantes. No podemos obviar que México en pocos años pasó de ser un país productor a uno consumidor; tampoco podemos negar que cada día son más los jóvenes —y, tal vez lo peor, cada vez más pequeños— que se enredan en el terrible mundo de las drogas. Actualmente el gobierno mexicano destina sólo un peso para la prevención de adicciones por cada 16 gastados en la lucha contra los narcotraficantes, según el Consejo Nacional contra las Adicciones (Conadic). El organismo señala que la Organización Mundial de la Salud (OMS) recomienda que 10 por ciento del presupuesto para el sector se emplee en salud mental y combate a las adicciones, pero en México solamente se destina 1.2 por ciento.[29] Esto no sólo nos da un panorama desolador, sino que pone en evidencia la falta de voluntad para afrontar el problema. El presupuesto anual del Conadic es de aproximadamente 192 millones de pesos, pero de acuerdo con estimaciones del organismo se necesitarían alrededor de 1,200 millones para aplicar programas de prevención más efectivos.

Mas que una guerra en contra del narcotráfico, lo que urge ahora es hacer frente al desmedido incremento del consumo de estupefacientes en el país con medidas que tengan resultados a corto plazo.

Toda cruzada requiere un líder al mando. Por ello el gobierno necesita con urgencia identificar claramente al secretario que tendrá la responsabilidad —práctica y política— de coordinar los esfuerzos del gobierno federal con los gobiernos estatales, los legisladores, la rama judicial y, lo más importante, con la sociedad civil.

La excusa de la atomización de funciones no se puede permitir. Si es importante combatir el consumo, el presidente debe designar a uno de los secretarios para que dé la cara ante la sociedad, en los éxitos y en los fracasos. Una de las responsabilidades más urgentes es desarrollar estadísticas confiables y públicas que se compartan con la sociedad sobre la magnitud del problema. La última, la Encuesta Nacional

---

[29] *El Universal*, 26 de junio de 2007.

de Adicciones, se elaboró en 2002. No hay funcionario público, incluyendo el procurador Eduardo Medina Mora, que no afirme que se ha incrementado el consumo de drogas en el país; muchas de estas afirmaciones se basan en un análisis de lo que está sucediendo con el incremento del fenómeno de narcomenudeo, los cambios en los patrones de consumo en México y Estados Unidos, y las nuevas rutas de tráfico de drogas de los narcotraficantes.[30] Pero no se tienen datos recientes sobre la evolución de la gravedad del problema. No se puede desarrollar políticas públicas efectivas sin información reciente.

Prueba clara de la falta de programas es que no existen siquiera las campañas necesarias en medios masivos. El gobierno federal ha incluido en sus programas de difusión campañas contra el narcotráfico, mas no a favor de la prevención del consumo. De acuerdo con un informe de la Subsecretaría de Normatividad de Medios de la Secretaría de Gobernación, entre el 1 de diciembre de 2006 y el 30 de abril de 2007 se emitieron 732 mil mensajes sobre el combate al narcotráfico y a la inseguridad —incluidos operativos conjuntos, quema de plantíos, incautación de droga, decomisos y detención de delincuentes—, pero ninguno que fomentara la prevención.[31]

Es importante subrayar que el impacto (positivo o negativo) de la guerra de Calderón contra el crimen organizado no se podrá evaluar sino hasta después de que termine su gobierno. Tal vez pase más de una

---

[30] *El Universal*, 27 de junio de 2007.
[31] *Idem.*

década antes de que se sepa si se tomaron las decisiones correctas. Pero en la lucha contra las adicciones, la juventud mexicana no puede esperar.

***

Sin lugar a dudas las tendencias en Estados Unidos tienen un efecto en nuestro país. Además, las experiencias internacionales nos pueden servir como ejemplo de políticas públicas que deben aplicarse para evitar o resolver problemas.

En marzo de 2007 se publicó en Estados Unidos un nuevo y detallado estudio sobre los patrones de consumo de estupefacientes en el país vecino. Uno de los datos más contundentes de este estudio del National Institute of Health (Instituto Nacional de la Salud) es que más de 10 por ciento de la población adulta en un momento de su vida abusa de algún estupefaciente, y que 2.6 por ciento reconoce su adicción. Este estudio es un recordatorio de que, a pesar de todos los programas para atacar el tráfico y el consumo de drogas, los recursos invertidos y las vidas perdidas, Estados Unidos continúa siendo una nación con problemas de adicciones. ¡Estamos hablando de que 10 por ciento de la población adulta abusa de drogas! Lo relevante es que se trata de una de las encuestas más detalladas que se han hecho sobre los patrones de consumo en Estados Unidos desde los años noventa, para la que se entrevistó a más de 43,000 estadounidenses.

Entre otras conclusiones se revela que la marihuana continúa siendo la droga de la que más se abusa en el país con un 8.5 por ciento, seguida de la cocaína, con 2.8 y las metanfetaminas, con 2 por ciento.

El dato nuevo en este informe, que seguramente deberá tener consecuencias en las políticas públicas no sólo de Estados Unidos sino de países consumidores como México, es la resistencia de los adictos a buscar y recibir tratamiento. Sólo 8 por ciento de las personas con problemas de abuso y menos de 40 por ciento de las personas diagnosticadas como adictos han recibido algún tratamiento o ayuda médica. Funcionarios del gobierno estadounidense expresan su frustración ante estos datos, ya que el problema no es la falta de programas, clínicas y centros de atención para adictos. El problema es que todavía existe un fuerte estigma social, según el Director del Instituto Nacional para el Abuso de Drogas (NIDA por sus siglas en inglés): la adicción no se ve como una enfermedad del cerebro que requiere intervención médica, igual que cualquier padecimiento crónico. Otra encuesta del gobierno estadounidense subraya esta problemática desde otro ángulo, ya que 94 por ciento de los adictos que no han recibido algún tratamiento sienten que no necesitan ayuda.

En México el panorama no es muy distinto. Aunque el porcentaje de adictos es mucho menor, el consumo de estupefacientes continúa incrementándose de manera alarmante. Existen decenas de opciones de tratamientos en México, sin importar el nivel socioeconómico. Pero seamos realistas: las clínicas y centros de atención se encuentran en las grandes urbes; en ciudades pequeñas y regiones rurales no existen o son pocos.

Entonces, al igual que en Estados Unidos, la preocupación en México debería ser promover una cultura de la rehabilitación, con información disponible, para así evitar caer en las garras de centros de tratamiento irregulares donde existe maltrato físico y emocional.

***

Hoy las técnicas de los criminales son cada vez más escabrosas; de hecho, la utilización de drogas es común en la perpetración de un crimen. Según una investigación del periódico *El Universal*, entre 2004 y 2006 por lo menos trece personas han muerto a manos de prostitutas que utilizan drogas en sus víctimas para inmovilizarlas y robarlas.

El reportaje, publicado el 30 de enero de 2007, describe:

En bares y cantinas eligen a sus víctimas. En su mayoría, son hombres casados en busca de diversión. En pequeños bolsos de mano esconden unas gotas oftálmicas que al menor descuido agregan a las bebidas o untan en sus senos y que causan efectos mortales combinadas con el alcohol. A la fecha, 44 robos y 13 homicidios se suman a la lista de crímenes imputados a sexoservidoras que operan de esta forma en una red de hoteles de la capital.

Según esta mismo trabajo, el Refractyl ofteno y Eye Mo, gotas para los ojos, son los dos medicamentos utilizados para perpetrar estos crímenes. Lo más grave es que son medicamentos comerciales muy sencillos de conseguir; producen sueño, pero combinados con alcohol y en dosis elevadas pueden provocar un infarto, por lo que resultan mortales.

Según un informe de la Fiscalía de Averiguaciones Previas de la Procuraduría General de Justicia del Distrito Federal, son once los asesinatos cometidos y más de 44 los robos por parte de sexoservidoras que usan estas drogas. Sin embargo, información de la misma Procuraduría filtrada a los medios de comunicación habla de más de treinta homicidios. La realidad es que, aunque las cifras parezcan no ser tan alarmantes, debemos considerar que muchos casos no son denunciados por las víctimas o sus familias, sobre todo por tratarse en su mayoría de hombres casados que no quieren comprometer sus relaciones.

Así, como estos casos, hay muchos más en los que los criminales utilizan todo tipo de drogas, para robar a las víctimas, violarlas o incluso matarlas. Es importante tener mucho cuidado cuando salimos a lugares recreativos. Sobre todo los jóvenes, quienes resultan más vulnerables por su asistencia periódica a bares, restaurantes y discotecas, donde podrían ser víctimas de la ingestión de drogas sin su consentimiento.

III

ANEXOS

I

DEBATE SOBRE LA DESPENALIZACIÓN DE LAS DROGAS[32]

JORGE FERNÁNDEZ MENÉNDEZ: Uno de los temas más controvertidos de nuestra agenda social es la despenalización de las drogas en el contexto de la "guerra contra el narcotráfico" (así se la ha llamado, aunque el nombre quizá no sea el más exacto). El tema que subyace a la parte represiva y policial de seguridad es qué hacer con las drogas cuando su consumo ha crecido en forma geométrica. Esto es lo que vamos a analizar en nuestra mesa. Para ello nos acompañan Ana María Salazar Slack, Jorge Chabat, Jorge Carlos Díaz Cuervo —diputado local de la Asamblea Legislativa del Distrito Federal por parte de Alternativa Social Demócrata—, Luis Solís Rojas —director de prevención de los Centros de Integración Juvenil— y Leo Zuckerman.

Para comenzar es necesario analizar si es posible despenalizar o no las drogas en el actual contexto político, económico y social.

---

[32] Este debate se realizó en las instalaciones del Grupo Imagen a mediados del 2007 con la finalidad de publicarse en el presente libro.

Ana María Salazar Slack: En este momento no existe el ambiente político propicio para legalizar o despenalizar las drogas. Más aún: el ambiente político ha dificultado la posibilidad de sostener un debate sano y abierto que permita buscar opciones o ideas para enfrentar estos dos problemas: el incremento en el consumo de drogas en México y los grupos de crimen organizado, que con el paso de los años han obtenido mucho más poder y arraigo en el país.

Hasta ahora el debate se ha manejado en términos morales: "¡Es inmoral consumir drogas! ¡Es inmoral legalizarlas!". Incluso se ha vuelto un debate de percepciones o de concepciones acerca del papel del gobierno en la vida de una persona: ¿Tiene el gobierno la capacidad, o el deber, de controlar lo que ingerimos? Pensemos en el suicidio: si uno se quiere suicidar, pues se puede suicidar, pero ¿y si uno quiere ingerir drogas a pesar del daño que causan? Repito, el problema es que este debate se ha vuelto también un debate sobre el papel que debe desempeñar el gobierno en la vida diaria. Desafortunadamente, lo anterior ha hecho que el centro de esta discusión no sea cómo evitar que nuestros niños y adolescentes consuman más drogas. Me parece que no deberíamos debatir acerca de si se debe legalizar o no, o si se debe invertir más dinero o no en combatir a estas organizaciones delictivas, sino de cómo evitar que nuestros hijos consuman más drogas.

JFM: Jorge Carlos Díaz Cuervo: Alternativa Social Demócrata fue el único partido que participó en la elección federal de 2006 y que, en su plataforma programática, incluía un punto (que existía desde la época de México Posible) sobre la despenalización del consumo de marihuana.

Jorge Carlos Díaz Cuervo: Así es, y coincido con Ana María. Me parece que lo que debemos hacer es dejar a un lado las cuestiones morales al debatir sobre las drogas y concentrarnos en las políticas públicas: ¿Es suficiente el combate policiaco al consumo y tráfico de drogas? A nosotros nos parece que no, que debemos abordar este fenómeno social desde otras perspectivas, como son las adicciones y la salud pública. Insisto: el consumo de drogas también es un problema de salud pública, no sólo de delincuencia, y nos parece que el Estado no ha hecho lo suficiente para atender un asunto mucho más cotidiano de lo que en ocasiones queremos aceptar. Si empezamos por reconocer, por ejemplo, que la marihuana y el hachís —es decir, los canabinoides, como se llama a estas drogas que tienen como sustancia activa el cannabis— no son más tóxicas ni más adictivas que el alcohol y el tabaco, podemos empezar a sentar las bases para pensar en una despenalización —en un control del consumo de la marihuana o del hachís—, bases que nos permitan abordar este fenómeno desde otra perspectiva. Ya lo han hecho otros países. En México se podría empezar el debate y pensar en una legislación que saque de la clandestinidad el consumo de la marihuana y del hachís, para que dejemos de tratar como delincuentes a quienes consumen estas drogas e invirtamos más dinero en el tratamiento de las adicciones, en políticas y campañas de prevención, en lugar de seguir combatiendo este asunto con helicópteros y ametralladoras.

JFM: Luis Solís Rojas: Tú te enfrentas a este problema con niños y jóvenes adictos a las drogas. ¿Qué piensas al respecto? ¿Qué hacer con el problema de la inseguridad, que vivimos todos, y con esta dimensión social difícil de soslayar?

LUIS SOLÍS ROJAS: Yo coincido con los compañeros en el sentido de que no es un problema lineal, sino muy complicado. Las adicciones, para mí, no son una causa sino un efecto de una serie de situaciones de tipo económico, político, de desarrollo, etcétera. Y eso nos impide ver que esta situación tan compleja requiere tratamientos igualmente complejos, no sólo desde el punto de vista de la legislación. Hasta ahora, no he visto un proyecto de ley realmente congruente sobre el tema. Muchos de los legisladores que han propuesto la despenalización o la regulación de las drogas las han tratado de manera parcial, porque realmente no han visto los efectos epidemiológicos que pesan sobre la población. Experiencias en otros países apuntan a que se está dando marcha atrás a este respecto.

En diciembre de 2006, tuvimos la visita del doctor Jovan Barths, ministro de Salud de Holanda, quien nos contó la desalentadora experiencia de los últimos 31 años en el área de Amsterdam, con los famosos *coffee shops*. Ellos tienen el mayor número de consumidores de cocaína y de éxtasis en Europa, y esto ha generado un problema de narcoturismo muy importante. Los narcoturistas, sobre todo belgas y alemanes, que llegan a Amsterdam, no solamente consumen marihuana. Aquí hay que tomar en cuenta, como decía Ana María, que estas propuestas no me parecen pertinentes porque pasan por alto evidencias. En mi calidad de médico quiero recalcar que en los últimos años ha habido un desarrollo muy importante de técnicas y se ha identificado que la marihuana se fija en receptores del sistema nervioso central y que, por otra parte, puede potenciar el uso de otras drogas, ya que se fijan en receptores de un mismo circuito del placer. Cada vez tenemos más evidencias acerca de que el tabaco y la marihuana pueden servir como drogas puente para el desarrollo de otras adicciones. Para concluir, afirmo que no he visto una propuesta fundamentada a partir de la evidencia científica.

Leo Zuckerman: Yo quisiera retomar el asunto, como decía el diputado Díaz Cuervo, no desde el punto de vista moral, sino desde el punto de vista de las políticas públicas. A mí me parece que la pregunta relevante es si la prohibición realmente desalienta el consumo. Por lo que hemos visto en nuestro país, la respuesta es un contundente *no*, y hay que tomarlo en cuenta. Esta política pública de prohibir las drogas no está frenando su consumo, por lo tanto, creo que no funciona. Cuando el Estado prohíbe algo, por definición no puede regularlo. Si prohíbes la prostitución, no puedes regularla; si prohíbes las drogas, no puedes regular su mercado, etcétera. Quien acaba regulando estos mercados ilegales es el crimen organizado, que actúa como una especie de regulador natural y, por lo tanto, queda en sus manos ver qué cantidades y calidades de droga se venden. Lo que hemos visto en nuestro país es que día a día hay más droga en el mercado y de peor calidad, porque en la búsqueda de mayores utilidades, los cárteles de la droga venden mercancía muy deficiente. Tomemos el caso de Estados Unidos, en donde el alcohol es legal y las drogas son ilegales: en las universidades estadounidenses muchas veces es más fácil para un estudiante conseguir drogas que alcohol.

JFM: Sí, si vas a pedir una cerveza te piden identificación.

LZ: Exactamente. El mercado del alcohol sí es legal, pero está regulado, entonces quienes venden alcohol a menores pueden perder una licencia que vale muchos miles de dólares; por consiguiente, las tiendas no venden alcohol a los menores. En cambio, con las drogas resulta que incluso hay números 01-800 que se las llevan hasta los cuartos de los campus universitarios: hay entrega de todo tipo de droga, de marihuana, de cocaína, etcétera.

JFM: En México existe también este tipo de entregas, así está circulando la droga en nuestro país.

LZ: Ésa es la paradoja: es más fácil conseguir una droga ilegal que una droga legal, como el alcohol. Dado lo anterior, y en vista de que la prohibición no funciona, hay que pensar más bien en la legalización y en una regularización muy estricta de las drogas. ¿Qué tipo de legalización? ¿La de todas las drogas o de algunas? Creo que estos son detalles importantes: no puedes legalizar toda la heroína, sería una locura, pero sí legalizar las drogas más suaves, como la marihuana o incluso la cocaína, y luego ver qué tipo de regulación aplicar.

Hay dos regulaciones que me parecen muy importantes: la primera, un control muy estricto sobre los menores, es decir, que no se les pueda vender nada, como sucede precisamente con el alcohol en Estados Unidos. La segunda, usar el dinero de los impuestos de las drogas legales para hacer campañas en contra de las adicciones, como se ha hecho en otros países con el impuesto al cigarro. Las campañas contra el tabaquismo han bajado de manera considerable el consumo de cigarro.

JFM: Jorge Chabat, ¿tú qué opinas?

JORGE CHABAT: Hay varias discusiones a la vez. Creo que primero hay que distinguir entre la legalización de la producción, el tráfico y el consumo de drogas, y la despenalización, que es más bien la legalización del consumo. Hemos estado hablando de ambas cosas: ciertamente, la despenalización evita la persecución de adictos —lo cual me parece razonable porque, en general, no representan una amenaza, a menos que se pongan a manejar y hagan algunas otras cosas—, pero no resuelve el asunto de las mafias, que son la otra parte del problema. Éstas se generan junto con la corrupción y la violencia porque la producción y la distribución son ilegales. Son, como dije, dos discusiones diferentes. Ciertamente coincido con que legalizar no está en la agenda de Estados Unidos ni en la de muchos otros países. Tenemos el antecedente de la despenalización de marihuana y de hachís en Holanda y en algunos países europeos, y la verdad es que no ha cambiado mucho el panorama, salvo que efectivamente los gobiernos no están llenando las cárceles con adictos.

La pregunta aquí es si debemos movernos para buscar la legalización —yo no la veo políticamente viable, porque Estados Unidos simplemente no lo discute— o si por lo menos hay que concentrarnos en la despenalización para dirigir las baterías del Estado sobre las mafias y no sobre quienes compran drogas en la calle.

La discusión acerca de la prohibición es muy amplia, y no estoy seguro de que esta última desaliente el consumo. Puede ser que no, pero no lo sabemos. La única manera de saberlo es medir qué pasa cuando hay prohibición y qué pasa cuando hay drogas legales, y hasta ahora no tenemos esos datos. Lo que sí es cierto es que la prohibición genera mafias, corrupción y violencia, lo que para mí es la parte más grave. En cuanto al consumo, y sin quitarle la importancia que tiene, habría que pensar qué hacer para reducirlo, asumiendo que siempre habrá una parte de la población dispuesta a consumir drogas.

El otro punto de discusión del que hablaba Ana María, en cuanto a si el Estado tiene realmente la capacidad o el deber de prohibir lo que se ingiere —es la discusión filosófica que me parece más importante—, yo creo que no, porque con esa lógica tendríamos que prohibir las carnitas de puerco, el azúcar (por los que se mueren de diabetes) e incluso algunas ginebras (no voy a decir marcas), porque son productos dañinos para la salud. Deberíamos poder tener este nivel en la discusión, pero hoy por hoy la legalización está fuera de la agenda de México y del mundo.

En cuanto a la despenalización, es probable que sí pueda estar en la agenda, porque existe la experiencia en otros países, aunque me temo que a Estados Unidos no le gustaría tener al sur de su frontera un país en el que el consumo de las drogas sea tolerado.

JFM: Luis, a diferencia de los que han intervenido, tú estás a favor de la prohibición, la no legalización, la no despenalización del consumo de drogas. ¿Qué opinas ante los argumentos de Leo?

LSR: Todos los argumentos son inteligentes y válidos, porque cada uno plantea las cosas a partir de su formación; sin embargo no podemos caer en un discurso ni extremadamente prohibicionista ni extremadamente liberal. No podemos comparar la prohibición del consumo de algunas drogas con el alcohol y el tabaco, porque responden a situaciones históricamente diferentes. El consumo de alcohol y tabaco ha tenido un comportamiento y un carácter cultural diferente a lo largo tiempo. Lo que yo me pregunto, y quisiera preguntar a mis compañeros de la mesa, es si ellos tienen alguna fórmula para que de manera efectiva y contundente el gobierno mexicano pueda controlar la producción, el acondicionamiento y el menudeo de una droga sin incurrir a final de cuentas en alguna actividad corrupta. El término *legalización* a mí me parece un sueño, una ilusión, en tanto forma para acabar o controlar el consumo de drogas. Como ya lo dijo Jorge, tenemos por una parte a Estados Unidos con su política claramente prohibicionista, y por otra, a los países europeos de tradición mucho más liberal, pero México tiene características específicas.

JFM: Me parece que la pregunta de Luis es pertinente independientemente de cómo se despenaliza. ¡Qué podemos pensar de la actitud prohibicionista de Estados Unidos, cuando su gobierno reconoce que la mitad de la marihuana que se consume en Estados Unidos se produce allí mismo! Tienen parques nacionales llenos de marihuana y una serie muy exitosa de televisión que se llama *Wits*, en la que un ama de casa se dedica a vender drogas en un suburbio.

JC: Otro ejemplo es la revista *High Times*, que puedes comprar en cualquier parte, y donde te dicen cómo producir la marihuana. Lo único que no hay son cárteles de la droga, me parece que se distribuye sola.

JFM: Sí, como me dijo en alguna oportunidad el general Barry McCaffrey: "se pulveriza cuando cruza la frontera". Pero vayamos por partes. Supongamos que se despenaliza la droga y se fija una cantidad permitida. ¿Esto sirve? ¿En qué sentido sirve y en cuál no?

JDC: Nosotros estamos trabajando en tres iniciativas que se van a presentar en la Cámara de Diputados. Elsa Conde, nuestra diputada, las está trabajando, y creo que dan luces de por dónde se podría avanzar. Primero, se podría regular y permitir el uso industrial del cáñamo de la planta de la marihuana que, entre otras cosas, sirve para producir papel. Lo anterior permitiría la producción de marihuana con fines industriales. Segundo, se podría permitir el uso terapéutico: sabemos que el cannabis es una sustancia activa benéfica incluso para el tratamiento de la obesidad. Y tercero, aunque el caso es más complejo: se podría despenalizar el consumo de la marihuana, del hachís y de todos estos productos *canábicos*. Es decir, nos parece que, en el terreno de las libertades, el trato que se da al consumo de la marihuana o del hachís no tiene por qué ser distinto del que se da al alcohol o el tabaco. Los efectos son similares, por lo que es un falso debate contrastar el tema del consumo con el de la adicción. Consumir alcohol no es malo, como tampoco lo es consumir tabaco; el problema es cuando se convierte en una adicción que perjudica la salud. Lo mismo ocurre con la marihuana y con el cannabis: el consumo por sí mismo no es malo, no necesariamente vuelve a las personas adictas y mucho menos delincuentes. Si analizamos esta tercera iniciativa que busca claramente despenalizar el consumo de la marihuana y del hachís, podríamos estar dando pasos en el sentido correcto.

AMSS: ¿Qué desean obtener con esta propuesta? Y, volviendo al tema central, ¿cómo evitar que se incremente en México el consumo de drogas? No sé si al despenalizar la marihuana, el consumo vaya a aumentar; intuyo que sí. Tú comparas la marihuana con el alcohol y el tabaco pero no olvides que el alto consumo de alcohol en México es un importante factor de muerte debido a los accidentes automovilísticos y problemas de alcoholismo. Si comparas la marihuana con el alcohol y el tabaco, y te preguntas cuáles son las causas de muerte en México, la respuesta es que sabemos que el tabaco está matando. Entonces ¿qué sentido tiene hacer una propuesta como la que ustedes están haciendo? ¿Pueden asegurar que no se incrementará el consumo de marihuana en el país?

JDC: No, lo que nos parece es que el problema de violencia y de inseguridad que tenemos está relacionado con la prohibición del tráfico y de la producción de la marihuana, entre otras drogas.

AMSS: Te refieres a que los cientos de personas ejecutadas en el país, ¿lo son por la marihuana?

JDC: Bueno, es por toda la corrupción que esto implica.

AMSS: Pero ¿es la marihuana?

JDC: En parte.

AMSS: Aquí el problema es que estamos hablando de legalizar la marihuana, pero veamos lo que está pasando con sus cárteles de la marihuana. Seguramente son cárteles peligrosos, pero tienen un impacto muy reducido en comparación con los de la heroína y la cocaína. El problema no es la marihuana, sino la violencia, las ejecuciones y la corrupción en el país. Por eso hago nuevamente la pregunta central: ¿Su propuesta hará que se reduzca o que se incremente el consumo de marihuana en el país?

JDC: Nosotros creemos que el consumo de marihuana no se va a modificar. El consumo está ahí, al alcance de la mano: cualquiera puede consumir. En cambio creemos que sí podría disminuir si se legaliza, se ordena y se aplican políticas públicas que combatan el problema de las adicciones, así como el consumo de marihuana a temprana edad, como ha sucedido con las campañas contra el tabaco, que sí han logrado disminuir el consumo.

AMSS: Pero ¿por qué no emprender políticas desde este momento? Yo creo que uno de los grandes errores del país ha sido no destinar recursos ni crear mecanismos reales para quienes tienen un problema de adicción: al tabaco, el alcohol, la marihuana, etcétera. ¿Por qué no promover políticas públicas y asegurar que haya recursos para resolver todos estos problemas?

JDC: Estoy de acuerdo, y creo que legalizar el consumo de la marihuana nos permitirá tratar a las personas adictas a la marihuana como tales, es decir, como enfermos y no como delincuentes a los que hay que meter a la cárcel por traer cinco cigarros en la bolsa.

Y para contestar claramente a tu pregunta, yo opino como Jorge Chabat, es decir, que habría que legalizar todas las drogas, porque creo en la libertad y cada persona tiene derecho a decidir qué consume. Pero en términos de lo que es posible, tendríamos que ir primero por las drogas llamadas blandas para luego ir avanzando y entender mejor estos fenómenos.

JFM: Ana María preguntaba qué está matando; la verdad, yo no creo que la producción y el tráfico de marihuana pesen tan poco en la cadena de violencia. Basta con hacer un recorrido por Michoacán...

AMSS: No, Jorge, pero compáralo con el problema de las adicciones.

JFM: No, justamente no se debe comparar, porque son dos cosas distintas. Yo no conozco a nadie que se haya muerto por adicción a la marihuana; han muerto por adicción a la cocaína, a la heroína o a otras drogas. Pero sí, el salto a las otras drogas es real, como el salto del alcohol a las otras drogas: todos los alcohólicos terminan con una relativa adicción a la cocaína. Yo no sé cuantos muertos ha habido por consumo de drogas —quizá Luis tenga el dato—, pero lo que sé es que en lo que va de 2007 van más de mil muertos por enfrentamientos entre las mafias de las drogas.

Leo, tú tenías una propuesta que decía: "hagamos lo del tabaco, pongamos tasas muy altas, legalicemos, seamos muy estrictos en el control y todo lo que se recaude de esos impuestos utlicémoslo en políticas de prevención". ¿Lo que dice Ana María es viable?

LZ: Lo que Ana María pregunta es por qué no se aplican estas políticas públicas independientemente de la legalización. Me parece que no se hace porque el Estado mexicano no tiene dinero; un Estado que recauda diez puntos del PIB tiene muchas cosas qué hacer, entre otras combatir la inseguridad que viene de las mafias de las drogas.

JFM: Desde luego, y cabe sumar a lo anterior la ceguera que se tuvo frente al consumo hasta hace muy poco tiempo, pues se consideraba un problema reducido a un grupo de *hippies*.

LZ: Volviendo al tema, me parece que la legalización del alcohol en Estados Unidos sí es un buen punto de referencia para saber qué podría ocurrir si se legaliza una droga. Como señala Jorge Chabat, no sabemos si el consumo se incrementa o no porque no tenemos a priori y a posteriori en este ejercicio, pero revisemos lo ocurrido en Estados Unidos cuando se legalizó el alcohol después de la prohibición: los índices de alcoholismo no subieron especialmente; en el corto plazo hubo una pequeña alza, pero luego bajó y regresó a su nivel anterior. Ya lo dijo Jorge Chabat: siempre habrá alcohólicos y drogadictos, es una constante de la sociedad.

JFM: Recuerdo lo que Elliot Ness* declaró cuando se legalizó el alcohol; le preguntaron: "¿Qué va a hacer ahora?" y él respondió: "Tomar una cerveza".

LZ: Sí, pero precisamente eso permitió que se acabaran las poderosas mafias que distribuían el alcohol y que se fueran a otros negocios ilegales como las drogas y la prostitución. Elliot Ness se quedó sin trabajo porque el Estado, al legalizar el alcohol, acabó con el problema y con la violencia asociada a las mafias del alcohol. La historia la conocemos por el maravilloso programa televisivo *Los intocables*, que refiere lo ocurrido con Elliot Ness. Además mejoró la calidad del producto, porque se permitió que el Estado regulara que las ginebras fueran legítimas y no de una tinaja que se hacía en el estado de Iowa y que mataba gente porque la calidad del alcohol era muy mala. Pudieron regular la calidad y pusieron un impuesto muy alto; el dinero recaudado de esa manera puede ser destinado a combatir las adicciones. Una política pública de este tipo puede ayudar; no sé si sea mejor o peor que lo que teníamos antes, pero lo cierto es que la política que tenemos ahora no funciona.

JFM: Jorge Chabat: creo que la pregunta de Luis sigue siendo pertinente y comparto la propuesta de

---

* Elliot Ness (1903-1957). Agente estadounidense del Departamento del Tesoro, criminólogo dedicado a imponer la Ley de Prohibición (ley seca) en Chicago, así como a encontrar las cervecerías clandestinas y las rutas de suministro de alcohol de Al Capone. Para lograrlo formó un equipo de trabajo de nueve personas, quienes fueron conocidos como *Los intocables*, por no ceder a los sobornos de Capone. Después de la legalización del alcohol se dedicó a limpiar la corrupción en el departamento de policía; más tarde fue director de Seguridad en otros estados. Su imagen se mitificó por la serie de televisión de la década de los cincuenta y sesenta, *Los intocables*, estelarizada por Robert Stack.

Leo casi al cien por ciento; pero ¿el Estado mexicano está en condiciones de aplicar una política con esas características? ¿Existen las condiciones políticas para sacar adelante una política pública de esa naturaleza?

JC: Hay limitantes muy claras, y la más importante está al norte de México, en Estados Unidos. La legalización de la producción, tráfico y consumo simplemente no es factible a corto ni a mediano plazo; no sé si a largo plazo lo sea. No lo puedes hacer sólo en México si no se hace en el resto del mundo, y si Estados Unidos no lo contempla, entonces esa opción no puede estar sobre la mesa en este momento. En lo que sí se puede pensar, aun cuando resulte difícil, es en despenalizar el consumo de la marihuana o del hachís, como han hecho los países europeos. Europa tiene la ventaja de estar allá, del otro lado, pero México tiene frontera con Estados Unidos. De hecho tenemos un antecedente: el año pasado se propuso una modificación al código penal que establecía las cantidades mínimas de droga que se podían portar, lo que en la práctica era una despenalización del consumo; si uno portaba ciertas cantidades preestablecidas en la ley, se lo consideraba adicto y no candidato a ser penalizado. Inmediatamente Estados Unidos presionó y Vicente Fox tuvo que parar esta modificación.

JFM: Entre otras razones no prosperó porque no hubo acuerdo acerca de cuáles eran las cantidades adecuadas.

JC: Sí, pero aunque hubiera habido este acuerdo, a Estados Unidos no le gustaría mucho la idea de que sus vacacionistas vinieran no sólo a emborracharse, como lo hacen cada año, sino a fumar marihuana (aunque de todos modos lo hacen). En un número de la revista *High Times* se hablaba de los lugares idóneos en el mundo para fumar marihuana y se mencionaban algunas ciudades mexicanas como Cancún y Acapulco; otras ciudades estadounidenses también estaban en la lista. O sea que, realmente, esto ocurre.

LZ: Pero ¿dónde decía que era más fácil conseguirla o más agradable fumarla?

JC: En ambos lados: iban allí, la fumaban y no había problema. Pero a Estados Unidos le preocupa mucho el impacto que esto pueda generar en la opinión pública de su país. Le preocupa que se dé el mensaje de que Estados Unidos está promoviendo el consumo; sin embargo, se consume.

JFM: Prácticamente no hay película para adolescentes producida en Estados Unidos donde alguien no se "dé un toque". Hace unos días el Procurador General de la República dijo que la política de Estados Unidos en torno a estos temas era cínica: por un lado, una política estrictamente prohibitiva en el consumo de drogas, y por otro, una cultura popular que alienta el consumo de drogas y que lo ve, por consiguiente, como aceptable.

JC: Sí, tú puedes comprar por correo aparatos hidropónicos para cultivar tu planta de marihuana. En *High Times* los anuncian y los pagas con tu tarjeta de crédito. Es decir: no es un negocio clandestino, claramente son negocios que pagan impuestos, pues te venden tu aparato hidropónico y obviamente es para que cultives tu planta de marihuana en casa. Evidentemente hay un problema de doble moral, pero no quieren aceptarlo, en buena medida porque gran parte de la población estadounidense está contra la legalización, y quien proponga, sugiera o dé la imagen de que está de alguna forma promoviendo eso, pagará un costo político en su carrera. Ésa es la realidad y por eso no lo hacen.

JFM: Luis, ¿tú estás en contra de la despenalización en términos generales por los principios que involucra el consumo de drogas o por la imposibilidad de establecer este tipo de controles?

LSR: Yo quisiera hacer brevemente una precisión que tiene que ver con la propuesta de Alternativa: es muy delicado decir que primero se puede comenzar por la marihuana y después seguir con las otras drogas. Esto es imposible, y en un discurso de salud pública es contraproducente. Si trataran de conseguir votantes, seguramente no lo lograrían; al contrario, la propuesta crearía un gran rechazo entre la sociedad mexicana, que no tiene ese grado de liberalidad, lo que puede conducir a un error conceptual importante. Lo que tú dijiste es congruente, excepto por llamar droga blanda a la cocaína.

LZ: Bueno, de cara a las nuevas drogas hay gente que considera la cocaína como una droga blanda. *Excélsior* publicó un artículo que dice que en Estados Unidos, socialmente, ya se considera a la cocaína de esta forma. Yo no lo decía en términos médico-clínicos.

LSR: Sí, pero allí reside el peligro de hablar sobre drogas blandas y duras. Éste es el discurso que ha permeado nuestra mesa todo el tiempo, y yo no estoy de acuerdo con esta clasificación que, en principio, me pone definitivamente en contra de la legalización. La cuestión del uso médico tampoco es un argumento para la legalización, como lo plantea el compañero de Alternativa. La Organización Mundial de la Salud señala que no es un argumento a favor porque hay fármacos de mejor calidad, con mayor efecto y que obviamente no tienen que ver con la comercialización de una droga como ésta.

Además se está soslayando otro aspecto importante sobre fumar marihuana: fumar es fumar, es decir, estamos hablando de una emisión radioactiva al interior de la boca que va hacia los pulmones. Se ha visto un incremento importante de cáncer en cabeza y cuello, no solamente entre las personas que consumen tabaco, sino entre fumadores de marihuana. Estas cuestiones médicas se deben considerar a la hora de legislar.

JFM: Pero ¿qué hacer, Luis, con respecto a lo que está permitido? ¿Cómo poner límite a lo que se permite y a lo que no? ¿Por qué están permitidos el alcohol, el tabaco y el chocolate, y la marihuana o la cocaína, no?

LSR: Esto tiene que ver con una economía controlada a través de las industrias alcoholera y tabacalera. El otro aspecto es el descontrol que se ha generado por tratarse de una cuestión "ilegal" vinculada con los cárteles, no con el efecto de las drogas en sí. No podemos hablar de consumo moderado de cocaína, de heroína, de tachas o de éxtasis, pero sí de consumo moderado de alcohol: cualquiera de nosotros, inclusive yo, podemos tomar una copa al salir de aquí y no hay ningún problema. Esto sí nos ubica en una perspectiva real de lo que se puede y no se puede consumir.

JFM: ¿Cuál sería la diferencia, en términos fisiológico-médicos, entre un cigarro de marihuana y una copa?

LSR: Desde el punto de vista médico, al fumar expones tu cuerpo a radiación. Muchos de los productores de marihuana utilizan hoy en día fertilizantes que ya no se usan desde hace años porque son cancerígenos. Cabe preguntarnos: si reguláramos a través de la legalización, ¿podríamos disminuir los índices de cáncer? No, porque de todos modos la combustión de la marihuana causa una modificación del ADN de las células de la boca, la cabeza y el cuello, y el cáncer se eleva aproximadamente siete veces más en personas que consumen marihuana que en quienes no lo hacen.

JFM: ¿Ocurre lo mismo con el tabaco?

LSR: Por supuesto.

AMSS: No obstante, como analista, yo sí creo que en diez o quince años la marihuana se va a legalizar.

LZ: Ya se ha hecho con propósitos médicos.

AMSS: Sí, pero los propósitos médicos son una cosa, y otra es que puedas fumar en la calle y que no te arresten. Insisto: en diez o quince años se va a legalizar la marihuana, pero el debate de la legalización o de la despenalización gira alrededor de la marihuana como droga puente hacia la cocaína o la heroína. En esta mesa se ha dicho que legalizar la marihuana sería un error, pero a largo plazo es lo que va a suceder. México y el gobierno de Estados Unidos deberán estar preparados para evitar que se incremente su consumo con programas de prevención antes de que se legalice. Por otra parte, me parece que a quienes estamos en esta mesa nos inquietaría que se legalizara y se permitiera un abierto consumo de cocaína, heroína y metanfetaminas.

JFM: ¿Realmente todas las drogas son iguales? Yo creo que sí, todas son drogas y pueden crear adicción como muchos otros productos, pero evidentemente los efectos de algunas con respecto a otras son diametralmente diferentes, tanto como lo es tomarse una cerveza o un litro de ajenjo.

LZ: Quizá seguimos teniendo la idea de que la prohibición desalienta el consumo, pero eso no ocurre.

AMSS: Leo, no sé con base en qué fundamentas lo que dices. Tomemos el caso del consumo de alcohol, sobre el cual sí podemos debatir. Yo he visto análisis que dicen exactamente lo contrario de lo que tú planteas: la despenalización del alcohol en Estados Unidos no fue un proceso muy amable. Estoy de acuerdo contigo en que lo que se hace en este momento no funciona, pero no significa que tengamos que ir a la despenalización.

LZ: Sí, me parece que hay un asunto de valores más allá de las políticas públicas. Hoy por hoy, en las sociedades occidentales, la marihuana se ve por todos lados.

AMSS: No es cierto. ¿Ustedes ven que en Estados Unidos se esté fumando marihuana en todas partes? Yo no.

LZ: Yo sí. Viví cuatro años en Nueva York, y es una cosa muy abierta.

AMSS: No es cierto.

LZ: Bueno, el artículo que apareció el otro día en el periódico *Excélsior* incluso va más allá, porque la marihuana es "fresa": lo típico de los estadounidenses es la cocaína, en una sociedad de valores puritanos que trajeron los pioneros de Inglaterra con altísimos niveles de consumo de drogas. Es, como dice Jorge Chabat, un asunto de doble moral: por un lado no lo tocan, pero por el otro el consumo de drogas en Estados Unidos es —perdón, Ana María— abiertísimo.

AMSS: No estoy de acuerdo, porque yo también he vivido en Estados Unidos, he caminado por las mismas calles y probablemente he asistido a las mismas fiestas, y no he visto lo que tú dices.

JFM: Veamos las cifras. El gobierno de Estados Unidos reconoce que hay aproximadamente 15 millones o 16 millones de personas que consumen socialmente drogas, no adictos. Si es así, estamos hablando de por lo menos 10 por ciento de la población adulta de Estados Unidos.

AMSS: ¿Y eso queremos en México?

JC: Hay que poner las cosas en una balanza: no es nada más el consumo, el costo que tiene la producción son las mafias, y esto también hay que tomarlo en cuenta. Si fuera nada más una estrategia de consumo, podríamos discutir qué tanto sirve o no la prohibición, pero el problema es que la prohibición, más allá del efecto del consumo, genera todo lo que estamos viendo: corrupción y violencia que sí se acaban quitando la prohibición.

JFM: A mí me tocó estar en una reunión con los directivos de Philip Morris en Nueva York, en la que

me explicaron el gravísimo problema de la falsificación de cigarrillos en China, que creaba mafias y generaba daños en la salud pública y en la economía.
Esto confirma un poco lo que dicen Jorge Chabat y
Leo Zuckerman: una industria legalizada es mucho
más fácil de controlar y genera menos problemas de
seguridad y de salud pública que una mafia.

LSR: Yo quisiera comentar algo que será polé-
mico: tanto Jorge como Leo comentan que no hay
evidencia para pensar que el aumento en la disponibilidad de una droga incrementa el consumo, pero
existe un estudio, la Encuesta Nacional de Adolescentes de 1998, organizada por el Instituto Nacional de Psiquiatría, en donde Jorge Ahmer Villatoro y
María Elena Medina Mora, hermana del procurador,
demostraron que hay una correlación estadística
entre una comunidad donde hay más disponibilidad
de drogas y la primera experiencia de un adolescente entre los 12 y los 17 años. Esto significa que, cuando menos estadísticamente, hay una correlación
importante y un factor de riesgo. Lo que se de-
terminó fue una razón de momios, que es un dato
bastante duro. Ustedes me dicen que no hay datos,
pero sí los hay, debemos ser muy cuidadosos en ese
sentido.

JC: Sí, pero una cosa es la disponibilidad y otra la
despenalización: si legalizas y controlas no necesariamente tienes más disponibilidad. Yo creo que hoy en
día ya existe esa disponibilidad para niños y adolescentes que, en principio, con una legalización controlada, no sería tan fácil. Estoy de acuerdo con que
es un dato importante; lo que no me queda claro es

que con la legalización aumente la disponibilidad: todo depende de qué controles practiques.

LSR: En la encuesta hay otra pregunta que se hizo a los adolescentes que aclara tu duda: una de las cosas que los frenan antes de consumir marihuana es el miedo a los efectos legales y penales.

JC: Como adolescentes seguirían sufriendo efectos legales y penales, porque las drogas serían ilegales para adolescentes.

LSR: Claro, pero a diferencia de otros países como Estados Unidos, donde no funciona el freno porque no les importa, aquí en México sí funciona. Yo creo que esto debe ser analizado desde la psicología social para ver qué ocurre, y deben tomarse en cuenta los estudios que hay al respecto.

LZ: Estamos hablando de una prohibición de las drogas por parte del Estado, pero ¿qué está sucediendo en los hogares y familias para que los hijos no consuman drogas?

LSR: Leo, pero lo que estás diciendo es una contradicción: por un lado legalizar, y por otro, decir a los niños que no consuman drogas, que solamente los adultos mayores de dieciocho años pueden hacerlo. Es una contradicción fundamental.

LZ: Yo no veo la contradicción. Hoy el alcohol es legal, y no por ello estoy educando a mis hijos para que se conviertan en borrachos; en cambio sí les digo que no consuman tanta azúcar, algo que no se veía cuando yo era niño.

JC: Creo que es un buen principio empezar por despenalizar el debate sobre las drogas porque, en efecto, hay personas que creen que esos temas ni siquiera se deben tocar en casa debido a la enorme carga moral que se pone al consumo de la marihuana y de las drogas. Me parece que si la sociedad empieza a despenalizar este debate y permite que se hable en casa con los niños, ya es un buen avance.

JFM: Jorge Díaz, ¿estás o no a favor de la despenalización de las drogas? Si es así, ¿de cuáles y cómo?

JDC: Estoy a favor de la despenalización de las drogas en general, empezando por las drogas blandas —es decir, marihuana y hachís—, porque no veo otra alternativa. Seguir combatiendo este fenómeno social con policías, pistolas, etcétera, no está dando resultados, y hay que buscar otras opciones como despenalizar, regular y controlar este mercado, al menos en una primera etapa, con las drogas blandas.

LSR: Para mí no existen drogas blandas y drogas duras, para mí el problema debe ser el consumo de drogas y las adicciones. Es un complejo problema de salud pública que no se puede concebir de manera lineal, es decir, solamente en el ámbito de la legalización. Tampoco podemos retomar experiencias de otros países ni tratar de generalizar los valores, como en el caso de nuestro vecino del norte, para luego aplicarlos acá.

AMSS: En este momento estoy en contra de que se despenalice el consumo de cualquier droga. No obstante, en los próximos diez o veinte años vamos a ver la despenalización de la marihuana. Antes de eso, esperaría que por lo menos las políticas públicas se concentraran en invertir muchos más recursos, no solamente para prevenir el consumo de drogas, sino también para ayudar a las personas adictas. Subrayo que cualquier política pública o cualquier legislación que se proponga en este momento debe verse en términos de si ayudará o no a detener el consumo de drogas a la luz de lo que está pasando en México en este momento. Si la respuesta es *no*, yo creo que por lo menos se tiene que posponer o simplemente no acatar.

LZ: Yo sí creo en la despenalización o en la legalización de alguna de las drogas, pero no de todas —dejaría en manos de los expertos decidir cuáles son menos dañinas para la salud—. Tampoco estoy a favor de un libre mercado de las drogas. La legalización o despenalización deben llevar consigo una regulación muy estricta por parte del Estado en dos aspectos fundamentales: en la venta de estas drogas a menores —el que venda un cigarro de marihuana a un niño o a un adolescente debe ir a la cárcel— y en impuestos muy altos al uso de estas drogas, de tal suerte que sirvan para emprender campañas en contra de las adicciones.

JC: Estoy a favor de la despenalización y de la legalización, en principio, de todas las drogas, con una regulación muy estricta por parte del Estado, campañas de prevención, educación, tratamiento y rehabilitación, con muchos recursos destinados a eso. Estoy convencido de que el consumo de drogas es un asunto de médicos, enfermeras y educadores, y no de policías ni de militares. El consumo de drogas debe tratarse como un problema de salud pública y combatirse como tal, no como un problema de criminalidad.

II

EL CASO DE ZHENLI YE GON: CUENTOS CHINOS, PERIODISMO Y POLÍTICA CHATARRA

Fue un caso espectacular. Como parte de la llamada Operación Dragón, destinada a desarticular una red de importación de pseudoefedrina para la fabricación de drogas sintéticas, el 18 de marzo de 2007, en una casa de Lomas de Chapultepec, en la ciudad de México, se encontraron más de 205 millones de dólares: era el mayor decomiso en efectivo de la historia, no sólo en México sino en el mundo. El propietario de la casa y del dinero, y el principal acusado, era Zhenli Ye Gon, ciudadano de origen chino nacionalizado mexicano, quien estaba construyendo una enorme empresa farmacéutica. Cuando se practicó el decomiso, precedido por el de un cargamento con 20 toneladas de pseudoefedrina, Ye Gon ya se había fugado del país.

Reapareció el 2 de julio, primer aniversario de la elección presidencial. Lo hizo con una historia inverosímil, absurda: decía que alguien de la campaña de Felipe Calderón le había dejado esos 205 millones de dólares en su casa y que, simplemente, no los había pasado a recoger (véase la carta distribuida por Ye Gon y sus abogados en México en www.editorialtaurus.com.mx/enemigoencasa). La mayoría de los medios se creyeron la historia, aunque Ye Gon no aportara una sola prueba para sustentarla.

Parecía que los tiempos de las "revelaciones" inverosímiles e inescrupulosas habían quedado atrás, que no olvidaríamos que, como parte de una estrategia desestabilizadora deliberada que duró varios años, esa "información" fue el pan cotidiano en el mundo político. Los medios tuvimos mucha responsabilidad en consumir y difundir esos insumos informativos sin verificar fuentes, sin investigar, sin cotejar, sin definir siquiera la verosimilitud de ciertas informaciones.

Ahora, un empresario metido al narcotráfico, Zhenli Ye Gon, meses después de su fuga, dice que un personaje de la campaña de Felipe Calderón apareció un día de mayo de 2006 en su casa y así, de la nada, comenzó a llevarle millones y millones de dólares. Y él los aceptó sin saber siquiera quién era esa persona. Aseguró que, además, le llevaron varios misiles tierra-aire, pero que ésos ya no quiso conservarlos. ¿Por qué? ¿Cómo? ¿Acaso no hay cajas de seguridad o bóvedas? Dice que en sus barcos nunca se encontraron precursores para drogas sintéticas, pero el hecho es que en diciembre pasado se hallaron casi veinte toneladas de pseudoefedrina en un cargamento destinado a la empresa de este personaje, luego de una investigación en la que intervinieron agencias de varios países. Ye Gon escapó de México hacia Estados Unidos, donde las autoridades de ese país no lo detuvieron, a pesar de la solicitud de la Interpol. En junio contrató al despacho de abogados Martin F. McMahon y Asociados, a través de los cuales primero presionó por carta a la embajada de México en Washington para que se le retiraran los cargos a cambio de no hacer "revelaciones" y, como no obtuvo respuesta positiva, dio una entrevista, en el despacho de sus abogados, a Associated Press (AP), que repitieron varios medios mexicanos. Pero incluso así, la repitieron mal: la primera versión de la información de AP señala que el nombre que daba Ye Gon "no correspondía a nadie del equipo de Calderón"; un día después alguien (¿quién?) "aclaró" que el nombre era el de Javier Lozano (el presunto narcotraficante habría dicho "Javier Alarcón"), actual secretario del Trabajo. Y la pobre labor reporteril, como en el pasado, se limitó a buscar "repercusiones" sobre las "revelaciones" del personaje.

Se podría haber colocado la información en contexto: por ejemplo, que resulta inverosímil la entrega de más de 200 millones de dólares para una campaña y que éstos no sólo no hayan sido utilizados en la misma sino que, además, nadie se haya acordado de ir a recogerlos. Que en la casa de Ye Gon esos millones no se encontraron en un cuarto, sino guardados en escondites secretos, detrás de paredes y clósets construidos en forma refinada (o sea que el propio Ye Gon no sólo recibió el dinero, sino que construyó toda la infraestructura para esconderlo). O recordar que el personaje de marras es un apostador profesional que, según sus propias declaraciones, no podía mantener con los ingresos de sus empresas legales el ritmo de vida que llevaba: no sólo solía pasearse en un Lamborghini por Las Vegas, sino que, en cada visita, el hotel Venetian le "prestaba" un Rolls Royce para sus traslados. Era comprensible: reconoce haber perdido en una sola mano de bacarat 150 mil dólares, y haber perdido entre 1997 y 2006 también en Las Vegas, 41 millones de dólares (después se sabría que, en realidad, sólo en 2006, había perdido 80 millones de dólares). Dice que, desde 2004, no importaba pseudoefedrina, pero resulta que su empresa era la principal importadora de México y que, a pesar de las "pérdidas" ocasionadas por el juego, había construido un laboratorio de 14 mil metros cuadrados para procesarla.

El origen de la investigación

No ha sido la claridad la característica principal de la información en torno a Zhenli Ye Gon. Sin embargo, si se regresa a los orígenes de las indagatorias se puede comprender la magnitud del intento de manipulación realizado por este sujeto, pero también las dificultades que ha habido en la propia investigación en el pasado.

Las investigaciones en torno a Ye Gon comenzaron en 2006. El 10 de mayo de ese año la Subprocuraduría de Investigación Especializada en Delincuencia Organizada (SIEDO) inició una indagatoria contra la empresa que éste encabezaba, denominada Unimed Pharm Chem, México, porque se tuvo información de que el 5 de diciembre de 2005 habían ingresado veinte toneladas del producto llamado metilacrilamida por la aduana de Manzanillo; menos de un mes después, ingresaron otras veinte toneladas del mismo producto. Ambos embarques provenían de Hong Kong. Allí comenzaron las investigaciones reales. La PFP, mediante partes informativos enviados el 1 de agosto de 2006 y el 13 de octubre siguiente, ya había identificado a Ye Gon como líder de la organización que ingresaba al país precursores químicos para destinarlos a la producción de metanfetaminas. Ye Gon abandonó México poco antes de esa fecha.

Según la PGR, de la colaboración con países europeos surgió la identificación del cargamento de casi veinte toneladas de hidroxi bencil n metilacetamida asegurado en el puerto de Lázaro Cárdenas en diciembre de 2006. En realidad, al ser analizado el producto por sus peritos, se llegó a la conclusión de que se trataba de acetato de efedrina. El responsable de los cargamentos era Ye Gon, y desde el 28 de diciembre de 2006 se inició otra averiguación previa que en febrero de 2007 fue remitida a la SIEDO. En el marco de esa investigación, el 6 de marzo pasado se supo que en el puerto de Veracruz estaban detenidas seis máquinas tableteadoras destinadas a la empresa Unimed Pharm Chem, mismas que habían llegado al país a fines de febrero procedentes de Alemania.

El 10 de marzo se informó que había llegado a la aduana de Veracruz más equipo para producir tabletas, enviado también desde Alemania. Todo el equipo fue liberado, y por medio del operativo de vigilancia desplegado se llegó a las instalaciones de Miguel Alemán 175, colonia San Pedro Totoltepec, en la ciudad de Toluca. Con toda esa información y la evidencia de que los propietarios de ese equipo y la pseudoefedrina, y quienes habían realizado la falsificación de documentos para introducir ilegalmente el producto, eran los mismos personajes, encabezados por Zhenli Ye Gon, el 14 de marzo se solicitaron las órdenes de cateo para los domicilios conocidos de Ye Gon y sus empresas, entre ellas la casa de Sierra Madre 515, en Lomas de Chapultepec, donde se encontraron finalmente más de 205 millones de dólares en efectivo.

Hay varios datos importantes: el primero es que Ye Gon ya había abandonado el país en mayo de 2006, cuando él asegura haber recibido ese dinero de "la campaña" de Calderón, a través de "Javier Alarcón" y un personaje apodado Luis. Su propia esposa, actualmente detenida junto con otras once personas en México, dijo en su declaración ministerial que el dinero era de Ye Gon y que éste había mandado construir las distintas estructuras donde se escondió. El empresario narcotraficante, mientras todo eso sucedía, estaba ya en Estados Unidos.

Pero hay algo más: cinco días después de la incautación de los 205 millones de dólares, Karen Tandy, directora de la DEA, aseguró que la misma era producto de un intenso trabajo de colaboración de esa agencia con las autoridades mexicanas, e incluso se especuló sobre la escala previa que había hecho el barco que transportaba los precursores químicos de la droga en Long Beach, California, antes de llegar a Lázaro Cárdenas (véase en www.editorialtaurus.com.mx/enemigoencasa). La propia directora de la DEA aseguró que, como ese dinero era producto de la venta de drogas sintéticas en Estados Unidos, les correspondía también una parte del mismo. Pero la información que proporciona la PGR insiste en que no hubo ninguna colaboración de Estados Unidos en este caso, sino de países europeos, e incluso que en la solicitud de detención provisional, entregada hace algunos días, no había habido colaboración alguna de las agencias de Estados Unidos en esta indagatoria. Lo importante es la firmeza con que la PGR, interrogada sobre el tema, insistió en que Estados Unidos y sus agencias de seguridad nunca, en ninguna de las etapas, colaboraron en la investigación sobre Zhenli Ye Gon.

También parece estar claro que la relación más importante de Ye Gon era con el cártel de *El Chapo* Guzmán, pero en su vertiente con la familia Valencia, que tiene un fuerte control en Michoacán y que se había enfrascado en una larga lucha con los Zetas desde 2005.

LA BOMBA MEDIÁTICA

En la historia de Zhenli Ye Gon aparecieron nuevas interrogantes. Se debe partir de que el empresario metido a productor de drogas sintéticas no tiene legitimidad moral alguna; su denuncia es una suerte de bomba mediática, típica del abogado que contrató en Nueva York para defender su causa. Este personaje, Ye Ning, dueño de un importante despacho en Washington con oficinas en Nueva York, es el representante de la secta china Falun Gon, que con fuerte financiamiento de los sectores opuestos al régimen de Pekín se ha especializado en operar casos delincuenciales enfocándolos desde el ángulo político. Así, demandó al departamento de Estado y a su entonces jefe, Colin Powell, en su defensa de una organización considerada terrorista. Creó un portal con propaganda antichina utilizando el nombre del principal productor de armamentos de Estados Unidos, Lockheed, para dirimir un conflicto con esa empresa. Se embarcó en una demanda por abuso sexual contra un prestigiado senador republicano, Don Sherwood. La historia del abogado es amplia y su recurso es utilizar el escándalo político para opacar los delitos de sus clientes. La estrategia es clara: Ye Gon sabe que difícilmente podrá zafarse del proceso en México, pero puede evitarlo si lo politiza y su abogado logra convertirlo en un proceso político en Washington, donde el acusado no sea el delincuente, sino el gobierno de México. Sabe, por lo pronto, que tiene garantizada una amplia cobertura mediática en ambos lados de la frontera.

Otra pregunta sin respuesta es por qué el abogado de Ye Gon eligió a Javier Lozano para chantajear al gobierno mexicano y sustentar sus denuncias. No sólo porque la acusación es inverosímil, sino también debido a que Lozano no tuvo nada que ver con el financiamiento de la campaña de Felipe Calderón ni ha operado nunca en ese ámbito. Sería, en ese sentido, quizá el personaje menos indicado para esa operación. Pero entonces hay que buscar una explicación política. Recordemos que incluso Ye Gon no recordaba siquiera con precisión el nombre del funcionario: lo identificó primero como Javier Alarcón, luego alguien "corrigió" Lozano Alarcón. El propio Ye Gon tuvo que ser "ayudado" para reconocer a la persona que supuestamente le llevaba millones y millones de dólares a su casa, mediante una exhibición de fotografías: sólo acertó en la segunda ronda. ¿Qué convirtió al secretario en objetivo? Quizá dos cosas: las diferencias que había tenido Lozano con algunos medios por la ley de radio y televisión durante la administración de Fox y, más recientemente, su aparición como figura que, desde el gobierno federal, confrontara al gobierno del Distrito Federal. El despacho de Ye Ning, por cierto, tiene relaciones con uno de los despachos que llevó las relaciones públicas del gobierno del Distrito Federal en la reciente gira de Marcelo Ebrard por Nueva York.

Y queda, entre otras, una pregunta más sin responder: ¿quién era ese militar, llamado Fernando, que llevaba a Ye Gon a prácticas de tiro, según dijo la esposa de éste, a las instalaciones del Estado Mayor Presidencial?

LA ÚLTIMA HISTORIA CHINA

El fin de la historia llegó el 18 de julio. Zhenli Ye Gon había anunciado para ese día una conferencia de prensa que estremecería los corazones, decía su banal abogado. Lástima que tantos medios hayan gastado en viajes y enlaces satelitales a Washington, porque Ye Gon y sus abogados volvieron a intentar tomarnos el pelo. Pero esta vez lo visto y oído fue tan ridículo que no alcanzó, siquiera, para la especulación. Ni una prueba, ni un video, ni una imagen. Peor aún para la causa de este personaje: ni siquiera coherencia. Uno de sus abogados dijo que no tenía pruebas; el otro, que las tenía, pero que no las presentaría hasta después de muerto su cliente. El propio Ye Gon dijo que las tenía un amigo. El dinero era para una campaña presidencial, pero Ye Gon ni siquiera sabía para cuál. Reconoció que el tal Javier Alarcón podría no ser Javier Lozano y aceptó que no lo reconoció en una foto. La historia fue cada día más inverosímil y ridícula. Y no merece la atención que ha tenido. Mucho menos que sectores del PRD comiencen a decir, a coro con López Obrador, que ellos "sí le creen al chino". ¿Qué le pueden creer si ni siquiera ha podido establecer una historia coherente? Los priistas, por cierto, se deslindaron, después de que, en una nueva versión de sus historias, este personaje intentó involucrar, también, a gobernadores de ese partido. De todas formas quedaron mal: intentaron utilizar la historia hasta que descubrieron que ellos también terminarían manchados.

En última instancia, la actitud de Javier Lozano de demandar en Estados Unidos a Ye Gon y sus abogados, que generó dudas porque podría involucrar al funcionario y al gobierno mexicano en un interminable pleito legal, se demostró acertada: era tan endeble la acusación, había tal ausencia de pruebas e incluso de coherencia en los dichos, que la demanda de Lozano obligó a Ye Gon y a sus abogados a retractarse. Y mientras mayor sea la presión de la justicia, mejor se comprobará lo infundado de esta historia.

Pero la presión de la justicia tiene que pasar también por otros ámbitos. El más importante es regresar a los datos duros, a lo que sí se sabe de Zhenli Ye Gon y sus actividades. El hombre sin duda estaba involucrado en el narcotráfico y en la importación ilegal de precursores químicos para producir drogas sintéticas. Para desarrollar un negocio de esas características, debió contar con una amplia red de protección y de corrupción. Se podrá indagar en el ámbito político o especular sobre quién autorizó su naturalización como ciudadano mexicano (para la fecha en que se le entregó el acta de naturalización este personaje no estaba siendo aún investigado, y si se cumplen con los requisitos legales, la naturalización es casi un trámite burocrático; en todo caso se deberá establecer quién lo puso, en aquel acto, en primera fila para que el presidente Fox le entregara en mano ese documento que lo acreditaba como ciudadano mexicano), pero el eslabón principal está en los permisos sanitarios para la importación de productos y, sobre todo, en el sistema de aduanas, donde le permitieron pasar toneladas de pseudoefedrina y millones de dólares sin problema alguno. Porque si de algo no cabe duda es de que los precursores químicos ilegales provenían de Hong Kong y que los dólares vinieron, por lo menos en parte, de Estados Unidos. Los productos y el dinero tienen que haber pasado por la frontera y las aduanas. Todo esto se descubrió al encontrarse el cargamento de diciembre, según la PGR por la colaboración de agencias europeas, no estadounidenses. Estableciendo las complicidades en esos ámbitos se podrá avanzar en otros.

Otro capítulo hasta ahora sin explicación es por qué se envió el dinero decomisado al Bank of America, en Estados Unidos. Hay muchas respuestas posibles: una de ellas es que de esa manera, por su numeración y los controles que se establecen del otro lado de la frontera, las autoridades monetarias de Estados Unidos podrían dar un seguimiento de su procedencia, incluido el millón de dólares que portaba todavía las fajillas del First National Bank. Porque sin duda pasar semejante cantidad de dinero en efectivo de un lado al otro de la frontera no es sencillo. El volumen de recursos, por sí mismo, descalifica la versión de Ye Gon, pero no evita la pregunta de saber de dónde vino y cómo ingresó al país esa cantidad de dólares. Lo cierto es que ninguna de las autoridades ha dado respuestas convincentes.

También es imprescindible ahondar en las razones que le permitieron a este señor permanecer durante meses en Estados Unidos sin ser molestado, incluso cuando perdió 80 millones de dólares en un casino de Las Vegas y las autoridades financieras estadounidenses, siempre tan meticulosas ante esos movimientos de dinero, ni siquiera lo interrogaron para saber de dónde salían tantos dólares. Más grave aún es que una vez emitida su ficha roja por la Interpol, reconocido Ye Gon como un eslabón importante del narcotráfico por la propia directora de la DEA y enviada su solicitud de detención con fines de extradición, las autoridades estadounidenses esperaron hasta el 23 de julio para detenerlo. Queda claro que este sujeto no es un testigo protegido ni portador de una historia verosímil que pueda creer algún servicio del otro lado de la frontera, y que cometió delitos también del otro lado de la frontera (con las toneladas de pseudofedrina importadas pudieron comercializarse millones y millones de dosis de drogas sintéticas, las más demandadas en estos momentos tanto en México como en Estados Unidos). ¿Por qué, entonces, no lo detuvieron a tiempo?

Quizá la respuesta esté entre los documentos decomisados en la casa de Ye Gon y de uno de sus cuñados. Hay fotos autografiadas por el presidente Bush, y cartas del presidente del Partido Republicano agradeciendo su apoyo, se presume que en las últimas campañas electorales. ¿No será que Ye Gon apoyó financieramente la campaña electoral republicana y el gobierno de ese país no quiere ligar la elección presidencial con un narcotraficante? Recordemos cómo en el pasado ha habido historias que relacionaron a empresarios chinos con negocios dudosos en campañas electorales estadounidenses. Eso representó un costo, en su momento, para el matrimonio Clinton y para Al Gore. ¿Tendrán temor de que ahora los demócratas les regresen el regalo a los republicanos en la próxima campaña electoral?

El preso de los 205 millones

Zhenli Ye Gon ya está detenido y sólo queda por saber si será juzgado en México o en Estados Unidos. En una sucesión de hechos relacionados entre sí, hubo una declaración presidencial muy dura después de la fallida "conferencia de prensa" de los abogados del presunto narcotraficante en Washington del día 18 de julio, con una defensa muy terminante del secretario del Trabajo, Javier Lozano, quien a su vez amenazó en Nueva York con demandar a Ye Gon y a sus abogados, lo que llevó a una virtual retractación de éstos el mismo día 18.

Inmediatamente después, José Luis Santiago Vasconcelos, subprocurador de asuntos internacionales de la PGR (y uno de los hombres mejor relacionados con las fuerzas de seguridad de Estados Unidos), viajó para presionar la detención de Ye Gon. El gobierno chino se deslindó oficialmente de Ye Gon, diciendo que, desde que asumió la nacionalidad mexicana, "ese señor no era chino": con ello se evitaba un escollo más para la posibilidad de una futura deportación. El ex subsecretario de Estado para Asuntos Antinarcóticos (de línea dura y que no fue, precisamente, uno de los más condescendientes con México), Robert Gelbard, exigió a la DEA que Ye Gon fuera detenido (aunque Gelbard nunca ocupó ningún cargo en la DEA). Regresó Santiago Vasconcelos y voló a Washington el procurador Eduardo Medina Mora. El lunes, el presidente Calderón volvió a hacer una declaración muy dura, que algunos pensaron iba dirigida hacia los grupos más radicales de Oaxaca, pero que en realidad estaba destinada a Ye Gon (e insistimos: ¿la aparición de este EPR no tiene relación con grupos de poder del pasado con fuerte presencia en el presente o con grupos del narcotráfico?). Y en la noche se informó de la detención del empresario metido a narcotraficante.

Semanas antes se había desatado en algunos medios la especulación sobre que la intervención del propio Felipe Calderón o, en lo personal, de Javier Lozano, era el "efecto buscado" por el propio Ye Gon y sus abogados para que el gobierno de Estados Unidos le otorgara "asilo político". La reflexión era absurda: Ye Gon podría tener protección en Estados Unidos, quizá por su cooperación en el pasado con campañas del Partido Republicano, pero era inviable que se le diera asilo político a una persona que la propia directora de la DEA había calificado en marzo pasado como un "envenenador de la juventud estadounidense". No habría y no hubo asilo político, y Ye Gon finalmente fue detenido en un restaurante de Maryland, muy cerca de las oficinas de sus abogados.

Se ha especulado sobre el tipo de detención que sufrió Ye Gon. En realidad es el mejor mecanismo posible si lo que se quiere es un rápido envío de este personaje a México o incluso si se quiere juzgarlo en forma rápida. Ye Gon fue detenido y acusado de narcotráfico y lavado de dinero en Estados Unidos. La detención no se hizo con base en la solicitud de México con fines de extradición, aunque al momento de ser detenido ésta podría entrar en vigor en forma automática. Como está acusado de delitos dentro de Estados Unidos, podría ser juzgado en ese país, pero como es un extranjero que también tiene acusaciones más graves en otro país y no queda clara su situación migratoria, podría ser deportado a México casi de inmediato en lugar de pasar por todo el proceso de deportación porque, además, al negar China su doble nacionalidad, no habría conflicto en ese ámbito. ¿Por qué deportarlo a México? Porque las pruebas son mayores y más contundentes de este lado de la frontera y porque, desde el punto de vista político, Estados Unidos tiene que enmendar muchos de los errores cometidos en este proceso (errores que, nos aseguran, se debieron sobre todo a que el Departamento de Justicia se vio sorprendido por los acontecimientos y no supo reaccionar a tiempo y colocar, vaya metáfora para un jugador compulsivo como Ye Gon, todas las fichas a tiempo).

¿Cuáles son los temas pendientes en México? En el ámbito internacional, lograr, si es posible, su deportación, para evitar un largo proceso de extradición. Para procesar debidamente a Ye Gon es necesario, además, contestar otras preguntas. Primero, ¿quiénes formaban parte de su red real de protección, fuera de los cuentos chinos inventados por sus abogados en Estados Unidos? Debió tener protección en aduanas, quizá en áreas de salud y en fuerzas de seguridad locales o federales. Hay que saber cómo entró el dinero a México y cómo se enviaba la droga a Estados Unidos. Se debe conocer con qué organización trabajaba Ye Gon: se supone que con el cártel de los Valencia, parte, a su vez, del que encabeza Joaquín *El Chapo* Guzmán. Pero ¿cuál era la red real que permitía la fabricación y comercialización de semejante cantidad de drogas (estamos hablando de muchos millones de dosis) en México y en Estados Unidos? Debemos saber cuáles fueron sus contactos también en China, particularmente en Hong Kong, porque también allí alguien violó los códigos internacionales en la materia. Recordemos que, en forma casi simultánea a la investigación de Ye Gon, se desmanteló la red de corrupción del ex responsable de políticas farmacéuticas del gobierno chino, condenado a muerte por esos cargos exactamente dos días antes de que se conociera el inverosímil testimonio de Ye Gon. Aquí hubo corrupción al recibir los embarques, pero en el origen de los mismos, también. Tal vez por ello el gobierno chino fue tan terminante en deslindarse del asunto.

Ésos son los capítulos reales que deben aclararse. Ahora bien, con todo esto, ¿qué harán los que dieron pleno crédito, por intereses de coyuntura, mediáticos y políticos, a sus historias? ¿Los que pidieron comisiones investigadoras? ¿Los que aseguraron la inminencia del asilo político o de la protección de testigos? Resulta triste cuando, en el periodismo, las "revelaciones" y las grandes conspiraciones se contradicen con los datos duros. Y peor aún cuando son utilizadas por ciertos grupos con objetivos políticos específicos; o ¿es una casualidad que una entrevista realizada en junio se publicara precisamente el 2 de julio, o que ese mismo día el funcionario "cuyo nombre no cuadra con nadie en el personal de la campaña de Calderón" se convirtiera milagrosamente en Javier Lozano?

Ye Gon está preso y, si se actúa conforme a la lógica, deberá estar más temprano que tarde en México, donde será juzgado y su red de protección deberá ser develada.

III

Portales de consulta sobre temas de narcotráfico, narcomenudeo y adicciones

www.aamexico.org.mx
Alcohólicos Anónimos

Contiene información acerca de los centros autorizados para el tratamiento de las adicciones.

www.adicciones.org.mx

Ofrece una lista de preguntas frecuentes para identificar a personas que no saben si su grado de consumo los convierte en adictos.

www.alcoholinformate.org.mx
Fundación de Investigaciones Sociales, A. C.

En este informe se presentan los resultados de prevalencia de consumo de drogas, alcohol y tabaco de la última encuesta a estudiantes de enseñanza media y media superior, realizada en el Distrito Federal por el Instituto Nacional de Psiquiatría y la Secretaría de Educación Pública. Los resultados principales sobre el consumo de sustancias de los diferentes estudios realizados antes de 1997 en la población estudiantil ya han sido reportados previamente.

www.cicad.oas.org
Portal de la Comisión Interamericana para el Control del Abuso de Drogas (CICAD)

www.cij.gob.mx
Centros de Integración Juvenil, A.C.

La página presenta diversos estudios epidemiológicos, clínicos y psicosociales sobre el consumo de drogas entre la población objetivo de sus programas de atención. Asimismo, ha integrado información epidemiológica proveniente de diversas fuentes y desarrolla un programa permanente de evaluación cualitativa de sus programas y servicios.

www.cimac.org.mx
Comunicación e Información de la Mujer

Es una nota que ofrece de manera clara mucha información referente al consumo de drogas en la etapa de embarazo, incluyendo características, síntomas, etcétera, así como también las consecuencias que el consumo genera en el hijo.

www.conadic.gob.mx
Consejo Nacional contra las Adicciones

www.conaliteg.gob.mx
Comisión Nacional de Libros de Texto Gratuito

Ofrece información sobre el libro *Como proteger a tus hijos contra las drogas.*

www.entornomedico.org

Ofrece información en cuanto a las diversas adicciones desde un perfil clínico; se explican a partir de la genética, de trastornos, factores biológicos o psicológicos, etcétera. En el caso de la marihuana, ofrece un estudio al respecto de su uso en diversos tratamientos clínicos.

www.familydoctor.org
Información de salud para toda la familia de la Academia Estadounidense de Médicos de Familia.

Presenta información en español e inglés acerca de temas de salud para toda la familia.

www.imjuventud.gob.mx
Portal del Instituto Mexicano de la Juventud

Trata diferentes temas y presenta estudios y publicaciones.

www.inmujer.df.gob.mx
Instituto de las Mujeres del Distrito Federal

Ofrece información estadística en cuanto al consumo de drogas dentro de la población femenina.

www.larevista.com.mx/ed486/4862.htm
Estrategia para el Control de las Drogas en Estados Unidos

Texto del documento sobre política antidrogas que elaboró y difundió el gobierno estadounidense al dar a conocer su estrategia contra el narcotráfico.

www.pgr.gob.mx
Procuraduría General de la República

Ofrece toda la información necesaria para conocer el Programa Nacional para el Control de Drogas 2001-2006.

www.redescolar.ilce.edu.mx

En este portal se presentan gráficas y datos sobre el consumo de drogas ilícitas en México, tanto en la población general como en grupos específicos, además de cuadros comparativos al respecto.

www.salud.gob.mx
Secretaría de Salud

Presenta gráficas y datos sobre el consumo de drogas ilícitas en México, tanto en la población general como en grupos específicos, además de cuadros comparativos al respecto.

Incluye también un comunicado de prensa donde se menciona que representantes de México y Estados Unidos, participantes en la Cuarta Conferencia Binacional sobre Reducción de la Demanda de Drogas, acordaron fortalecer sus acciones conjuntas para disminuir el consumo de drogas, así como información y guía para padres sobre cómo prevenir el consumo de drogas en los hijos y manejar el problema de las drogas cuando se presenta en el ambiente familiar.

www.saludjoven.org
Fundación para la Salud del Joven, A. C.

Ofrece un estudio muy completo en cuanto al impacto social, los conceptos básicos y los factores de riesgo, así como también características en cuanto al orden jurídico, destacando la magnitud del delito y algunos aspectos legales. También ofrece un cuadro de los efectos que las drogas tienen sobre quienes las consumen.

www.sedena.gob.mx
Secretaría de la Defensa Nacional

Ofrece información sobre las campañas que emprende el ejército nacional con la participación de jóvenes conscriptos del Servicio Militar Nacional y de civiles. Esta campaña comprendía marchas y pláticas sobre el uso de drogas.

www.seguridadnacionalhoy.com.mx
Seguridad Nacional Hoy

Es el primer sitio mexiano dedicado a discutir temas de seguridad nacional; cuenta con ligas a cien sitios afines. Este sitio está vinculado estrechamente al libro *Seguridad nacional hoy*, escrito por Ana María Salazar.

www.sepbcs.gob.mx
Secretaría de Educación Pública de Baja California

Presenta documentos, publicaciones y programas de prevención.

www.ssp.df.gob.mx
Secretaría de Seguridad Pública del Distrito Federal

Esta página ofrece información sobre programas y campañas a favor de la prevención de la farmacodependencia y de las adicciones llevadas a cabo por la SSP-DF.

www.trabajosindrogas.com.ar

Página que explica las causas que llevan a las drogas en un ambiente laboral. Se plantea cómo atacar el problema y los riesgos que corre una persona bajo los efectos de alguna droga en su trabajo.

www.vivesindrogas.org.mx
Fundación Azteca

Página del programa "Vive sin drogas"; ofrece una guía de las drogas más utilizadas en México, testimonios de personas que estuvieron involucradas directa o indirectamente con las drogas e información sobre conferencias y campañas en contra de su uso.

www.yosipuedo.gov
Iniciativa de la Casa Blanca para la Excelencia en la Educación de los Hispanoamericanos

Información en inglés

www.ac-company.org
Mobility and Drug Consumption in Europe
[Movilidad y consumo de drogas en Europa]

www.dare.com

Programa de prevención del abuso de drogas en Estados Unidos y 53 países más.

www.drugtext.org
Drug Consumption Facilities in Europe and the Establishment of Supervised Injecting Centres in Australia [Centro de Información para la reducción del uso de sustancias peligrosas]

www.drugs.gov.uk

Ofrece información completa concerniente a la situación de las drogas en el Reino Unido.

www.drugscope.org.uk
Drug Scope
[Alcance de las drogas]

Centro independiente de estudios sobre las drogas en el Reino Unido.

www.drugs-info.co.uk

Portal británico con información general respecto a las drogas: tipos, síntomas, efectos, etcétera.

www.emcdda.eu.int
European Monitoring Centre for Drugs and Drugs Addiction
[Centro Europeo de Monitoreo de Droga y Adicciones]

Agencia contra las drogas de la Unión Europea.

www.essentialdrugs.org
Drug Consumption in Norway
[Consumo de droga en Noruega]

www.europa.eu.int
Unión Europea

Actividades de la Unión Europea en la lucha contra la droga.

www.health.org
U. S. Department of Health and Human Services for Alcohol and Drug Information
[Departamento de Salud y Servicios Humanos]

Da información sobre cada tipo de droga; también ofrece publicaciones (videos, libros, etcétera) sobre temas en particular.

www.hightimes.com

Revista dedicada a la promoción del uso de la marihuana.

www.ideas.repec.org

El papel del consumo de alcohol y drogas como factor en la agresión psicológica y el uso de armas en adolescentes.

www.incb.org
International Narcotics Control Board

[Junta Internacional de Fiscalización de Estupefacientes]

www.laantidroga.com

Portal dirigido a padres de familia para conocer el tema de las drogas.

www.mentorfoundation.org
The Need for Prevention
[La necesidad de prevenir]

www.news.bbc.co.uk
The Global Drugs Trade
[Comercio Global de Droga]

Reportajes de la BBC sobre producción, tráfico y uso de drogas; están clasificados por tema y por país.

www.nida.nih.gov
Nacional Institute on Drug Abuse
[Instituto Nacional para el Abuso de Drogas]

Información completa sobre tipos de drogas, acercamientos al tema, guías para padres y maestros, etcétera.

www.narconews.com

Reportes sobre la lucha contra las drogas y la democracia en Latinoamérica.

www.paho.org
Why Does the Problem of Drug Consumption Continue to Grow in the Americas?

[¿Por qué el problema del consumo de drogas sigue creciendo en América?]

www.teenshealth.org
Teens Health
[Salud adolescente]

Información dirigida a los adolescentes sobre el uso de drogas y alcohol (tipos, consecuencias, etcétera).

www.ucop.edu
Alcohol and Drug Consumption: Health Fact Sheet
[Consumo de alcohol y drogas: documentos sobre hechos de salud]

www.unodc.org
United Nations Office on Drugs and Crime
Prevention of HIV/AIDS Associated with Drug Abuse.
Drug Abuse and Demand Reduction.
Drug Supply Reduction.
[Oficina de la Naciones Unidas en Drogas y crimen]

Contiene información sobre la prevención del contagio de VIH-SIDA por consumo de droga, abuso en el consumo de droga y reducción en la demanda.

Éxtasis y anfetamínicos. Encuesta de 2003 para establecer la magnitud y la naturaleza del problema de las anfetaminas y explorar lo que la sociedad puede hacer al respecto.

Este libro se terminó de imprimir en mayo de 2008 en Edamsa Impresiones S.A. de C.V. Av. Hidalgo (antes Catarroja) No. 111, Col. Fraccionamiento San Nicolás Tolentino, Deleg. Iztapalapa, 09850, México, D.F.